SCHMIDT · MODERNE TECHNOLOGIEN IM PHYSIKUNTERRICHT

UNTERRICHTSHILFEN NATURWISSENSCHAFTEN
Herausgegeben von:
Prof. Dr. Wolfgang Bleichroth, Prof. Dr. Hans Grupe,
Prof. Dr. Heinz Schmidkunz

Moderne Technologien im Physikunterricht

Experimente und Funktionsmodelle zu modernen Anwendungen der Physik

Von

H. SCHMIDT

unter Mitarbeit von

K. Arnolds, G. Müller, U. Oldenburg, W. Weber,
E. Weissweiler, W. Zeiske

Herausgeberische Betreuung: Prof. Dr. Wolfgang Bleichroth

AULIS VERLAG DEUBNER & CO KG
Köln

CIP-Kurztitelaufnahme der Deutschen Bibliothek

Schmidt, Helmut:
Moderne Technologien im Physikunterricht :
Experimente u. Funktionsmodelle zu modernen
Anwendungen d. Physik / von H. Schmidt. Unter
Mitarb. von K. Arnolds ... Hrsg. Betreuung: Wolfgang
Bleichroth. — Köln : Aulis-Verlag Deubner, 1986.

(Unterrichtshilfen Naturwissenschaften)
ISBN 3-7614-0916-8

Best.-Nr. 4216

Gesamtherstellung: Kahm GmbH, 3558 Frankenberg (Eder)
ISBN 3-7614-0916-8

Inhaltsverzeichnis

Kap. 3: Telekopierer — Bildübertragung per Telephon

von *H. Schmidt* und *G. Müller*

Kap. 4: Lichtleiter — eine schulgemäße Einführung in eine zukunftweisende Technologie

von *K. Arnolds*

Kap. 6: Fernsehen mit NIPKOW-Scheiben — ein Funktionsmodell zu einem historischen Bildübertragungsverfahren

von *W. Weber*

Kap. 7: Fernsehen mit Oszilloskopen — ein Funktionsmodell zur elektrischen Bildübertragung

von *W. Weber*

Kap. 8: Der Strichcode-Leser

von *U. Oldenburg*

Zu diesem Band ...

Der Band „Moderne Technologien“ richtet sich in erster Linie an Lehrer des Faches Physik in allen Schulformen, er dürfte darüber hinaus jedoch auch für den Lehrer des Faches Technik von gleichem Interesse sein.
Die angegebenen Experimente zu modernen technischen Verfahren aus dem Alltagsleben des Schülers — z. B. zur Xerographie, zum Telekopierer, zum Lichtleiter-Telephon oder zum Lesen modernerer strichkodierter Preis-Etiketten — sind zwar auf Vorkenntnisse und Stoffplan in der Sekundarstufe I ausgerichtet, sie sind jedoch mit den angegebenen Vertiefungsvorschlägen sowie mit der ausführlichen Beschreibung der theoretischen Grundlagen für den Lehrer und für den Schüler der Sekundarstufe II gleichermaßen interessant.

Die Kapitel dieses Buches in Kurzfassung:

Kap. 1: Funktionsmodelle zu technischen Gegenstandsbereichen — Begriffsdefinitionen und Beispiele

Der Begriff Funktionsmodell wird in Technik und Naturwissenschaft, hier sogar in den verschiedenen Teildisziplinen, mit unterschiedlicher Bedeutung benutzt. Neben Anmerkungen und Hinweisen zum unterschiedlichen Verständnis wird der Begriff für den vorliegenden Band definiert und anhand einfacher Beispiele aus der Physik erläutert. Darüber hinaus wird eine Literatur-Übersicht über physikdidaktische Publikationen zum Bereich Funktionsmodelle angegeben.

Kap. 2: Xerographie — Grundlage der modernen Textvervielfältigung

Die Xerographie oder Elektrophotographie begegnet dem Schüler heute in vielfältiger Form: Das Geschäftsleben, die öffentliche Verwaltung, auch der Unterricht, sind heute ohne die Kopien von Original-Schriftstücken nicht mehr denkbar; die im Unterricht verwendeten Overhead-Folien werden auf xerographischem Wege hergestellt — in Kaufhäusern stehen Automaten, die selbst jedem Unkundigen das Herstellen von Kopien in Sekundenschnelle ermöglichen. Darüberhinaus wird ein großer Teil unserer Bücher nicht mehr im alten — auf Gutenberg zurückgehenden — Setzverfahren hergestellt, sondern auf sogen. „photomechanischem" Wege: dahinter verbirgt sich häufig eine xerographische Herstellung der benötigten Druck-Vorlage. Die Xerographie ist im Gegensatz zur klassischen Photographie eine völlig ohne chemische Verfahrensschritte funktionierende Technologie, die auf die auch in der Sekundarstufe I behandelten Phänomene Fotoleitung, elektrostatische Anziehungskräfte und Hochspannungsglimmentladungen zurückgeführt werden kann. Nach der Darstellung der fachlichen Grundlagen für den Lehrer werden ca. 10 verschiedene Schulversuche (Schüler und Demonstrationsversuche) angegeben, die in beliebiger Auswahl und Kombination — von einfacher elektrostatischer „ Geheimschrift" bis hin zum Funktionsmodell eines Kopiergerätes — durchgeführt werden können.

Kap. 3: „Telekopierer" — Bildübertragung per Telefon

Mit ganz besonderem Aufwand wirbt die Post in jüngster Zeit für ein neues Kommunikationsmittel, „Telefax" genannt. Dabei handelt es sich um eine Faksimile-Übertragung per Telefon, d. h. die Schriftzeichen und Bildelemente eines Originales werden auf geeignete Weise in elektrische Impulse umgewandelt, über die Telefonleitung zum Empfänger gesandt und dort wieder in kontrastreiche Bildzeichen umgewandelt. Obwohl einige Schritte dieser Technologie mit Phänomenen bzw. Bestandteilen der Xerographie identisch sind, kann das Telefax-Verfahren unabhängig von der Xerographie im Unterricht behandelt werden:

Von der einfachen elektrostatischen Aufladung und anschließenden Schwärzung von Tesafilm-Stücken bis hin zum voll funktionsfähigen Übertragungsgerät werden ca. 10 Versuche erläutert, die wiederum beliebig aneinander gereiht oder ausgewählt werden können. Bei bescheidenen oder gar keinen Möglichkeiten zur Arbeit in einer Schulwerkstatt kann das Funktionsmodell auch auf besonders einfache Weise — beispielsweise aus Elementen von Fischer-Baukästen —hergestellt werden.

Kap. 4: Lichtleiter — eine schulgemäße Einführung in eine zukunftweisende Technologie

Die modernen Glasfasern — häufig kurz „Lichtleiter" genannt —, sind aus der aktuellen Diskussion über neue Nachrichtensysteme nicht mehr wegzudenken. In diesem Kapitel wird ein Überblick über Aufbau und Wirkungsweise sowie über den derzeitigen und wahrscheinlichen künftigen Einsatz von Lichtleitern gegeben. Der technischen Bedeutung entsprechend wird der Bereich Nachrichtenübertragung mit Lichtleitern besonders ausführlich behandelt.

Neben der notwendigen Sachinformation liegt der Schwerpunkt in der Entwicklung und Beschreibung von Funktionsmodellen, mit deren Hilfe sich die physikalischen Grundlagen und Prinzipien der Lichtleiter und Bildleiter sowie der Nachrichtenübertragung mit Lichtleitern klar erarbeiten lassen.

Zum Bereich der Nachrichtenübertragung werden verschiedene schulerprobte Versuchsanordnungen für ein funktionsfähiges Lichtleiter-Telefon und ein Experiment zur Zweikanal-NF-Übertragung über einen einzigen Lichtleiter vorgestellt, mit dem gleichzeitig zwei Sprach- oder Rundfunk- Signale übertragen und auf der Empfängerseite unabhängig voneinander und störungsfrei wiedergegeben werden können. Der letztgenannte Versuch kann als elementarer Grundversuch für die mögliche zukünftige Breitbandkommunikation angesehen werden.

Kap. 5: Informationsübertragung mit moduliertem Licht

Die hier vorgeschlagene Zusammenstellung interessanter Experimente ist unabhängig von den in Kap. 4 behandelten Themen durchzuführen, sie kann jedoch ebenso gut in einen engen Zusammenhang zu den dort vorgestellten Unterrichtshilfen gestellt werden.

Hier geht es — unabhängig von dem technischen Hilfsmittel Lichtleiter — um die vielfältigen Möglichkeiten, die Licht als Träger von Information bietet: Von der Modulation des gewöhnlichen Glühlampenlichtes über die IR-Fernbedienung eines Fernsehgerätes und die IR-Alarmanlage bis zum optisch-mechanischen Telefon reichen die Experimente, die mit den Hilfsmitteln einer durchschnittlich ausgestatteten Physiksammlung möglich und in diesem Kapitel zusammengestellt sind. Zudem werden weitere Aspekte der fachlichen Grundlagen der in Kap. 4 angesprochenen Technologien behandelt.

Kap. 6: Fernsehen mit Nipkow-Scheiben — ein Funktionsmodell zu einem historischen Übertragungsverfahren für Fernsehbilder

Die Informationsübertragung mit dem fast bis zur Perfektion ausgereiften Medium Fernsehen ist wohl diejenige Technologie, die dem Schüler am häufigsten begegnet und derer er sich mit größter Selbstverständlichkeit bedient. Dagegen sind die Möglichkeiten, die daran beteiligten physikalischen Grundphänomene zu erkennen und zu verstehen, für den Schüler auf eine für jeden Lehrer ernüchternde Weise begrenzt: Zu Komplex ist das Zusammenwirken verschiedener physikalisch begründbarer, aber in der technischen Anwendung ausgefeilter Details von der Übertragung und Verarbeitung elektromagnetischer Wellen über elektrische Resonanz- bzw. Verstärkerkreise, Aspekte der Elektronenstrahl-Physik bis zu perfektionierten elektronischen Schaltungen zur Signalverarbeitung, als daß der Schüler mehr als nur vage Beziehungen zur Physik aus seinem Unterricht herstellen kann.
Auch die hier angebotenen Unterrichtshilfen können dieses Problem nicht lösen, sie wollen jedoch dazu beitragen, die grundlegenden Aspekte des Fernsehens auf motivierende und nachvollziehbare Weise experimentell herauszuarbeiten.
Einer dieser grundlegenden Aspekte ist die Bildzerlegung in Zeilen (Zeilen-Abtastverfahren) mit der anschließenden erneuten Bildentstehung aus den übertragenen Zeilen-Signalen. Ein Funktionsmodell aus sammlungsüblichen Bauteilen zu dieser zeilenweisen Bildübertragung kommt ohne aufwendige Elektronik und auch ohne elektromagnetische Übertragung aus und kann an optische Unterrichtsinhalte ebenso anknüpfen wie an elektrische. Das verwendete Verfahren greift das von dem Fernseh-Pionier NIPKOW vorgeschlagene Verfahren auf, bietet jedoch eine Anpassung an heutige Experimentiermöglichkeiten. Zudem zeigt es die von Nipkow noch nicht gemeisterte Lösung des Synchronisationsproblems zweier Nipkow-Scheiben.

Kap. 7: Fernsehen mit Oszilloskopen — ein Funktionsmodell zur elektrischen Bildübertragung

Wie in Kap. 6 steht auch hier ein Funktionsmodell zur Erarbeitung der zeilenweisen Bildübertragung beim Fernsehen im Mittelpunkt, jedoch nicht nach einem historischen Ansatz, sondern mit Oszilloskopen als moderner Möglichkeit zur Zeilen-Abtastung. Nicht die Wirkungsweise des Oszilloskops steht dabei im Mittelpunkt — dieses kann der Altersstufe entsprechend als „black box" behandelt werden —, sondern benutzt wird seine Fähigkeit zum Aufbau eines zeilen-strukturierten Bildes. Damit läßt sich — kombiniert mit den Experimentier-Bausteinen Sammellinse und Photoelement — ein Modell-Experiment zur Video-Kamera erarbeiten. Die Sichtbarmachung des zeilenweise zerlegten Bildes erfolgt auf einem zweiten Oszilloskop; bei Anschluß eines gewöhnlichen Phono-Kassetten-Recorders an dieses Funktionsmodell können sogar „ Video-Aufzeichnungen " von Strichzeichnungen nach Art des bekannten „ Daumenkinos " hergestellt werden.

Kap. 8: Der Strichcode-Leser

Die automatisierte Preis-Eingabe in die Kaufhaus-Kassen über die nicht mehr zu entschlüsselnden schwarz-weißen Striche auf der Verpackung gehören bereits zum

Alltag, da ihre Wirkungsweise jedoch weitgehend verborgen bleibt, bleiben sie geheimnisvoll und ohne erkennbaren Bezug zu physikalischen Gesetzmäßigkeiten bzw. Phänomenen.
Ein Funktionsmodell aus Photohalbleiter und — von Lehrmittelfirmen angebotenen — Logikbausteinen kann dazu beitragen, diese Technologie verstehen zu helfen, wobei die geschlossenen Bausteine als „black box" nur in ihrem Eingangs und Ausgangsverhalten interessieren und die computerisierte Verarbeitung der gelesenen Daten (— in der Praxis natürlich nicht vom Code-Leser zu trennen —) entsprechend den Zielsetzungen dieses Buches in den Hintergrund tritt. Elektronische Vertiefungen und elektronische Datenverarbeitung müssen anhand der umfangreichen vorhandenen Hilfsmittel systematischer erschlossen werden, als es die hier vorliegenden exemplarischen Anregungen anstreben dürfen.

Kap. 9: Quarzstabilisierung von Uhren

Fast jeder Schüler besitzt heute eine sogenannte Quarzuhr, vielen jedoch bleibt die eigentliche Ursache für die Ganggenauigkeit verborgen, solange nicht im Physikunterricht durch geeignete Elementarisierung in Verbindung mit sinnvollen Analogie-Experimenten (z. B. an mechanischen Pendeluhren) die Frequenz-Stabilisierung eines elektrischen Schwingkreises unmittelbar erlebbar gemacht und in ihrer Bedeutung für die Ganggenauigkeit elektrischer Uhren demonstriert wird.
Der rein phänomen-orientierte Ansatz der Unterrichtshilfen dieses Kapitels zeigt in einer kurzen Experiment-Reihe leicht einsehbare Parallelen zwischen einfachen Schwingkreisen und realen Quarzuhren. Die Ergebnisse werden besonders eindrucksvoll, wenn man die Schwingkreis-Verstimmungen durch die Körperkapazität, durch Temperatur-Änderungen oder durch Spannungsschwankungen (verbrauchte Batterien) verursacht.

Vorwort

Der vorliegende Band der „Unterrichtshilfen Naturwissenschaften“ will Beispiele für den Technik-Bezug im Physikunterricht aufzeigen, ohne jedoch die vielfältigen Beziehungen zwischen Physik und Technik systematisch zu untersuchen oder gar den Versuch einer — ohnehin stets unscharfen — Grenzziehung zwischen Physik und Technik zu unternehmen. Vielmehr sollen eher pragmatische Vorschläge zur Einbeziehung moderner technischer Gegenstandsbereiche aus der Schüler-Umwelt in den Physikunterricht unterbreitet werden. Allerdings liegen diesen pragmatischen Vorschlägen konsequente didaktische Argumente zugrunde:

— Physikunterricht hat insbesondere in der Sek.-St. I *aller* Schulformen Bestandteil einer naturwissenschaftlich-*technischen* Ausbildung zu sein, wenn er seine attraktiven und für den Schüler besonders motivierenden Inhalte nicht an andere Unterrichtsfächer verlieren will.

— Die Legitimation für den physikalischen Unterricht liegt in ganz besonderem Maße darin, die Fähigkeit zur Kommunikation über bzw. zur Handlungsfähigkeit gegenüber technischen Gegenständen und Problemen zu erzeugen. Dieses Ziel erfordert die ständige Reflexion und Vertiefung technischer Anwendungen physikalischer Gesetze, Phänomene und Arbeitsweisen.

— Zwar darf und soll in der Oberstufe der weiterführenden Schulen die wissenschaftspropädeutische Physik-Ausbildung zusätzliches Anliegen sein; die Erfahrung in den gymnasialen Oberstufen zeigt jedoch, daß nur ein ausgewogenes Verhältnis zwischen alltags- und umwelt-orientierten Inhalten des Physikunterrichtes einerseits und den mehr wissenschaftsorientierten Problembereichen andererseits hinreichende Attraktivität des Physikunterrichtes gewährleistet. Dabei gilt es insbesondere in der Mittelstufe durch stetige Suche nach der „Alltags-Anbindung“ der Physik die Motivationsweichen zu stellen.

Die Autoren der vorliegenden Beiträge wissen natürlich, daß Technik-Bezug im Physikunterricht täglich auf vielfältige Weise anzutreffen ist, daß Lehrbücher der jüngeren Zeit verstärkte Bemühungen in dieser Richtung aufweisen, ja daß es natürlich geradezu klassische Bereiche im Physikunterricht wie etwa Telefon, Motoren, Wärmekraftmaschinen uva. gibt, wo der Technikbezug seit jeher offenkundig ist.

Ein beträchtliches Defizit aber ist dort festzustellen, wo es um *neuere* Technologien oder physikalisch-technische Anwendungen geht. Dies ist nicht verwunderlich, wenn man den normalerweise erforderlichen zeitlichen und experimentellen Aufwand bedenkt, der zur Entwicklung sicher funktionierender, reproduzierbarer Schul-Experimente erforderlich ist — ein Aufwand, den selbst der experimentierfreudigste Lehrer nur in den seltensten Fällen zu leisten vermag.

Hier sollen die vorliegenden Unterrichtshilfen wirklich „helfen“ mit ihren in umfangreichen Versuchsreihen entwickelten und erprobten Experimentier-Anregungen zu neueren technischen Anwendungen physikalischer Unterrichtsinhalte.

Die ausgewählten Beispiele des vorliegenden Bandes erheben — wie das Inhaltsverzeichnis eindeutig belegt — keinesfalls den Anspruch, einen oder mehrere Bereiche technischer Anwendungen abzudecken. Wenn jedoch eine übergeordnete Thematik benannt werden soll, dann dürfte dies am ehesten der Bereich „Speicherung und Übertragung von Informationen“ sein. Aber: der gesamte Bereich der EDV, der Elektronik im engeren Sinn und der Steuerung und Regelung sind hier ausgeklammert. Diese Bereiche stellen derart zentrale technologische Gebiete unserer heutigen Zeit dar, daß sie auf eine viel grundlegendere Art durch die — auch bereits vorhandenen — Literatur- und Experimentier-Vorschläge erarbeitet werden müssen, als es mit diesen pragmatischen Experimentierhilfen des vorliegenden Bandes möglich ist.

Allerdings begegnen die in diesem Band behandelten technischen Verfahren dem Schüler in seiner Alltagswelt ebenfalls täglich — Grund genug, sie an geeigneter Stelle im Unterricht zu behandeln; Auswahl und Umfang müssen der Unterrichtssituation angepaßt werden. Die Experimentier-Vorschläge der nachfolgenden Kapitel sind durchweg so gestaltet, daß die Auswahl von Einzel-Experimenten aus einer umfanreicheren Reihe ebenso möglich und sinnvoll ist, wie die Durchführung einer vollständigen, vorgeschlagenen Experiment-Reihe. Aber auch dies sollte nicht übersehen werden: Neue Experimente erfordern im Vergleich zu den Standard-Versuchen der gängigen Lehrerhandbücher ein erhöhtes Maß an Zeit, Geduld und Experimentierfreudigkeit. Dieser höhere Einsatz wird aber stets durch eine größere Motivation der Schüler belohnt.

Besonderer Dank gilt Herrn *G. Stefan,* der zu den meisten Kapiteln dieses Bandes die Photographien und Zeichnungen erstellt und mit vielen experimentellen Details zur Verbesserung der Funktionsmodelle beigetragen hat.

Bonn, März 1985 *Helmut Schmidt*

Kap. 1: Funktionsmodelle zu technischen Gegenstandsbereichen — Begriffsdefinitionen und einfache Beispiele*)

1. Anmerkungen zum Technik-Bezug im Physikunterricht

Die Behandlung technischer Gegenstandsbereiche im Physikunterricht kann auf vielfältige Weise erfolgen — hier geht es nicht darum, diese vielfältigen Möglichkeiten zu untersuchen und systematisch zu erfassen. Auch soll nicht der Versuch gemacht werden, eine — ohnehin unscharf existierende — Grenze zwischen den Unterrichtsinhalten der Fächer Physik und Technik aufzuzeigen. Vielmehr soll unter Beschränkung auf den Bereich sogen. *Funktionsmodelle,* auf deren inhaltliche Präzisierung und exemplarische Erläuterung *ein Aspekt* unterschiedlicher Zielsetzungen beider Fächer aufgezeigt und zugleich die Möglichkeit zur Erschließung moderner Technologien unter Verzicht auf das Kopieren realer technischer Geräte erörtert werden.

Die Gründe, weshalb die Autoren dieses Buches sich konsequent für die Erschließung technischer Gegenstandsbereiche, insbesondere moderner Technologien aus der Umgebung des Schülers einsetzen, sind die folgenden:

— Das bekannte und vielerorts beklagte Desinteresse an Physik hat seine Ursachen in erheblichem Maße auch darin, daß die Lehrinhalte der Physik von den meisten Schülern, die ja in der Regel *nicht* Physiker werden wollen, allzu wenig in den erlebbaren Alltagsphänomenen und -problemen ihrer technik-bestimmten Umwelt wiedergefunden werden.

— Nicht zuletzt aus diesem Grunde fordern die „Empfehlungen zum Physikunterricht an den Schulen des Sekundarbereichs“ von DPG und MNU [1] eine verstärkte Einbeziehung technischer Gegenstandsbereiche in den Physikunterricht.

— Bei aller Anerkennung der Leistungen der Lehrmittelindustrie (ohne deren Geräte Experimentalunterricht undenkbar wäre!) muß dennoch darauf hingewiesen werden, daß die Entwicklung und Bereitstellung technik-bezogenen Lehr- und -Experimentiergerätes für den Physikunterricht weit hinter der stetigen Verbesserung des rein physikalisch-wissenschaftsorientierten Gerätes zurückgeblieben ist.

— Zurecht weist *Sexl* [2] darauf hin, daß allzu häufig „physikalische Gesetze mit Hilfe von Experimentiergeräten hergeleitet“ werden, und daß diese Gesetze dann „nur auf diese Experimentiergeräte anwendbar scheinen; denn nur dort trifft man die exakt herauspräparierten Situationen an“. Mit anderen Worten: Für die außerhalb des Unterrichtes erlebbaren naturwissenschaftlichen und technischen Phänomene bzw. Verfahren fehlt dem Schüler die „Anbindungsmöglichkeit“ an die nur der fachsystematischen Erkenntnis willen betriebene Physik im Unterricht.

---

*) Autor dieses Kapitels: *H. Schmidt*

Vor diesem Problemhintergrund darf die zu ziehende Konsequenz *nicht* lauten — dies sei deutlich zur Vermeidung von Mißverständnissen betont —, physikalischen Unterricht nun eben *doch* in eine Art von Technikunterricht umzugestalten! Ebenso unrealistisch wäre es, überall dort, wo Technikunterricht bereits eingeführt ist, aus „Berührungsangst" jeglichen Überschneidungsbereich zu leugnen(— derartige Trennungsbestrebungen im schulischen Bereich stünden in krassem Widerspruch zur realen Situation in Wirtschaft und Forschung, wo sowohl technologische Großprojekte als auch physikalische Großforschungsanlagen nur durch das fruchtbare Zusammenwirken von Technikern (besser: Ingenieurwissenschaftlern) und Physikern realisierbar sind).

Vielmehr gilt es, die seit jeher wahrgenommene Verantwortung des Physikunterrichts für die naturwissenschaftlich-*technische* Bildung nicht zu vernachlässigen, entsprechende Ansätze technischer Bezüge gezielt zu fördern und die damit nachweislich erzielbare Motivationsförderung zu nutzen. In welcher Weise Funktionsmodelle dazu einen Beitrag leisten können, wird im folgenden dargelegt.

2. Zum Begriff Funktionsmodell — einige Beispiele

Der Begriff Funktionsmodell wird bekanntlich sowohl in der Literatur als auch in Lehrmittel-Katalogen seit langem benutzt, ohne daß eine genaue Definition dieses Modell-Typs vorliegt. Folgt man der vom Begriff her naheliegenden Assoziation „. . . die gleiche Funktion erfüllen . . ." oder ebenso „ funktionieren" wie das reale Gerät, dann erweist sich eine derartige Begriffsumschreibung als wenig hilfreich für den Physikunterricht, eher noch — in positivem Sinne — für den Technikunterricht (s. u.): Man denke an die im Spielzeug-Handel erhältlichen, meistens mit Trockenspiritus betriebenen Miniatur-Dampfmaschinen. Sie zeigen zwar die gleiche „Funktion" wie das reale Gerät, enthalten (für die Augen des Schülers allerdings häufig verborgen) sogar exakte Kopien technischer Details wie Schieber- oder Ventil-Steuerung, aber *physikalische* Effekte, Prinzipien und Gesetzmäßigkeiten (— hier z. B. der entscheidende Übergang von der Arbeitsverrichtung bei linearem Kolbenhub zur periodisch arbeitenden Maschine oder der qualitative Inhalt des 2. Hauptsatzes —) sind bei diesem Modell kaum einsichtig. Bevor ein mögliches Beispiel eines derartigen, mit *physikalischer* Zielsetzung angefertigten Funktionsmodelles gezeigt wird (— natürlich nicht im Hinblick auf die Inhalte dieses Bandes, die Erschließung moderner Technologien, sondern zur Erläuterung des hier angesprochenen Modell-Begriffs —), sollen einige Kriterien bzw. Merkmale zur Präzisierung des Begriffs *Funktionsmodelle* genannt werden:

Merkmal 1: Funktionsmodelle sollen in möglichst transparenter Form die dem realen technischen Gerät bzw. Verfahren zugrunde liegenden *invarianten* — d. h. von den jeweiligen speziellen technischen Realisierungen unabhängigen — *physikalischen* Effekte, Prinzipien und Gesetzmäßigkeiten erkennen lassen; (Anm.: transparent ist hier in ursprünglicher Bedeutung des Wortes gemeint; in vielen Fällen lassen sich Glas oder Plexiglas verwenden, die dem Schüler den unmittelbaren Einblick in die ablaufenden Einzelschritte gewähren, s. Bsp. 1).

Merkmal 2: Sie sollen im Funktionsablauf so gestaltet sein, daß die zugrunde liegenden physikalischen Einzeleffekte wie beim realen technischen Gerät in richtiger Reihenfolge nacheinander ablaufen, so daß die Funktionsweise bzw. das Ergebnis realer technischer Geräte oder Verfahren qualitiv nachvollzogen werden kann. Bei diesem zeitlichen Ablauf steht *nicht* die Automatisierung des Prozesses im Vordergrund; dies kann zwar im Einzelfall durchaus als Abschluß einer Versuchsfolge wünschenswert sein (s. z. B. Kap. 3, Modell eines Tele-Kopierers), primäres Ziel bleibt jedoch, die beteiligten physikalischen Effekte und Gesetzmäßigkeiten im Prozeßablauf zu identifizieren.
Merkmal 3: Funktionsmodelle sollen *nicht* — und hier ist der entscheidende Unterschied zu den spezifischen und legitimen Aufgaben eines *Technik*unterrichtes hervorzuheben — technische Optimierungsprobleme z. B. hinsichtlich optimaler Materialauswahl, Wirtschaftlichkeit, Ergebnisqualität, Verfahrensautomatisierung, u. s. w. zum primären Unterrichtsinhalt machen. Wenn auch derartige Fragen sich in der Regel zwangsläufig anschließen und kein Physiklehrer ihnen ausweichen darf (— es handelte sich dann tatsächlich um einen recht wirklichkeitsfremden Technik-Bezug des Physikunterrichts —), so sind sie doch nicht primäres Anliegen des Einsatzes von Funktionsmodellen gem. 1.
Merkmal 4: Gemäß der Zielsetzung unter 1 sollte vermieden werden, das fertige Funktionsmodell in den Unterricht einzubringen und dann erst das Modell hinsichtlich der beteiligten physikalischen Prinzipien, Gesetze usw. zu analysieren. Vielmehr sollte (vgl. nachfolgende Beispiele) auf synthetischem Wege *nach* der experimentellen Darstellung der beteiligten Einzeleffekte zum Funktionsmodell hingeführt werden.
Ein Beispiel für ein Funktionsmodell nach obigen Kriterien ist das in Abb. 1.1. dargestellte — für den Unterricht in der Sekundarstufe I erstellte — Modell einer Dampfmaschine, das in transparenter Form (Reagenzglas mit angeschmolzenem seitlichen Rohransatz) die wesentlichen *physikalischen* Aspekte auf für die S I angemessenem Niveau zu beobachten gestattet. Die wesentlichen physikalischen Inhalte bei der Behandlung in der S I sind im einzelnen: Arbeitsverrichtung bei Gasausdehnung in einem linearen System; Übergang zur periodisch arbeitenden Wärmekraftmaschine durch Einbau eines Ventils zum periodischen Öffnen und Schließen; nutzlose Wärmeabgabe an das Reservoir mit niedrigerer Temperatur; selbständig ablaufender periodischer Prozeß.
Daß bei diesem Modell die Ventilsteuerung durch einen periodisch geschalteten Magneten erfolgt, ist ein aus der physikalischen Zielsetzung für derartige Funktionsmodelle resultierendes charakteristisches Zugeständnis im Sinne technischer „Unexaktheit“; die Erarbeitung der physikalischen Gesetzmäßigkeiten wird jedoch nicht durch die — ohnehin nur im Schnittmodell oder anhand einer Abbildung zu erläuternde — reale Ventilsteuerung gestört, die dann mühelos im zweiten Schritt erarbeitet werden kann. (Beschreibung und Anleitung zur Herstellung, auch mit einfachen Mitteln wie z. B. Teilen aus Fischerbaukästen s. [3]).
An dem in Abb. 1.1 gezeigten Funktionsmodell wird deutlich, wie sehr um der primären Erarbeitung *physikalischer* Verfahrensgrundlagen willen zunächst von realen Geräte-Kopien abgewichen werden kann, wenn man von den o. g. vier Kriterien für

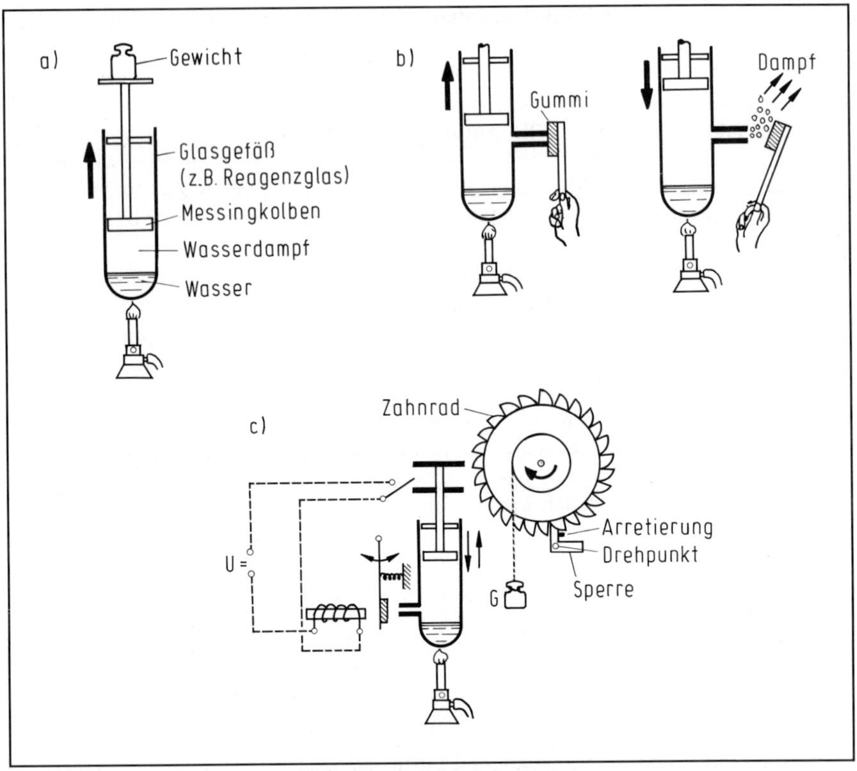

Abb. 1.1: Zur Erläuterung des Begriffes „Funktionsmodell"
Transparentes Funktionsmodell einer Dampfmaschine [3];
a) bis c) Einzelphasen zur synthetischen Hinführung zum selbständig arbeitenden Modell (vgl. Merkmal 4 im Text)

ein Funktionsmodell im hier besprochenen Sinne ausgeht. Das Modell läßt aber auch erkennen, wie bei derartigen Funktionsmodellen — *nach* der Erarbeitung der invarianten physikalischen Gesetzmäßigkeiten — von Unzulänglichkeiten des Modells ausgehend auf nunmehr technisch realisierte Verbesserungen des realen Gerätes eingegangen werden kann (hier: geschlossener Wasserkreislauf durch Kondensor, Zweiweg-Arbeitsverrichtung bei horizontalem Kolben mittels Schiebersteuerung u. ä.).

Nach diesem Beispiel zur Erläuterung des Begriffes Funktionsmodell sei zur Vermeidung von Mißverständnissen auf zwei Punkte hingewiesen:

— Das Thema Dampfmaschine mit seiner nur noch physik- bzw. technikgeschichtlichen Bedeutung rechtfertigt allein keine Auseinandersetzung mit Funktionsmodellen und deren Einsatz beim angestrebten Technik-Bezug des Physik-Unterrichtes; das Beispiel soll lediglich zur Erläuterung der obigen didaktischen Kriterien für den Einsatz und die Erstellung von Funktionsmodellen dienen.

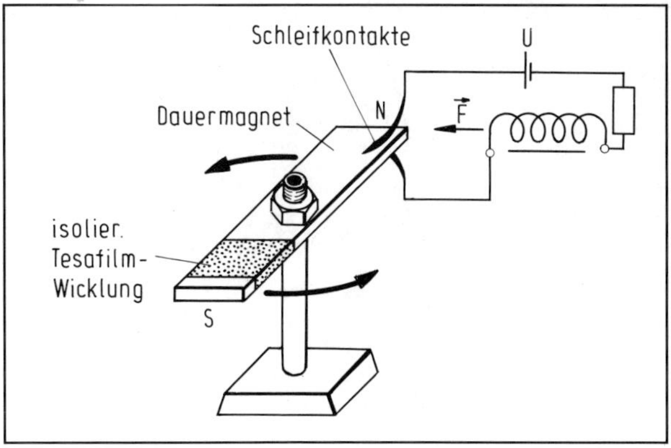

Abb. 1.2: Gebräuchliches Funktionsmodell eines Gleichstrom-Motors (Die phasengerechte Energie-Zufuhr und damit Kraftwirkung als wesentliches physikalisches Prinzip wird bei voller Funktionsfähigkeit auf durchsichtige Weise erreicht)

— Auch bei den klassischen, regelmäßig eingesetzten Experimenten des Physikunterrichtes lassen sich eine Reihe von technik-bezogenen Versuchsanordnungen finden, die den o. g. vier Kriterien genügen und somit typische Funktionsmodelle im hier diskutierten Sinne sind, auch wenn sie in der Regel nicht als solche bezeichnet werden (vgl. Abb. 1.2.). Hier soll ja auch nicht ein neuer Modell- bzw. Experiment-Typ entwickelt bzw. vorgestellt werden, sondern die bisher unscharfe Bezeichnung Funktionsmodell soll hier genauer abgegrenzt werden, um sie dann gezielt auf die Erschließung moderner technischer Verfahren anzuwenden. Dazu ein Beispiel:

Ohne schon an dieser Stelle auf experimentelle physikalische oder technische Details ausführlich einzugehen, sollen anhand des in Kap. 3 beschriebenen Modells eines Fern- oder Telekopierers (— von der Deutschen Bundespost als „Telefax"-Verfahren angeboten —), das die telefonische Übertragung von Zeichnungen und Briefen ermöglicht, die o. g. vier Merkmale eines Funktionsmodells und die sich damit bietende Möglichkeit zur Erschließung der *physikalischen* Grundlagen eines modernen technischen Verfahrens aufgezeigt werden[1]).

Zu Merkmal 1 (vgl. S. 18)

Bei der telefonischen Übertragung von Kopien schwarz-weiß beschrifteter bzw. gezeichneter Originale sind als *physikalische Effekte* bzw. *Gesetzmäßigkeiten* zu erarbeiten oder aber für den schulischen Einsatz als Ausgangssituation zu wählen:
— elektrostatische Aufladung dielektrischer Körper,
— Phänomene der Reibungs- (besser: Kontakt-) Elektrizität,
— Coulomb'sche Kraft zwischen gegensätzlich aufgeladenen Körpern,
— Ladungszustand einer dielektrischen Fläche als Informationsspeicher („aufgeladen/nicht aufgeladen"),
— Wirkungsweise des Photowiderstandes,

[1]) Das in Kap. 3 beschriebene Funktionsmodell kann auch zur Erschließung des vielfach benutzten optischen „Scanning"-Verfahrens oder aber — in ergänzter Form — zur Behandlung der Funk-Bild-Übertragung eingesetzt werden.

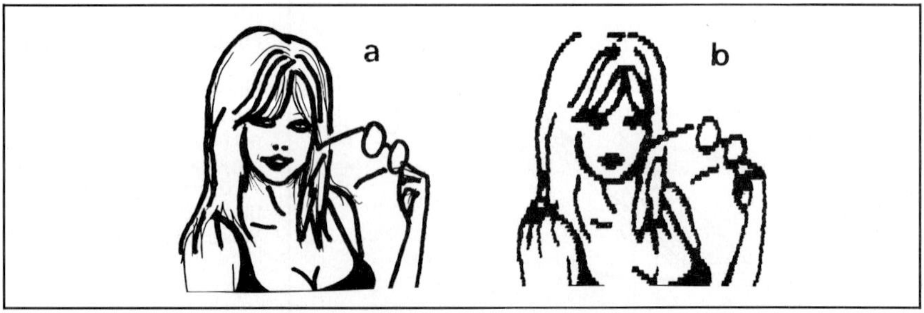

Abb. 1.3: Mit dem Funktionsmodell „Telekopierer" (vgl. Kap. 3.) gewonnenes Übertragungsergebnis; das Ergebnis zeigt „reales Funktionieren" sowie technische Unzulänglichkeiten gleichermaßen; (a: Für die Übertragung verwendetes Original; b: übertragene Kopie).

— (Als Hilfsmittel werden weiterhin benötigt und sollten demnach in ihrer Funktionsweise erarbeitet worden sein: Transistorverstärker und Relais).

Zu Merkmal 2

Mit der Kombination dieser Einzeleffekte läßt sich das Telefax-Verfahren mit überraschend guter Ergebnis-Qualität im Funktionsablauf nachvollziehen, wobei neben dem angestrebten Technik-Bezug der o. g. physikalischen Grundlagen zugleich eine erfahrungsgemäß unvergleichlich höhere Motivationsstufe bei den Schülern erreicht wird im Vergleich zur isolierten Behandlung der gleichen Phänomene mit üblichem Lehrmittel-Experimentiergerät. Allerdings ist — wie bei jeder Erstellung eines nicht kommerziell erhältlichen Funktionsmodells — eine wesentlich größere Bereitschaft des Lehrers zu unkonventionellem und etwas zeitaufwendigerem Experimentieren erforderlich.

Ein typisches Ergebnis, das den Schüler das „Funktionieren" wie beim realen Gerät unmittelbar erleben und beobachten läßt, zeigt Abb. 1.3.

Zu Merkmal 3

Viele der unter 3 auf S. 19 genannten technischen Ungenauigkeiten und Vereinfachungen, die bei dem Funktionsmodell bewußt in Kauf genommen werden, werden dem Lehrer erst bei der Lektüre des Kapitels 3 auffallen.

Aber schon anhand der Abb. 1.3 ist erkennbar, daß das Funktionsmodell weder das in der Technik mühelos erreichbare Abtast- und Wiedergabeauflösungsvermögen noch die Wiedergabe von Grau-Tönen bewältigt. Noch gravierender ist sicherlich die im Modell völlig außer acht gelassene *digitale* [2]) Übertragung der Bildinformation über die Telefon-Leitungen, u. v. a. Dennoch: zur Erarbeitung der *physikalischen* Effekte und Gesetzmäßigkeiten sind diese Ungenauigkeiten zunächst von sekundärer Bedeutung. Allerdings bietet sich — wie schon auf S. 20 betont — im Anschluß an die Arbeit mit dem Funktionsmodell gerade aufgrund der auftretenden Mängel bzw. Abweichungen vom Ergebnis realer Geräte an, auf die technischen Optimierungsmöglichkeiten und -details einzugehen, soweit dies in der jeweiligen Altersstufe möglich ist.

---

[2]) Vgl. S. 120

Zu Merkmal 4
Es ist unbestritten, daß die Erschließung technischer Gegenstandbereiche sowohl in analytischer — vom realen Gerät ausgehender — Verfahrensweise als auch auf synthetischem — zum fertigen Gerät hinführenden — Wege gleichermaßen erfolgreich sein kann.

Wenn in Merkmal 4 auf S. 19 dennoch dem synthetischen Unterrichtsverfahren der Vorzug gegeben wird, geschieht dies aus folgenden Gründen, die es zu bedenken gilt:

— Das Ausgehen von realen Geräten, also der analytische Weg, führt aus den o. g. Gründen über vielerlei „Optimierungs-Zubehör", das für die Erkenntnis der *physikalisch invarianten* Gesetze und Effekte eher belastend ist.

— Komplexe technische Verfahren bestehen — dies ist ja gerade die Leistung ingenieurwissenschaftlicher und technischer Entwicklungen — aus der sinnvollen Kombination vieler ineinandergreifender Einzel-Effekte und Einzel-Phänomene. Diese in einem Verfahren als beteiligte Elemente wiederzuerkennen setzt voraus, daß sie dem analysierenden Betrachter weitestgehend bekannt sind; nur dann kann er das technische Gerät auf die physikalischen Effekte zurückführen. Gerade dies aber ist in der Regel beim Schüler nicht der Fall. Eine gezielte Auswahl von hinführenden Versuchen, Gesetzen und Phänomenen hingegen führt auf dem synthetischen Wege zu einer in allen Details bekannten — wenn auch aus den o. g. Gründen vereinfachten — Verfahrensweise des technischen Gerätes.

— Schließlich sollte nicht übersehen werden, daß bei den meisten der moderneren technischen Geräte, die in diesem Buch erwähnt werden, ein „analytisches" Zerlegen eines realen Gerätes, anders als bei Telefon, Elektromotor oder einem Haushaltsgerät kaum möglich sein dürfte, wenn man z. B. an ein Kopiergerät, an ein Lichtleiter-Telefon oder an einen optischen Strichcodierer denkt.

Auf der anderen Seite kann nicht bestritten werden, daß bei der Vorführung eines einfachen Modells mit einem für den Schüler überraschenden Ergebnis Interesse und Neugier geweckt werden und somit ein Motivationserfolg erzielt wird, obwohl die einzelnen Verfahrensschritte erst danach erarbeitet werden. Diese Verfahrensweise ist sogar bei der Erarbeitung der Xerographie (vgl. S. 26) vorzuziehen, da hier ein mechanisches Funktionsmodell wegen der allzu umfangreichen und aufwendigen Herstellungsarbeiten nicht angestrebt werden sollte.

Vielmehr wird dort der wesentliche Geräte-Funktionsablauf in einem aus vier bzw. fünf Schritten bestehenden Experiment (vgl. Kap. 2, Abschn. 4 auf S. 41) demonstriert. Bei diesem „Funktionsmodell-Ersatzexperiment" führt gerade das unbekannte und in der Regel unerwartete Versuchsergebnis — allen weiteren Details vorangestellt — erfahrungsgemäß zur größtmöglichen Motivationen zur Beschäftigung mit den Grundlagen der Xerographie.

Dennoch aber ist auch in diesem Falle anschließend auf synthetischem Wege durch geeignete kleinere Experimente, Fragen und Hilfestellungen auf das zuvor aus Motivationsgründen durchgeführte „Funktions"-Experiment hinzuführen.

Bei der experimentellen Darstellung der am jeweiligen technischen Verfahren beteiligten physikalischen Einzeleffekte, die nach obigen Ausführungen in der Regel dem Einsatz des fertigen Funktionsmodells vorausgehen sollten, verbleibt dem Lehrer ein größtmöglicher Freiraum. Bei den in diesem Buch vorgeschlagenen Versuchsanre-

gungen und experimentellen Details handelt es sich durchweg um erprobte Vorschläge im Hinblick sowohl auf die experimentelle Realisierung als auch auf die Reihenfolge im Rahmen synthetischer Unterrichtseinheiten. Beispiele dieser hinführenden Versuche finden sich in allen Kapiteln dieses Buches.
Nach dieser Erörterung didaktischer Kriterien für die Gestaltung und den Einsatz von Funktionsmodellen und deren *physikalischer* Zielsetzung sowie nach der Erläuterung der Kriterien anhand einiger konkreter Beispiele soll im folgenden eine (nicht die Vollständigkeit garantierende) Übersicht über diejenigen fachdidaktischen Veröffentlichungen der letzten 10 Jahre angegeben werden, in denen Beschreibungen von Funktionsmodellen bzw. deren Diskussion im Mittelpunkt stehen — auch wenn dabei nicht ausdrücklich der Begriff Funktionsmodell benutzt oder angestrebt wird.

3. Literatur zum Einsatz von Funktionsmodellen im Physikunterricht

(ohne Computer/EDV-Anlagen, da die dort angestrebte physikalische Zielsetzung einer gesonderten Diskussion bedarf)

[1] *Arnolds, K.:* „Informationsübertragung mit Lichtleitern“ in NiU 6/80, S. 117, Aulis, Köln;
[2] *Arnolds, K.:* „Faseroptik — Anregungen zur unterrichtlichen Behandlung der physikalischen Grundlagen einer modernen Technologie“ in NiU 9/78, S. 257, Aulis, Köln;
[3] *Arnolds, K.:* „Die Minto-Rad als Beispiel einer Niedertemperatur-Wärmekraftmaschine“ in PU 2/80, S. 73, Klett, Stuttgart;
[4] *Arnolds, K., Schmidt, H., Weißweiler, E.:* „Elektrophotographie“ in „Jahrbuch der Schulphysik“ Bd. 3, S. 81, Aulis 78;
[5] *Arnolds, K., Schmidt, H., Weißweiler, E.:* „Xerographie — ein physikalisch-technisches Verfahren zur Kopie-Herstellung (SI u. SII)“ in PU 2/76, S. 38, Klett, Stuttgart;
[6] *Arnolds, K., Schmidt, H.:* „Funktionsmodell eines Kohlemikrophons“ in PU 1/79, S. 77, Klett;
[7] *Arnolds, K., Schmidt, H.:* „Funktionsmodell einer Dampfmaschine für die Sekundarstufe I“ in NiU 11/76, S. 461, Aulis;
[8] *Bahnemann, R.:* (hier als Ausnahme aus dem Bereich Chemie-Didaktik aufgenommen wegen des eindeutigen thematischen Bezuges): „Ein neuer Schulversuch zum Hochofenprozeß — ein Diskussionsbeitrag zum Einsatz von Funktionsmodellen im Chemieunterricht“ in „Zur Didaktik der Physik und Chemie“ / GDCP-Tagungsband 1973, S. 173, Schroedel 74;
[9] *Bartels, K., Effertz, F. H.:* „Kybernetik im Physik- und Technikunterricht“ in: „Zur Didaktik der Physik und Chemie“ / GDCP-Tagungsband 73, S. 180, Schroedel 1974;
[10] *Bartels, K.: „Zum dynamischen Verhalten von Regelkreisen — ein Funktionsmodell“ in: MNU 3/82, S. 154, Dümmler, Bonn;*
[11] Berge, O. E.: „Linearmotoren (Funktionsmodell für die SII) in PU 2/76, S. 70, Klett;
[12] *Brockt, M.:* „Ein Sonnenkollektor-Modell für Unterrichtszwecke“ in NiU 1979, S. 257, Aulis;
[13] *Depke, K.:* „Ein Wärmepumpe für den Physikunterricht“ in Praxis/Ph. 12/81, S. 257, Aulis;
[14] *Farber, M. U.:* „Fernsehkamera als Augenmodell“ in „Jahrb. der Schulphysik“ Bd. 3, S. 118, Aulis 78;
[15] *Gala, J.:* „Das Lichttelefon“ in NiU 2/81, S. 50, Aulis;
[16] *Härtel, H.:* „Überblick über das Material der Unterrichtseinheit Steuerung einer Automation“ in „Zur Did. d. Physik u. Chemie“ / GDCP-Tagungsband 1974, S. 266, Schroedel 1975;
[17] *Hansen, K. H.:* „Steuerung eines Aufzug-Modells mit einem Mikroprozessor“ in PU 3/80, S. 43, Klett;
[18] *Kagerer, E.:* „Nachrichtensatelliten-Modellversuche“ in „Jahrbuch der Schulphys.“ Bd. 3, S. 200, Aulis 1978;
[19] *Kagerer, E.:* „Mehrkanal-Lichttelefonie mit Farbfiltern“ in Praxis/Phys. 7/81, S. 193, Aulis;
[20] *Kämmerer, J.:* „Pankratische Objektive — Funktionsmodell zum Zoom-Objektiv“ in PU 2/76, S. 24, Klett;
[21] *Mothes, H.:* (hier handelt es sich zwar um einen älteren Beitrag, jedoch wird ein klassisches Beispiel eines Funktionsmodelles zu einer damals modernen Technologie beschrieben): „Funk-

tionsmodell einer Flaschenfüll-Anlage“ in: *Mothes, H., Oberliesen, R.:* Physik I und Technik in Unterrichtsbeispielen“, S. 166f., Aulis 1970 (5. Aufl.);
[22] *Müller, G.:* „Faksimile-Übertragung per Telefon“ in „Jahrb. d. Schulphys.“ Bd. 3, S. 113, Aulis 78;
[23] *Müller, G.:* „Bildübertragung per Telefon (SI u. SII)“ in PU 1/77, S. 5, Klett;
[24] *Müller, G.:* „Informationsübertragung durch moduliertes Licht im Physikunterricht der SI“ in PU 2/76, S. 5, Klett;
[25] *Müller, G., Weber, W.:* „Fernsehen im Experiment“ in PU 3/82, S. 80, Klett;
[26] *Müller, G., Schmidt, H.:* „Physikalische Grundlagen moderner Technologien — Beispiele und Anregungen zur Erschließung neuer Gegenstandsbereiche für den Physikunterricht der SI“ in „Zur Didaktik der Phys. u. Chemie“ / GDCP-Tagungsband 1975, S. 594, Schroedel 75;
[27] *Oldenburg, U.:* „Modellversuche zum Lesen strichcodierter Etiketten“ in „Zur Did. d. Physik und Chem.“ / GDCP-Tagungsband 1981, S. 262, Leuchtturm-Verlag Alsbach, 1982;
[28] *Pfitzner, K.:* „Das stufenlos akkomodierende Auge — ein Augenmodell für die Unterrichtspraxis“ in Prax./Phys. 4/83, S. 122, Aulis; (kein Technik-Bezug, bedeutsam als Funktionsmodell).
[29] *Quast, U., Schwarzer, E.:* „Brennstoffzellen — ihre Grundlagen und ihre Behandlung in der Schule — SI und SII“ in PU 1/77, S. 44;
[30] *Rebholz, W.:* „Regelungstechnik“ (Anm.: Funktionsmodelle zur R.-T.) in „Jahrb. d. Schulphys.“ Bd. 3, S. 186, Aulis 78;
[31] *Szostak, R.:* „Scanningoptik — eine fachdidaktische Dynamisierung der geometrische Optik“ in „Zur Did. d. Physik u. Chem.“, GDCP-Tagungsband 1981, S. 266, Leuchtturm-Verlag Alsbach, 1982;
[32] *Szostak, R.:* „Optische Analogien zur Röntgen-Computertomatographie“ in DPG-Tagungsband / Fachausschuß Fachdidaktik, Gießen 1980;
[33] *Schmidt, H.:* „Funktionsmodelle im Lehramtsstudium — ein Diskussionsbeitrag zur Förderung des Technikbezuges im Physikunterricht“ in DPG-Tagungsband / Fachausschuß Fachdidaktik 1982, S. 167, Gießen 82;
[34] *Schmarbeck, D.:* „Darrieus-Rotor-Modell zur Nutzung der Windenergie“ in NiU 8/81, S. 293, Aulis;
[35] *Treber, E.:* „Der Bau von Modell-Sonnenkollektoranlagen und ihr Einsatz im Unterricht“ in NiU 4/81, S. 117, Aulis;
[36] *Treitz, N.:* „Didaktische Modelle zu Farbempfindungen“ in „Zur Did. d. Chemie u. Phys.“ / GDCP-Tagungsband 1980, S. 156, Leuchtturm-Verlag Alsbach 81; (Anm.: Zwar kein Technik-Bezug, jedoch Beschreibung eines transparenten Funktionsmodells.)
[37] *Treitz, N.:* „Übertragung bewegter Bilder (Fernsehen) im Schulversuch mit Konservendose als Nipkow-Zylinder, Photoelement und Oszillograph“ in DPG-Tagungsband, S. 182, Gießen 1978;
[38] *Treitz, N.:* „Technische Unterrichtsmedien — Überblick u. Anregungen zum Selbstbau von Funktionsmodellen“ in DPG-Tagungsband 1979, S. 479, Gießen 1979;
[39] *Treitz, N.:* „Ein durchsichtiger Analogrechner zur Erklärung des Farbfernsehens“ in PU 1/82, S. 77, Klett;
[40] *Wellnetz, H., Ubl, G.:* „Bausteinsystem zur Darstellung eines Digitalvoltmeters im Unterricht“ in DPG-Tagungsband 1978, S. 128, Gießen 78;
[41] *Zeiske, W.:* „Physikalische Grundlagen von Wärmetauschern“ in PU 3/81, S. 62, Klett;
[42] *Zeiske, W.:* „Quarzstabilisierung bei Uhren“ in PU 2/79, S. 92, Klett.

4. In Kap. 1 zitierte Literatur

[1] Wortlaut der Empfehlungen der Deutschen Physikalischen Gesellschaft DPG und des Fördervereins für den mathematischen und naturwissenschaftlichen Unterricht MNU in: Physikalische Blätter 36/273 (1980);
[2] *Sexl, R.:* Vortrag auf der Frühjahrstagung des Fachausschusses Fachdidaktik der Physik der DPG, Gießen 1982; erschienen im diesbezgl. Tagungsband, Gießen 1982, Deutsche Physikalische Gesellschaft;
[3] s. unter Nr. 7 des vorstehenden Literatur-Verzeichnisses;
[4] s. unter Nr. 26 des vorstehenden Literatur-Verzeichnisses.

Kap. 2: Xerographie — Grundlage der modernen Textvervielfältigung*)

1. Vorbemerkungen und didaktische Hinweise

Das vorliegende Kapitel verfolgt zwei Ziele. Einerseits sollen zwei in den meisten Lehrplänen bereits enthaltene bzw. tangierte Gegenstandsbereiche, die Elektrostatik und die Photoleitung, methodisch mit neuartigen und motivierenden Aspekten bereichert und auch hinsichtlich ihrer Zielsetzung mit neuen möglichen Akzenten versehen werden. Welchen Schüler „begeistert" schon die Elektrostatik, falls sie ausschließlich zwecks Formulierung abstrakter Kraft-Gesetze behandelt wird! So wichtig derartige Formulierungen von Gesetzmäßigkeiten im Sinne eines wissenschaftspropädeutischen Unterrichtes zweifellos sind, so berechtigt und notwendig sind stetige Bemühungen um Umweltbezug und Motivation. Für die Sek. I gilt dies natürlich in ganz besonderem Maße. In vielen Lehrplänen dieser Schulstufe ist — nicht zuletzt mit der Begründung mangelnder umweltbezogener Lernziele — die Behandlung elektrostatischer Phänomene auf ein Minimum reduziert worden. Hier soll der Beitrag Änderungsmöglichkeiten aufzeigen.
Zum anderen sollen die vorliegenden Ausführungen ein bei Lehrern und Schülern feststellbares Informationsdefizit abbauen helfen.
Der Begriff Kopie ist heute praktisch jedem Schüler bereits in der Sek. I bekannt. Dokumente — auch Schulzeugnisse — werden nicht mehr als „Abschrift" beglaubigt bzw. vorgelegt, sondern man fertigt innerhalb weniger Sekunden originalgetreue Kopien an. Mit dieser Popularität des Begriffes „Kopie" korrespondiert eine entsprechende Verbreitung der „Kopierer", jener heute fast ausschließlich auf xerographischer Basis arbeitenden Geräte, die seit etwa 1965 die bis dahin benutzten (an Dunkelkammern gebundenen) chemisch-photographisch arbeitenden Kopiervorrichtungen ablösten.
Die heutigen Kopiergeräte, im Gegensatz zu ihren Vorläufern in taghellen Räumen problemlos zugänglich, sind eines der wichtigsten technischen Kommunikationsmittel geworden. Sie sind aus den Büros nicht mehr wegzudenken, sie stehen als Automaten in Kaufhäusern, und sie stellen bereits in vielen Schulen ein wertvolles Hilfsmittel dar. Die genannte Verbreitung und die Tatsache, daß die Xerographie auf *rein physikalischen* Phänomenen beruht, die — wenn auch in anderen Sachzusammenhängen — bereits in den Lehrplänen der Sek. I tangiert werden, lassen die Behandlung der Xerographie im Physikunterricht gerechtfertigt erscheinen. Die beschriebenen Schulexperimente sind so zusammengestellt und erprobt worden, daß sie in jeder Schule mit durchschnittlicher Geräteausstattung durchgeführt werden können. Bei der unterrichtlichen Behandlung soll das xerographische Verfahren soweit elementarisiert werden, daß sowohl die erzielten Versuchsergebnisse als auch die Wir-

*) Autoren dieses Kapitels: *H. Schmidt, K. Arnolds, E. Weißweiler*

kungsweise der realen Kopiergeräte auf die folgenden physikalischen Grundphänomene und Gesetze zurückgeführt werden können:

- Aufladung hochisolierender Flächen durch Reibung
- Sichtbarmachung des Zustandes „geladen/ungeladen“ durch Kraftwirkungen auf kleine (geladene oder ungeladene) Teilchen
- Aufladung durch Hochspannungs-Entladung anstelle des Reibungsprozesses
- Mit Photohalbleitern können geladene Flächen durch Licht entladen werden
- Bildmäßige Belichtung erzeugt bildmäßige Ladungsprofile
- Sichtbarmachung dieser Ladungsprofile durch o. g. elektrostatische Kraft-Wirkung

Die inhaltliche Anknüpfung im Unterricht ist sowohl nach Phänomenen der Reibungselektrizität als auch nach der Behandlung der Widerstandsänderung eines Photohalbleiters im einfachen elektrischen Stromkreis möglich. Eine nunmehr bereits achtjährige Erfahrung mit entsprechenden Unterrichtsreihen zeigt, daß auch bei Vorkenntnissen zu nur einem der beiden Bereiche „Photowiderstand“ bzw. „Reibungselektrizität“ eine erfolgreiche Unterrichtseinheit über die Xerographie möglich ist, wenn Grundkenntnisse zum jeweils fehlenden Bereich durch wenige phänomenorientierte Experimente und begleitende Erklärungen erarbeitet werden.

2. Beispiele erzielbarer Schulversuchsergebnisse

Bevor der Leser die Mühen auf sich nimmt, die etwas umfangreicheren physikalisch-technischen Grundlagen der Xerographie sowie die nachfolgenden Versuchs-Reihen zu erarbeiten, sei das im Schulversuch erreichbare an ein paar Beispielen gezeigt. Ganz ohne Verwendung eines teuren „Kopiergerätes“, lediglich mit einem kleinen Episkop oder einem Dia-Projektor, ist eine „normale“ Kopie einer schwarz/weißen

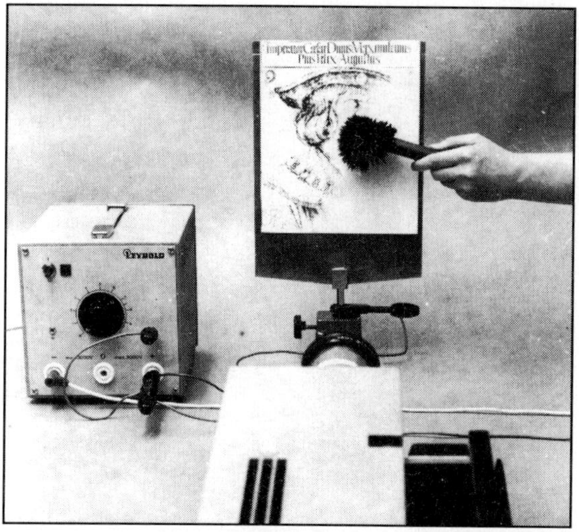

Abb. 2.1: Entstehung eine Kopie von einem schwarz/weißen Original mit Hilfe eines Episkops oder Dia-Projektors (näheres auf S. 46 ff.).

Abb. 2.2: Auf selbst-erstellter Kopier-Schicht angefertigte Kopie eines Geldscheines.

Vorlage („Original“) herstellbar und in ihrem Entstehungsprozeß beobachtbar (Abb. 2.1).

Will man ganz auf kommerziell übliche Kopier-Materialien verzichten, so können diese unter Mithilfe der Schüler selbst erstellt werden. Abb. 2.2 zeigt die Kopie eines Geldscheines auf einer selbst hergestellten Kopier-Schicht, die auf einem Aluminium-Blech (dicke Al-Folie) aufgebracht wurde.

Abb. 2.3 zeigt, wie man von einer Xerokopie (selbst angefertigt oder in einem Kopiergerät erstellt) einen „Offset-Druck“ herstellt.

Schließlich erinnert Abb. 2.4 an eine vor wenigen Jahren unter Jugendlichen beliebte — und kommerziell angebotene — Methode der Präsentation des eigenen Portraits: auf einem T-Shirt. Auch dies kann mit der selbsterstellten Kopie nachvollzogen werden, wie Abb. 2.4 zeigt.

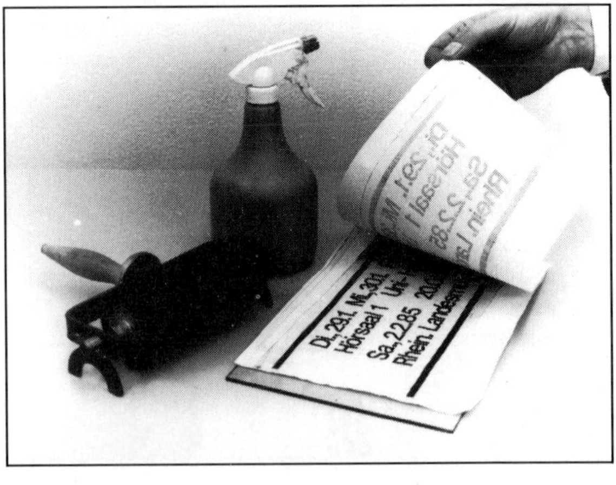

Abb. 2.3: Ein „Offset-Druck“ wird von einer Xerographie, die als „Druckträger“ dient, hergestellt.

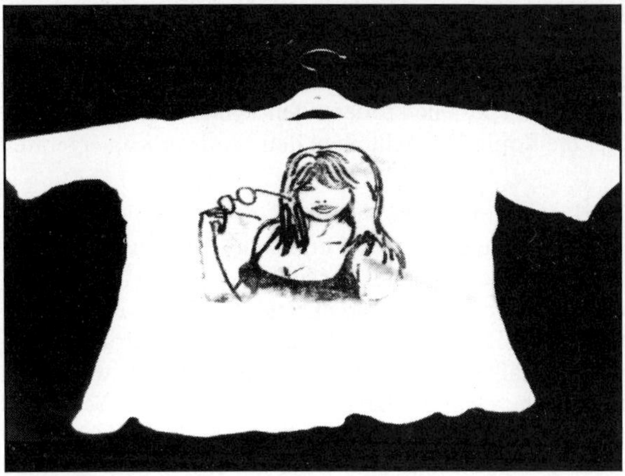

Abb. 2.4: Das „Portrait“ auf dem T-Shirt — eine bekannte kommerzielle Variante der Xerographie, hier mit einfachen Mitteln nachvollzogen.

Wie diese und weitere Versuche als „Funktions-Experimente“ zur Xerographie durchgeführt werden können und wie ein transparentes Funktionsmodell eines Kopiergerätes aussehen kann, wird auf S. 41 ff. beschrieben. Zuvor aber soll ein Überblick über die wichtigsten physikalischen Grundlagen gegeben werden.

3. Die physikalischen Grundlagen der Xerographie

3.1 Begriffsklärungen

Da die Bezeichnungen keineswegs einheitlich sind, seien hier einige Begriffe geklärt. Wenn heute „Xerographie“ und „Elektrophotographie“ weitgehend synonym benutzt werden, so ist dies insbesondere zur einfacheren Handhabung in der Schule zu begrüßen und zu empfehlen, zumal diese Begriffsgleichheit auch bereits in die lexikographische Literatur [1] Eingang gefunden hat. In der einschlägigen wissenschaftlich-technischen Literatur jedoch (vgl. *Schaffert*[2] bezeichnet „Xerographie“ einen Teilbereich der „Elektrophotographie“, zu der insgesamt noch andere, technisch aber heute unbedeutende Abwandlungen der elektrooptisch-elektrostatischen Bilderzeugung gehören.

Bei der heute üblichen synonymen Begriffsbenutzung wird das „Xerographie“ genannte Verfahren demnach nicht allein in den Geräten nur eines Unternehmens (Firma Xerox Inc., Rochester[1]) angewendet, sondern nach einer Empfehlung einer IEEE[2])-Kommission aus dem Jahre 1961 umfaßt der Begriff Xerographie *alle* elektrophotographischen Ladungsbild-Verfahren, auch wenn diese Ladungsbilder — wie im folgenden beschrieben — auf Papierschichten erzeugt werden.

Da die anderen, oben erwähnten elektrostatischen Verfahren zur Bilderzeugung zwar physikalisch sehr interessant sind, praktisch aber keine nennenswerte Bedeutung

[1]) „Xerox“ ist ein geschützter Firmenname, hingegen ist die „Xerographie“ keine geschützte Bezeichnung.

[2]) IEEE heißt „**I**nstitute of **E**lectrical and **E**lectronic **E**ngeneers“

gewonnen haben, wird im Zusammenhang mit Elektrophotographie stets an Xerographie gedacht und somit dasjenige Verfahren gemeint, mit dem auf dem Wege der Sichtbarmachung bildmäßiger elektrostatischer Aufladungen auf besonders präpariertem Papier oder aber zunächst auf speziellen rotierenden Zylindern und anschließender Übertragung auf Papier die Kopie-Herstellung in den heutigen Kopiergeräten erfolgt.

Hier sei zur weiteren Begriffserklärung noch erwähnt, daß man zwar die Kopiergeräte im weiteren Sinn als Vervielfältigungsmaschinen und somit Kopien als Vervielfältigungen bezeichnen kann; üblich ist es aber, mit Vervielfältigern im engeren Sinn die heute vielerorts noch vorhandenen, aber kaum noch genutzten Umdruckmaschinen („Spirit-Carbon-Verfahren"), außerdem sogenannte Schablonendrucker, bei denen Druckfarbe durch eine bildmäßig präparierte Schablone gepreßt wird, und kleinere Offset-Druckmaschinen zu bezeichnen. Bei diesen letztgenannten Verfahren handelt es sich um reine „Druckprozesse", d. h. das möglichst häufig wiederholbare Abdrucken von Farbe mittels eines — auf irgend eine Weise außerhalb der Maschine hergestellten — bildmäßigen „Druckträgers" stellt das eigentliche Vervielfältigungsverfahren dar.

Diese Prozesse sind sicherlich für den Schüler ebenfalls von Interesse und sie könnten — auch wenn sie kaum physikalische Probleme beinhalten — als Ergänzung bzw. zur Abgrenzung der Kopierverfahren herangezogen werden. Im vorliegenden Beitrag wird in einem Versuch in 5.3 lediglich das heute im Rotationsdruck (Zeitung- und Buchherstellung) dominierende *Offsetverfahren* als Ergänzung zur Kopieherstellung vorgeschlagen.

3.2 Beschreibung des physikalisch-technischen Prozesses

Das xerographische Verfahren wird anhand der Abbn. 2.5 und 2.6 erläutert, wobei hier die physikalischen Prinzipien bewußt hervorgehoben werden und demgemäß die Automatisierung des Prozesses, wie sie in realen Geräten vorliegt, in den Hintergrund tritt (schematische Darstellung realer Geräte siehe Abschnitt 3.3). Somit kann die Abbildung 2.5 zugleich als Darstellung der Schrittfolge bei dem Hauptexperiment (Abschnitt 4) dienen. Nach der Beschreibung des Ablaufes anhand der Abb. 2.5 und 2.6 wird dann anschließend auf die physikalischen Vorgänge detaillierter eingegangen, soweit es in diesem Rahmen möglich und für die Erarbeitung der schulischen Behandlung durch den interessierten Lehrer nötig ist. Darüber hinausgehende fachliche Informationen können den Monographien und Übersichtsartikeln [2, 3, 4, 5, 7] entnommen werden.

3.2.1 Einzelschritte der Kopie-Herstellung

Die folgenden Einzelschritte werden anhand des Kopierens auf sogenanntes „Zinkoxid-(ZnO)-Papier" geschildert. Zwar wird heute kaum noch auf diesem Papier die *endgültige* Kopie erstellt — diese verläßt vielmehr auf normalem Papier das Kopiergerät —, jedoch dient auch bei vielen dieser modernen „Normalpapier-Kopierer" eine ZnO-beschichtete Folie als Zwischenträger der Kopie (vgl. Schritt 5 und Abb. 2.6). Daher ist die Darstellung des Verfahrens mit ZnO-Papier unerläßlich und keineswegs überholt.

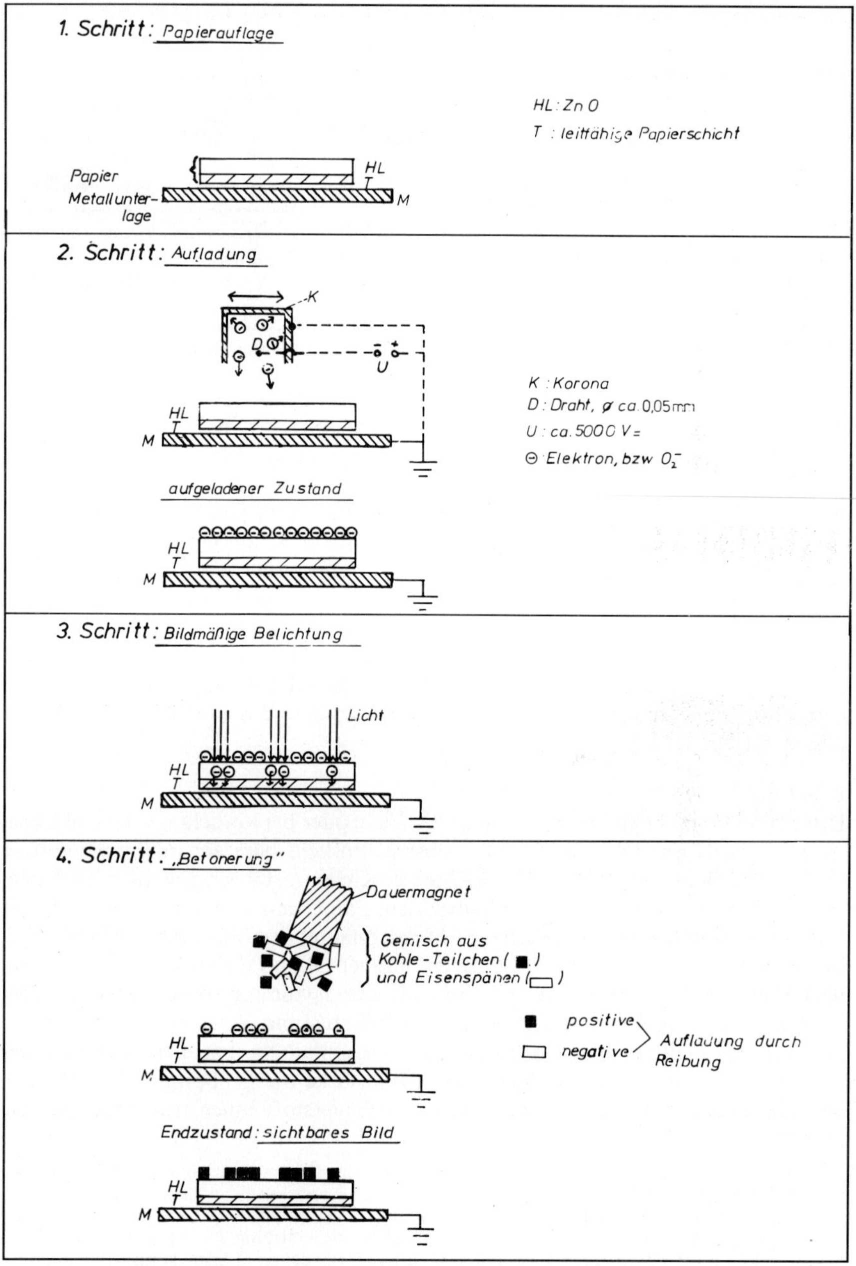

Abb. 2.5: Prinzip der xerographischen Kopie-Herstellung in einzelnen Schritten.

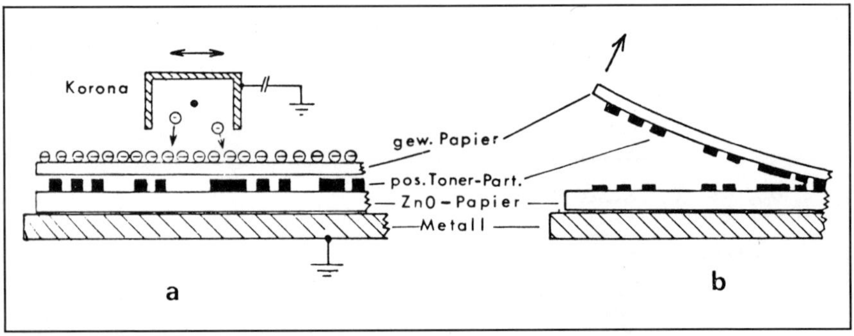

Abb. 2.6: 5. Schritt des Verfahrens bei wiederverwendbarem Fotohalbleiter der heute üblichen Geräte
a) auf das betonerte ZnO-Papier wird gewöhnliches Papier aufgelegt und aufgeladen:
b) beim Abheben des gewöhnlichen Papieres haftet der Toner an diesem.

1. Schritt:
Auf eine Metallplatte (z. B. Aluminium) wird ein Blatt präpariertes Papier aufgelegt, das sog. „Kopierpapier". Dieses Papier besteht zum einen aus einer Trägerschicht T, die (z. B.durch Tränken mit einem Elektrolyten und anschließendes Trocknen) bei der Papier-Herstellung „leitfähig" gemacht wurde, d. h. daß diese Schicht eine größere elektrische Leitfähigkeit als gewöhnliches Schreibpapier besitzt[3]). Zum anderen befindet sich auf dieser Trägerschicht T eine gewöhnlich ca. 10 bis 40 μm dicke Photohalbleiter-„Bindemittel"-Schicht HL, bestehend aus Zinkoxid (ZnO) und einem hochisolierenden Harz (z. B. Siliconharz o. ä.), in das das ZnO-Pulver gleichmäßig eingebettet ist.

2. Schritt:
Diese Halbleiterschicht HL wird nun im Dunkeln oder bei Rotlicht (— bei den Experimenten nach Abschn. 4 und 5 ist intensives Rotlicht oder gar mäßig-dämmriges Tageslicht erlaubt —) mittels einer „Korona" K elektrostatisch negativ aufgeladen, indem die Korona ein- bis zweimal über dem Papier hin und herbewegt wird. Die Korona besteht aus einem U-förmigen Metall-Mantel (vgl. auch Abb. 2.15 bis 2.17, in dessen Innern isoliert zum Gehäuse ein dünner Draht D gespannt ist, der gegenüber Gehäuse, Metallplatte M und Erde auf eine Spannung von ca. 5000 V gelegt wird. Durch die am Draht auftretende Korona-Entladung, jener in stark inhomogenen Feldern beobachtbaren selbständigen Gasentladung mit Beschränkung der Leuchterscheinungen auf die Orte größter Feldstärke wie bei Spitzen und Drähten, wird die HL-Schicht durch negativ geladene Sauerstoff-Ionen (s. u.) gleichmäßig bedeckt.

---

[3]) Dies wird sich bei den Experimenten in Abschnitt 5 als unbedeutend erweisen, da die herkömmlichen Schreibmaschinen-Papiere eine ausreichende Leitfähigkeit für die Benutzung als Trägerschicht im Rahmen von Schulversuchen besitzen, bei denen ja keine kommerziell übliche Qualität angestrebt wird.

3. Schritt:
Durch bildmäßiges Belichten der aufgeladenen Schicht — entweder im Streureflexionsverfahren („Reflex"-Verfahren) wie beim Episkop (und auch im realen Kopiergerät) oder aber im Durchlichtverfahren wie beim Diaprojektor — werden die Ladungen an denjenigen Stellen auf die geerdete Unterlage M abgeführt, an denen in der Schicht HL infolge des Lichteinfalls die elektrische Leitfähigkeit erhöht wird. Nach Beendigung des Belichtungsvorganges bleibt auf der HL-Schicht eine bildmäßige Ladungsverteilung, das sog. Ladungsbild, zurück.

4. Schritt:
Dieses unsichtbare Ladungsbild wird sichtbar gemacht, indem man mit einem „Toner" darüberstreicht oder diesen darübergießt; in Abb. 2.5 ist ein sog. „Trocken"-Toner dargestellt als Eisenpulver-Kohlepulver-Gemisch, das pinselartig an einem Dauermagneten hängt. Die Wirkung dieser bildmäßig schwärzenden Toner ist wie folgt zu erklären: Bei der Berührung zweier Körper stellt sich zwischen diesen eine Kontakt-Spannung (vergl. z. B. [6]) ein, — häufig bekannter als Phänomen der „Reibungselektrizität", obwohl diese Kontaktspannung stets auch ohne Reibung vorhanden ist. Im Falle von Fe und C als Kontaktpartner lädt sich Eisen negativ und Kohle positiv auf. Bei Berührung dieses Tonergemisches mit dem Ladungsbild auf der Halbleiterschicht des Papieres werden die positiven Kohleteilchen von den verbliebenen negativen Ladungen der Korona-Aufladung angezogen und festgehalten, d. h. es erfolgt eine Schwärzung genau an denjenigen Stellen auf dem Papier, an die kein Licht gelangte, also an denjenigen, die den schwarzen Schriftstellen im Original entsprechen. Damit ist ein sichtbares Bild, die Kopie des Originals, entstanden[4])

Diese Betonerung kann auch mit „Flüssigtoner" erfolgen: Da die Kontaktspannung, also die bekannte Reibungselektrizität, auch zwischen Flüssigkeiten und festen Körpern auftritt, hat man experimentell eine solche Flüssigkeit zu ermitteln, die sich selbst negativ und die Kohle-Teilchen positiv auflädt, die darüber hinaus extrem hochohmig sein muß, damit sie beim Darübergießen nicht das noch unentwickelte (=unbetonerte) Ladungsbild zerstört, und die schließlich schnell und möglichst geruchslos verdunsten soll: Unter den Kohlewasserstoffen gibt es eine Reihe derartiger „Tonerflüssigkeiten", in denen man Kohle-Pulver suspergieren kann. (Für schulische Versuche eignet sich wegen der problemlosen Beschaffung am besten Reinigungsbenzin; vgl. Abschnitt 5.)

Die bisherigen Schritte 1 bis 4 stellen das Verfahren so dar, wie sie in den bis Ende der siebziger Jahre verbreiteten sog. „Zinkoxid-Geräten" abliefen (vgl. Darstellung eines solchen Gerätes in Abb. 2.13).

Mit der Kopie auf weißem ZnO-Papier war der Kopiervorgang beendet. Die heutigen „Normalpapier-Geräte" benötigen noch einen weiteren Schritt:

---

[4]) Da das bei dieser Trocken-Betonierung entstandene Bild nicht wischfest ist, wird den realen Tonern ein — für den physikalischen Prozeß völlig belangloses — niedrigschmelzendes, farbloses Kunststoff-Pulver beigemischt. Bei Wärmestrahlung schmilzt dieses Zusatz-Pulver und bindet beim Erkalten dann die Kohle-Teilchen wischfest an das Papier.

5. Schritt

Von der mit Trockentoner (— mit Flüssigtoner nicht möglich! —) angefertigten Kopie auf ZnO-Papier wird die Übertragung auf normales Schreibmaschinen-Papier gem. Abb. 2.6 erreicht: Man legt über das gemäß Abb. 2.5, Schritt 4, sichtbar gemachte Ladungsbild ein gewöhnliches Blatt Schreibmaschinen-Papier (Abb. 2.6a) und lädt dieses Blatt mit der in Abb. 2.15 gezeigten Korona negativ auf. Dadurch haften die positiven Kohleteilchen jetzt an dem aufgelegten Papier und können anschließend (Abb. 2.6b) mit diesem vom ZnO-Papier getrennt werden. Somit hat man eine — wenn auch seitenverkehrte — Kopie auf gewöhnlichem Papier[5]). (Wurde das Bild bereits auf das ZnO-Papier seitenverkehrt projiziert, so ist es jetzt auf dem gewöhnlichen Papier seitenrichtig.) Reinigt man nun das ZnO-Papier von den nicht mit abgezogenen Toner-Resten, so steht die Halbleiter-Schicht für den nächsten Aufladungs- und Belichtungsprozeß zur Verfügung: bei Aufbringung der ZnO-Bindemittelschicht auf einen rotierenden Zylinder kann somit der gesamte Prozeß in stetiger Wiederholung ablaufen. Dies ist in der Tat das Verfahrensprinzip der heute gebräuchlichen Geräte, die auf gewöhnliches Papier kopieren (z. B. der Firmen Xerox, IBM, Agfa, Canon, Ubix u. a.; vergl. auch Abb. 2.13), allerdings mit folgenden, firmenspezifischen Ergänzungen:

1. Die ZnO-Bindemittel-Schicht wird nicht direkt auf den metallischen Zylinder in dem Gerät gemäß Abb. 2.13 aufgebracht, sondern auf einem mechanisch verstärkten Papier (sogn. „Master“) um den Zylinder gewickelt. Auf diese Weise ist ein problemloser Wechsel der Halbleiter-Schicht möglich.
2. In einigen Geräten (so auch bei denjenigen der Fa. Xerox)wird nicht ZnO als Halbleiter benutzt, sondern — in den historischen Anfängen — amorphes („glasiges“) Selen bzw. — als heute dominierende Folgeentwicklungen — Legierungen von Selen mit Antimon, Tellur u. a. Auch sogen. „organische Halbleiter“ werden benutzt — dies sind speziell entwickelte organisch-chemische Substanzen, die ebenfalls lichtempfindlich sind. Die hier genannten Halbleiter werden größtenteils direkt auf den metallischen Zylinder in Abb. 2.13 aufgetragen, so daß beim Wechsel des Halbleiters der ganze Zylinder ausgewechselt werden muß.
3. Diese Halbleiter sind in der verwendeten amorphen Phase im Dunkeln so hochohmig, (im Gegensatz zum reinen ZnO, s. u.) daß sie sich ohne Zusatz von hochohmigen Bindemitteln wie Harzen o. ä., also als reine Halbleiterschichten, elektrostatisch aufladen lassen.
4. Die Aufladung einiger derartiger amorpher Halbleiterschichten erfolgt mit positiv gepolter Korona, jedoch in sonst gleicher Anordnung wie in Abb. 2.5 dargestellt.

   Demzufolge muß der Toner neben schwärzender Kohle aus einem Material, das sich selbst bei Kontakt mit Kohle positiv und damit die Kohle negativ auflädt, bestehen. Dieses Material kann z. B. Glas (in Gestalt kleiner Kügelchen) sein.

Aus den bisherigen Darstellungen des xerographischen Prozesses ist erkennbar, daß insgesamt zwei prinzipielle physikalische Phänomene zugrunde liegen:

---

[5]) Bei Verwendung von Flüssigtoner läßt sich dieses Experiment nicht durchführen, da bei dieser Betonerungsart die Kohle-Partikel fest in den Poren der ZnO-Bindemittelschicht haften.

- die Photoleitfähigkeit von Halbleitern
- und die elektrostatischen Ladungserscheinungen,

wobei letztere sowohl in Form der Aufladung durch Kontakt („Reibungselektrizität“) als auch durch Feldemission von Elektronen bei der Korona-Entladung auftreten. Diese physikalischen Phänomene sollen im folgenden vertieft werden, — nicht jedoch zur Fixierung etwaiger Lernziele für die schulische Behandlung (dies wird in den Abschn. 4 und 5 dargestellt), sondern als Hilfe für den interessierten Lehrer, der die auftretenden Effekte in die bekannte Sachstruktur der Physik einordnen möchte.

3.2.2 Die elektrostatische Aufladung

Auf die bekannten Gesetze der Reibungselektrizität wird hier nicht weiter eingegangen. Es möge der Hinweis genügen, daß die Reibung lediglich dazu dient, bei extrem hochohmigen (isolierenden) Körpern, also solchen ohne nennenswerte frei bewegliche Ladungsträger, die Kontaktfläche zu vergrößern, daß also auch der bloße Kontakt zu einer beobachtbaren Berührungsspannung führt. Da die Berührungsspannung bei allen einander berührenden Stoffen (natürlich mit sehr unterschiedlichen Werten) auftritt, ist sie auch bei Berührung von Isolatoren mit Metallen vorhanden (sehr gut z. B. beobachtbar bei Reiben von Aluminium-Folie mit einer Overhead-Folie) und ebenso natürlich zwischen flüssigen Isolatoren (isolierenden Flüssigkeiten, z. B. Benzin) und guten Leitern (z. B. Kohle), wie beim oben beschriebenen Flüssigtoner der Xerographie nachzuweisen ist. Weiterhin tritt die Berührungsspannung — wenngleich direkt nicht beobachtbar[6]) — selbstverständlich auch zwischen zwei guten Leitern auf, z. B. zwischen Eisen und Kohle, den Bestandteilen des oben beschriebenen Trockentoners der Xerographie.

Die Aufladung eines Isolators mittels einer Korona-Entladung führt zu physikalisch gleichen Wirkungen wie eine Reibungsaufladung entsprechender Polarität: In beiden Fällen werden

- die elektrostatischen Kraftwirkungen und
- die bekannten Glimmentladungen (z. B. mit Hilfe einer Glimmlampe)

beobachtet. Diese Wirkungsgleichheit hervorzuheben ist deshalb besonders wichtig, weil sich damit ein methodischer Weg für die schulische Behandlung in der Sek.I anbietet, bei dem die Korona nach Betrachtung ihrer Wirkung als „black box“ behandelt oder sogar völlig weggelassen werden kann. Für den Leser jedoch seien zum Verständnis der Korona-Aufladung die folgenden Hinweise gegeben: Es werde eine Korona (gemäß Abb. 2.5) mit einem Draht auf negativem Potential gegenüber dem Gehäuse betrachtet. Aus dem Draht tritt ständig, sofern die Spannung zwischen Draht und Gehäuse-Blech groß genug ist (mindestens ca. 5000 Volt bei einem Draht-Durchmesser von ca. 0,05 mm), ein Strom von Elektronen aus, die in Richtung auf das Gehäuse und auf die auf gleichem Potential liegende Unterlage M hin beschleunigt werden (Abb. 2.5). Diese „Feldelektronenemission“ genannte Erscheinung spielt als Einleitungsphase bei fast allen Funken- und Blitz-Entladungen sowie den bekannten Gasentladungsprozessen in evakuierten Entladungsröhren eine entschei-

---

[6]) Indirekt ist die Berührungsspannung zwischen Leitern bzw. zwischen Leitern und Halbleitern sehr gut beobachtbar, und zwar als „Thermospannung“, wenn die beiden Körper zwei Kontaktstellen unterschiedlicher Temperatur haben.

dende Rolle. Die Elektronen haben jedoch bei Normaldruck eine viel zu geringe mittlere freie Weglänge (Größenordnung ca. 10^{-4}mm), als daß diese emittierten Elektronen zum positiven Pol, dem Korona-Gehäuse, gelangen könnten. Freie Elektronen existieren dabei nur in dem Bereich hoher Feldstärke in der unmittelbaren Nähe des Drahtes, wo das charakteristische Korona-Leuchten auftritt. (Das Leuchten entspricht dem von Gasentladungsröhren her bekannten „negativen Glimmlicht", näheres über die Einordnung von Spitzenentladungen in die Systematik der Gasentladungen s. [8].) Außerhalb der durch das Korona-Leuchten ausgezeichneten Bereiche höchster Feldstärke ist die Beschleunigung der Ladungsträger für Stoßionisationsprozesse zu gering: die Elektronen werden sehr bald von Sauerstoff-Molekülen eingefangen und jeweils als zusätzliches Elektron an die Elektronenhülle der O_2-Moleküle angelagert, die dann als O_2-Ionen zur Anode hin beschleunigt werden. Eine Anlagerung an N_2-Moleküle spielt dabei nach Untersuchungen von *Hauffe* [7] eine völlig untergeordnete Rolle, was sicherlich mit der besonderen Stabilität der Elektronenkonfiguration des Stickstoffs, die sich ja auch in der chemischen Reaktionsträgheit äußert, zusammenhängen dürfte. Die O_2-Ionen bedecken die aufzuladende Schicht schließlich gleichmäßig. Damit ist, wie Abb. 2.7 zeigt, der Sitz der negativen Ladungen, die den Isolator „aufgeladen" erscheinen lassen, außerhalb auf der Oberfläche in der O_2-Schicht zu sehen (wenngleich auch im Gleichgewichtszustand einige wenige Elektronen von der adsorbierten Sauerstoffschicht in den Isolator hineindiffundieren dürften). Hingegen ist (Abb. 2.8) bei einem durch Reibung aufgeladenen Körper die zusätzlich aufgebrachte Ladung unmittelbar in der atomaren Oberflächenschicht des Isolators selbst zu suchen.

Das Zustandekommen des Elektronen-Austrittes aus kalten Metallen, also die Feldemission, ist letztlich nur durch den quantenmechanisch erklärbaren Tunneleffekt zu deuten. Eine anschauliche Erklärung der Erleichterung des Elektronen-Austritts im elektrischen Feld ist jedoch bereits im klassischen Bild des Potentialtopf-Modelles möglich (Abb. 2.9). Abb. 2.9a zeigt als ausgezogene Kurve die Potentialstufe an der Metall-Oberfläche, wodurch die Elektronen am Austritt gehindert werden, sofern sie nicht über die der Austrittsarbeit W_a entsprechende Energie verfügen. Durch ein

Abb. 2.7: Die Bedeckung eines Isolators mit O_2^--Ionen bei der Aufladung mit negativer Korona. Wenn ein O_2^--Molekül ein Elektron an den Isolator abgibt, bleibt ein $O_2^{\pm 0}$-Molekül zurück.

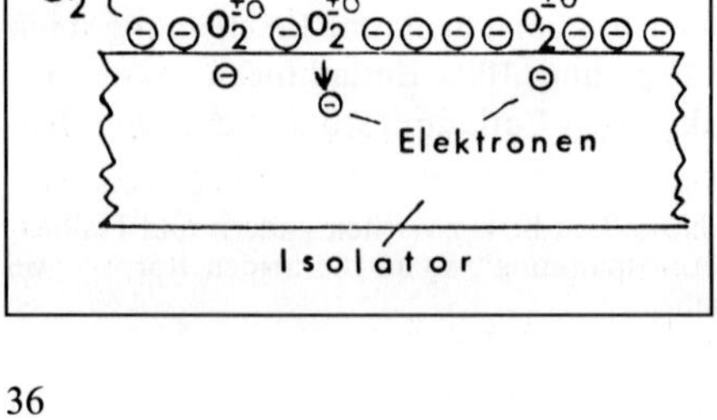

Abb. 2.8: Aufladung eines Isolators durch Reibung (negative Aufladung, d. h. geeigneter Reibungspartner zugrunde gelegt).

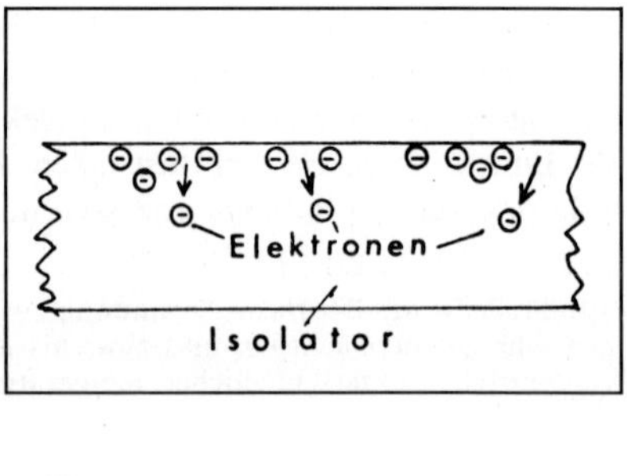

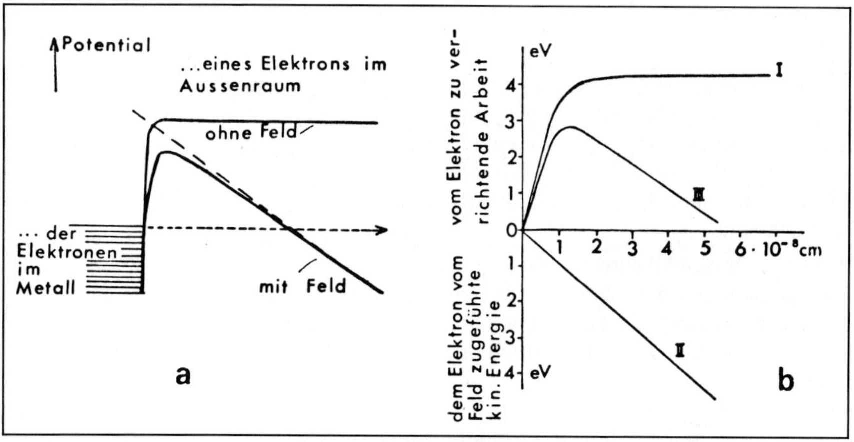

Abb. 2.9: Zur Deutung der Feldemission bei der Korona-Entladung
a) „Potentialtopf" der Metall-Elektronen ohne und mit Feld
b) Deutung anhand der Arbeitskurve für ein einzelnes Elektron (vgl. *Pohl,* [8]).

elektrisches Feld wird diese Potentialstufe erniedrigt und zu einer Kuppe endlichen Ausmaßes verformt. Wenn diese Kuppe eine Länge von maximal etwa 10 Atomdurchmessern annimmt, dann können die Elektronen sie „durchtunneln", auch wenn sie nicht die notwendige Energie W_a besitzen. Zur Verdeutlichung betrachte man Abb. 2.9b: Ein Metall habe die Austrittsarbeit $W_a \simeq 4$ eV (z. B. Aluminium mit $W_a = 4{,}2$ eV). Kurve I zeigt, daß diese Arbeit längs des Weges von ca. $1{,}5 \times 10^{-8}$cm (dies ist etwa die Reichweite der Gitteranziehungskräfte auf das Elektron) vom Elektron zu verrichten ist, wenn es das Metall verlassen will. Kurve II zeigt, welche Arbeit diesem Elektron durch ein äußeres elektrisches Feld zugeführt werden kann, wenn einmal ein spezielles Feld von z. B. $E = 10^8 V \times cm^{-1}$ angenommen wird und wenn weiterhin einmal vorausgesetzt werde, daß dieses Feld zwischen zwei parallelen Platten existiere, damit es als homogen und somit das Potential als linear vom Ort abhängig angenommen werden kann. Man sieht, daß selbst dieses Feld, das einer Spannung von 100 MV, angelegt an einen Plattenkondensator mit einem Plattenabstandvon 1 cm, entspräche, die effektive Austrittsarbeit des Elektrons (Kurve III) nur auf etwa 2,8 eV erniedrigen könnte. Daß dennoch bei der Feldemission ständig Elektronen das Metall verlassen, liegt daran, daß die Arbeitskurve jetzt die Form einer begrenzten Kuppe von der Ausdehnung weniger Atomdurchmesser annimmt, so daß ein Teil der Elektronen diese Strecke, nach der sie sich wieder auf gleichem Potential befinden wie im Metall-Innern, „durchtunneln" können.

(Zur Behandlung des Tunnel-Effektes sei auf die üblichen Lehrbücher der Physik verwiesen, z. B. [9].) Daß man bei einer realen Korona bereits mit Spannungen von einigen Kilovolt solche Feldstärken erreicht, bei denen eine merkliche Anzahl von Elektronen emittiert wird, liegt daran, daß zum einen — anders als beim Plattenkondensator — das Feld an der Oberfläche eines Drahtes sich berechnet zu

$$E = \frac{U}{r} \cdot \frac{1}{\ln r - \ln R}$$

wobei statt eines U-förmigen Korona-Gehäuses ein idealisiertes zylindrisches Gehäuse mit dem Radius R angenommen wird, in dem der Korona-Draht mit dem Radius r gespannt ist. Zum anderen werden deshalb wesentlich niedrige Spannungen benötigt, weil — bei mikroskopischer Betrachtung der Drahtoberfläche — genügend kleine Spitzen und Grate für nochmalige Erhöhungen der lokalen Feldstärke verantwortlich sind.

3.2.3 Die Photohalbleiterschicht

Die Erfahrung zeigt, daß sich diejenigen Isolatoren durch Reibung oder durch Korona-Entladung hinreichend gut elektrostatisch aufladen lassen und auch die Ladungen während einer deutlich meßbaren Zeit speichern, deren spezifischer Widerstand $\rho \geq 10^{13}$ Ohm · cm ist[7]). (Glas z. B. liegt im Bereich der unteren Grenze mit $\rho_{glas} \simeq 5 \cdot 10^{13}$ Ohm · cm.)
Da Zinkoxid in kristallinem Zustand[8]) einen spezifischen Dunkelwiderstand von $\rho_{ZnO} \simeq 10^7$ Ohm · cm besitzt [4], läßt sich eine ZnO-Schicht nur dann aufladen, wenn sie durch Einbetten der ZnO-Körner in extrem gut isolierende Harze (z. B. Silikonharze oder Acrylharze wie flüssiges Plexiglas) oder Lacke (z. B. PVC-Lack) hinreichend hochohmig gemacht wird. Derartige *ZnO-Bindemittelschichten* haben, wenn sie im Verhältnis von etwa 1 : 1 hergestellt werden, einen spezifischen Dunkelwiderstand von etwa 10^{14} Ohm · cm [4]. Schematisch kann man sich eine derartige Bindemittelschicht im aufgeladenen Zustand gemäß Abb. 2.10 vorstellen.
Bei Belichtung der Schicht werden die schraffierten ZnO-Bereiche niederohmiger, so daß über Strompfade zwischen den einzelnen ZnO-Körnern Ladungen von der Oberfläche durch das Schicht-Innere zur positiven (geerdeten) Unterlage transportiert werden können. Dabei ist die Reaktion maßgebend:

---

[7]) Es sind dies ziemlich genau diejenigen Stoffe, mit denen man ein aufgeladenes Elektrometer nicht entladen kann, wenn man diesen Stoff zwischen Körper und Elektrometer hält.
[8]) Man spricht trotz des Pulver-Charakters bei ZnO von kristalliner Struktur, da innerhalb der Körner ein periodischer Gitteraufbau vorliegt.

Abb. 2.10: Schematische, vereinfachte Darstellung einer aufgeladenen ZnO- Bindemittelschicht (nach *Hauffe* [7]).

Abb. 2.11: Vereinfachtes Ersatzschaltbild einer ZnO-Bindemittelschicht.

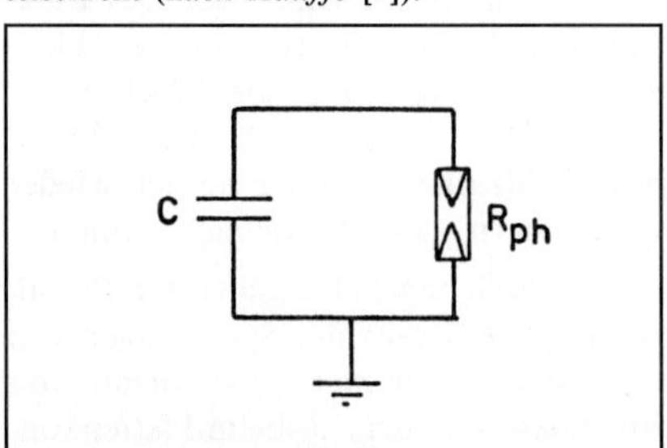

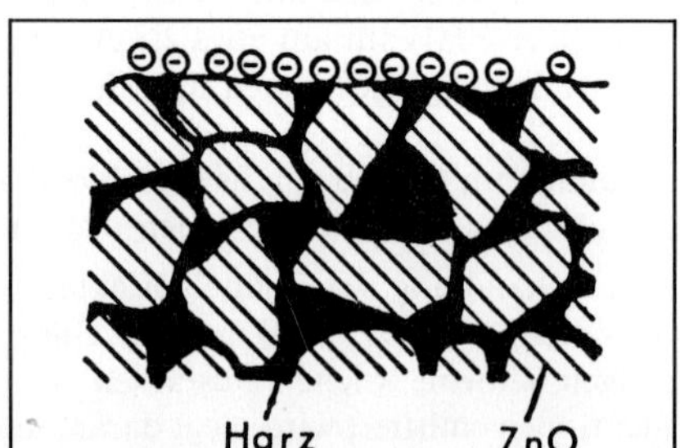

$$O_2^-(\text{adsorb.}) \rightarrow O_2\,(\text{gas}) + e^-,$$

d. h., erst bei Belichtung gibt der an der Oberfläche adsorbierte Sauerstoff die überschüssigen Elektronen an die Photohalbleiterschicht ab. Ein einfaches Ersatzschaltbild für die aufgeladene ZnO-Schicht zeigt Abb. 2.11.

Dabei wird die Oberfläche der Halbleiterschicht, die die negative O_2-Aufladung trägt, als die eine Kondensatorplatte und die geerdete metallische Unterlage (vgl. Abb. 2.5 und 2.7) als die zweite Platte angesehen. Es darf dabei jedoch nicht verkannt werden, daß der im Ersatzschaltbild die Platten verbindende Photowiderstand bei der realen xerographischen Schicht zwischen den als „Platten“ bezeichneten Bereichen liegt.

Die Entladegeschwindigkeit bei Belichtung ist bei ZnO-Schichten am größten, wenn das Verhältnis zwischen ZnO und Bindemittel etwa 1 : 1 ist. Das bei größeren Harz-Anteilen die Entladegeschwindigkeit absinkt, ist unmittelbar verständlich; daß sie hingegen auch bei kleinem Bindemittel-Anteil, also überwiegendem ZnO-Anteil, wieder absinkt, kann man sich zunächst schwer vorstellen und wird in der Literatur teilweise (vgl. [7]) durch sehr gut isolierende „Luftlöcher“, die bei zu geringem Harz-Anteil zwischen den ZnO-Körnern entstehen, gedeutet. Daß hingegen die Dunkel-Aufladespannung dieser als Kondensator gedeuteten Anordnung direkt proportional zum Harz-Anteil steigt, ist wiederum sofort einsichtig. Beim Mischungsverhältnis 1 : 1 liegt diese maximale Aufladespannung bei ca. 300 Volt.

Wie jeder Photohalbleiter hat auch ZnO einen spektralen Bereich größter Photo-Empfindlichkeit, der durch den Energie-Abstand zwischen Valenz- und Leitungsband des ZnO-Kristallgitters bestimmt wird. Dieser Bereich maximaler Empfindlichkeit liegt bei einer Lichtwellenlänge von ca. 0,4 μm, also an der kurzwelligen Grenze des sichtbaren Spektrums (Abb. 2.12, Kurve I). Zwecks Erzielung größerer Empfindlichkeit im übrigen sichtbaren Spektralbereich und somit zwecks Erzielung höherer Kopier-Geschwindigkeit werden industrielle ZnO-Bindemittelschichten

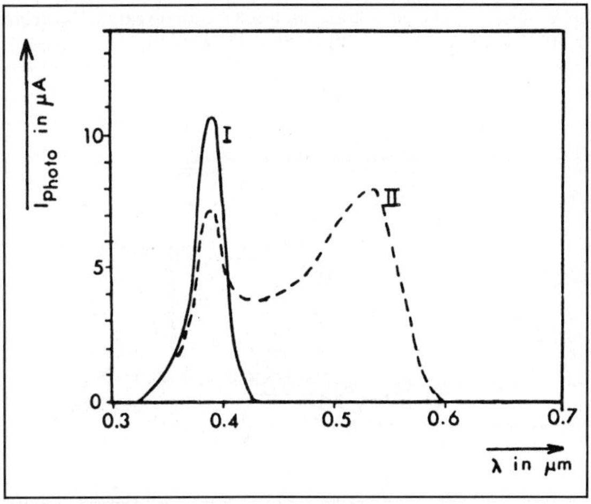

Abb. 2.12: Spektrale Empfindlichkeit einer reinen (Kurve I) und einer sensibilisierten (Kurve II) ZnO-Bindemittelschicht (nach [10]).

durch Zugabe von organischen Farbstoffen (z. B. Fluorescein, s. Kurve II in Abb. 2.12) so „sensibilisiert", daß sie auch im übrigen sichtbaren Spektralbereich hinreichend empfindlich sind. (Bei den nachfolgend beschriebenen Schulversuchen wird diese Sensibilisierung keinesfalls benötigt!) Lediglich die geringe Rotempfindlichkeit bleibt trotz Sensibilisierung erhalten, so daß mit kommerziellen ZnO-Schichten mühelos auch bei intensivem Rotlicht gearbeitet werden kann (vgl. Abschn. 4). Auf die Sensibilisierung mit organischen Farbstoffen ist auch das farbige Aussehen von ZnO-Schichten, die als „Master" (s. o.) in modernen Kopiergeräten vorhanden sind, zurückzuführen.

3.3 Schematische Darstellung von technischen Kopiergeräten

Wie dieser oben dargestellte xerographische Prozeß in realen Kopiergeräten abläuft, zeigen die beiden folgenden Abbildungen in vereinfachter Weise. Abb. 2.13 zeigt eine mögliche Variante eines mit ZnO-Papier arbeitenden Gerätes. Das zu kopierende Original bewegt sich auf einer Glasscheibe Gl mit der Geschwindigkeit v über die Lichtquelle L hinweg und wird dabei während dieser Bewegung über drei Spiegel und das Objektiv O auf das ZnO-Papier abgebildet, das längst der gestrichelten Bahn, ebenfalls mit der Geschwindigkeit v, durch das Gerät geführt wird und dabei vor dem Belichtungsspalt die Korona K und nach dem Belichtungsspalt die Tonerwanne mit Flüssigtoner passiert. Der synchrone Lauf zwischen Abbildung des Originales und ZnO-Papier kann natürlich bei anderen Gerätetypen auch dadurch erreicht werden, daß das Original ruht und statt dessen die Teile der Optik mit bestimmten Relativgeschwindigkeiten bewegt werden. (Eine derartige optische Anordnung zeigt z. B. das nachfolgend beschriebene Gerät mit Photoleiter-Zylinder.) Derartige Geräte, bei denen die End-Kopie auf ZnO-Papier erstellt wird, sind zwar noch vielerorts vorhanden, werden aber praktisch nicht mehr hergestellt, weil sie dem nachfolgend gezeigten „Normal-Papier"-Gerät weichen mußten. Vor

Abb. 2.13: Schematische Darstellung eines mit ZnO-Papier arbeitenden Kopiergerätes. Derarige Geräte sind zwar noch in Betrieb, dürften aber kaum noch hergestellt werden.

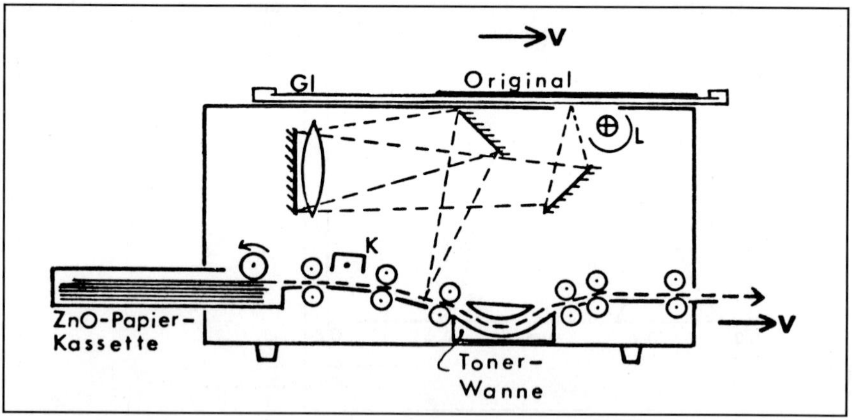

allem wegen des historischen Entwicklungsprozesses und wegen des nachvollziehbaren Ablaufs der in Abb. 2.5 gezeigten Schritte 1 bis 4 wurde auf das ZnO-Papier-Gerät hier noch detailliert eingegangen.
Abb. 2.14 zeigt — ebenfalls schematisch und nur beispielhaft — ein heute gebräuchliches Gerät, das mit einem photohalbleiter-beschichteten Zylinder PhZ arbeitet und bei dem die Kopien vom Zylinder auf gewöhnliches Papier übertragen werden. Das ruhende Original wird über das — ebenfalls ruhende — Objektiv 0 und über die mit v bzw. ½v synchron zur Zylinderdrehung bewegten Spiegel auf diejenigen Photohalbleiter-Stellen abgebildet, die gerade zuvor durch die Korona K 1 aufgeladen wurden. Der das Ladungsbild enthaltende Zylinder-Bereich passiert das Trocken-Toner-System und wird danach mit einem Blatt Papier aus der Kassette in Kontakt gebracht, auf welches der Toner mittels der Korona K 2 übertragen wird (vgl. Schritt 5, Abb. 2.6). Der Zylinder wird danach durch die rotierenden Bürsten des Reinigungssystems R vom Resttoner gesäubert. Das Papierblatt mit dem Trockentoner-Bild wird über ein Transport-Band T unter einem Wärmestrahler S vorbeibewegt, wobei das Tonerbild durch Anschmelzen des Toners an das Papier fixiert wird (vgl. Fußnote 4 auf S. 33). Auf dem Zylinder PhZ kann als Photoleiter entweder eine mit ZnO beschichtete Papier-Folie (vgl. S. 34), oder aber eine direkte Beschichtung mit einem der oben genannten Halbleiter angebracht sein.

4. Hauptexperiment zur Herstellung einer Kopie

4.1 Ziel des Versuches

In Anlehnung an die in Abb. 2.5 auf S. 31 dargestellten Verfahrensschritte wird die Herstellung einer Kopie nachvollzogen. Bei diesem Grund- oder Haupt-Experiment zum Thema „Xerographie“ werden die in einem technischen Gerät gem. Abb. 2.14 automatisch ablaufenden Prozesse im Klassenraum sichtbar.

Abb. 2.14: Schematische und exemplarische Darstellung eines Kopiergerätes mit wieder verwendbarem Fotohalbleiter. Durch den bewegten Spiegel S 1 wird das Original streifenweise erfaßt und abgebildet.

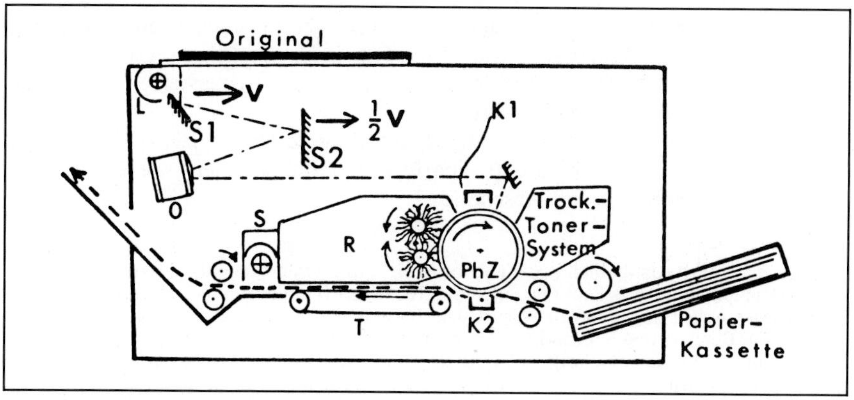

Wenn aus Zeitgründen auf hinführende oder ergänzende Versuche, wie sie in Abschn. 5 dargestellt werden (z. B. selbsterstellte HL-Schichten, selbstgefertigte Toner) verzichtet werden muß, so hat der Schüler mit dem Hauptexperiment dennoch die wesentlichen Teilschritte der Kopie-Herstellung, die im realen Gerät für ihn vollkommen unsichtbar ablaufen, miterleben können. Dem hier „Hauptexperiment" genannten Nachvollzug technischer Verfahrensschritte kommt also im wesentlichen die gleiche Bedeutung zu wie den weiter vorne diskutierten „Funktionsmodellen", wenn auch hier zunächst kein kompaktes Modell erstellt wird (— ein solches z. B. in Arbeitsgemeinschaften herstellbares Modell wird am Ende dieses Kapitels kurz beschrieben —).

4.2 Versuchsaufbau und benötigte Materialien

Es werden benötigt:

1 Hochspannungsnetzgerät mit minimal ca. 6 KV Ausgangsspannung (z. B. Leybold, Geräte-Nr. 52237 oder Phywe, Geräte-Nr. 11729.93);

1 selbsterstellte Korona für die Papieraufladung (Anleitung zur Herstellung mit einfachen Mitteln im nächsten Abschnitt 4.3; ggfs. steht eine kommerziell gefertigte Korona aus einem stillgelegten Kopiergerät zur Verfügung; eine derartige Korona kann verwendet werden, muß aber gem. Abb. 2.17 mit einem hochisolierenden Handgriff versehen werden);

1 Metallplatte (z. B. Aluminium) (Größe etwa DIN A 4) zur Auflage des ZnO-Papiers, Stärke der Platte ca. 1,5 — 2 mm;

1 Episkop zur optischen Abbildung des Originals auf das aufgeladene ZnO-Papier — z. B. Braun „Praxiscope 650", Objektiv 1 : 3,5/200; Lampe 650 W, mit selbsterstelltem Zusatz-Tubus aus schwarzem Zeichenkarton von der Länge 200 mm (zur Erzielung geringer Bildweiten bei hinreichendem Abb.-Maßstab; eine Vorlage DIN A5 wird dann bei einer Bildweite von ca. 60 cm in hinreichender Größe auf ein DIN A4-ZnO-Blatt abgebildet);

alternativ:

1 Diaprojektor, z. B. Fa. Leitz, Wetzlar, Typ Pradovit Color 250, Objektiv 1 : 2,8/150, Lampe 250 W[9]);

ZnO-Papier: Am einfachsten ist es, aus einem Kopiergeräte-Geschäft oder aus einem Kopier-Center einige Blätter Zinkoxid-(ZnO)-Papier für Versuchszwecke zu erbitten oder zu erstehen. Ist dies nicht möglich, kann auf selbsterstellte Materialien (Abschnitt 5. 2) zurückgegriffen werden[10]);

Toner: Man benötigt ca. 1/2 — 1 Liter *Flüssigtoner oder* ca. 200 — 500 Gramm *Trockentoner* (incl. Eisenspäne). Beschaffung des Flüssigtoners wie ZnO-Papier oder Selbstherstellung gemäß Abschn. 5. 2;

---

[9]) Es können selbstverständlich auch andere Projektionsgeräte verwendet werden. Dabei ist nur zu beachten, daß die Belichtungszeiten und Blendenöffnungen dann u. U. abweichend von den in dieser Arbeit angegebenen Werten dem betreffenden Gerät angepaßt werden müssen.

[10]) Wenn die Beschaffung Schwierigkeiten macht, wende man sich an die Autoren (Anschriften siehe am Schluß des Buches); in begrenztem Umfang können Materialproben zur Verfügung gestellt werden.

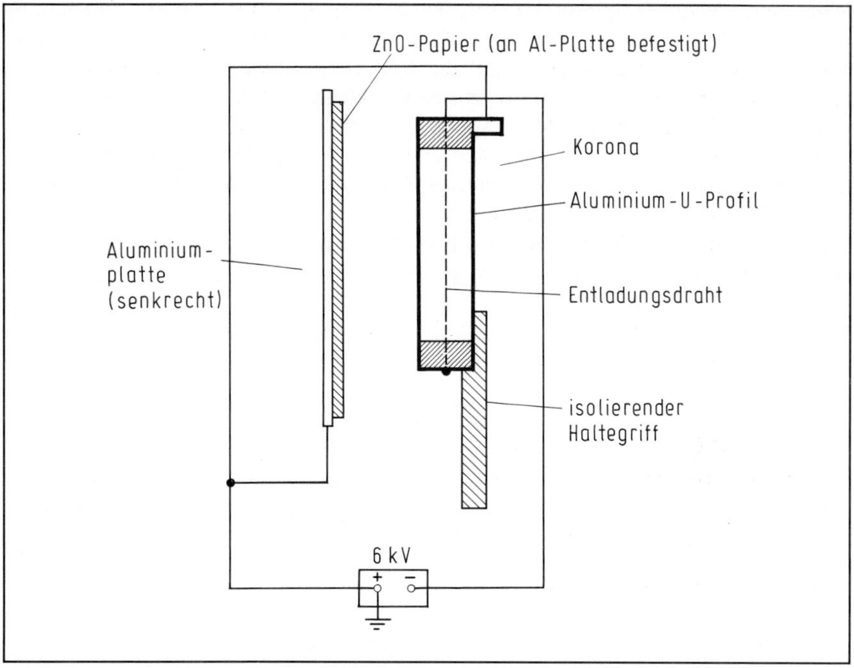

Abb. 2.15: Schaltplan für die elektrostatische Aufladung der Fotohalbleiterschicht; (Bauanleitung für die verwendete Korona siehe unten).

Die Beschaffung (oder Selbst-Herstellung) des Trockentoners kann auf analoge Weise erfolgen; da aber heute alle gängigen Kopier-Geräte mit Trockentoner arbeiten, dürfte die Beschaffung über den Betreuer z. B. des Schulgerätes keine Probleme bereiten.

1 oder mehrere Rotlicht-Lampen, da die Aufladungs- und Belichtungsprozesse nicht bei normaler Beleuchtung durchgeführt werden können. Die Rotlicht-Intensität kann aber so groß sein, daß eine bequeme Beobachtung in der Klasse möglich ist.

Versuchsaufbau:

Den Grundaufbau zur Erzeugung elektrophotographischer Bilder zeigt Abb. 2.15 in Verbindung mit Abb. 2.18a. Entsprechend dem Aufbau realer Kopiergeräte sind die wesentlichen Teile — vergl. auch Abb. 2.5 — ein Hochspannungsnetzgerät mit angeschlossener Korona zur elektrostatischen Aufladung der Photohalbleiter-Schicht, eine geerdete Aluminiumplatte mit dem darauf befestigten lichtempfindlichen ZnO-Papier und ein Episkop zur optischen Abbildung des Originals auf die lichtempfindliche Schicht. Um vor allem bei den weiter unten beschriebenen selbsthergestellten Photoschichten eine ausreichende Beleuchtungsstärke und praktikable Abmessungen zu erreichen, wird der Tubus des Episkops durch ein selbsthergestelltes schwarzes Papprohr von ca. 20 cm Länge verlängert. Durch diese Maßnahme werden die Bildweite und der Abbildungsmaßstab verkleinert und die Beleuchtungsstärke erhöht.

Wenn kein geeignetes Episkop zur Verfügung steht, kann man — unter Verwendung eines Dias als Vorlage — auch einen Diaprojektor zur Abbildung benutzen. Man entfernt sich dabei zwar in bezug auf die Art der optischen Abbildung von den in einem wirklichen Kopiergerät vorliegenden Verhältnissen, aber die eigentlich interessierenden elektrophotographischen Vorgänge werden dadurch nicht berührt. Bei den in Abschnitt 5 beschriebenen Versuchsergebnissen wurden beide Abbildungsverfahren verwendet. Die im Einzelfall benutzte Methode ist jeweils aus der Bilderläuterung ersichtlich.

Das hier beschriebene Hauptexperiment wird mit einem Episkop durchgeführt. Als abzubildendes Original wird ein dem Leser sicherlich vertrautes Bild, eine Papier-Vergrößerung des Phywe-Diapositivs Nr. 82140, „Kaiser Maximilian“, verwendet. Bei der elektrischen Schaltung nach Abb. 2.15 sollte auf einwandfreie Erdung der Al.-Platte sowie des Korona-Gehäuses und des *plus*-Pols der Spannungsquelle geachtet werden.

4.3 Herstellung der Korona

Die Herstellung der Korona kann — je nach zur Verfügung stehender Geräte — bzw. Werkstatt-Ausstattung mehr „professionell“ oder — für einen nur einmaligen Einsatz des Experimentes ausreichend — auf vereinfachte Weise erfolgen.
Benötigt werden in jedem Fall:
— ca. 30 cm Konstantan- oder Kupfer-Draht, $\varnothing \leq 50\ \mu$m.
— ca. 30 cm langes Stück Al-U-Profil 15×15 mm, 20×20 mm oder 25×25 mm.
— ca. 20 cm langes Kunststoff-Stück (z. B. PVC) für den Handgriff.

Bei dem Draht darf der angegebene Durchmesser (Mikrometer-Schraube!) keineswegs überschritten werden, da bei der verwendeten Hochspannung (ca. 6 KV) die Feldemission am Draht und damit die Korona-Wirkung bei größeren Draht-Durchmessern erfahrungsgemäß nicht auftritt (vgl. Angaben auf S. 37).
Konstanten-Draht dieses Durchmessers ist im Handel erhältlich (s. Abschn. 6), allerdings ist eine praktisch kostenlose Draht-Beschaffung möglich, wenn man Cu-Draht nimmt. Die handelsüblichen Litzen aus Cu-Draht bestehen aus feinen Drähten, deren Durchmesser je nach Hersteller und Verwendungsart 100 μm und mehr — aber auch 50 μm betragen kann. Hier hilft nur das Entflechten einer Cu-Draht-Litze und das Ermitteln des Drahtdurchmessers mit der Mikrometerschraube. Ein Tip: Am erfolgreichsten ist die Suche nach 50 μm-Drähten erfahrungsgemäß bei — für geringe Stromstärken konzipierten — Litzen für Telefon- oder Lautsprecher-Verbindungen.

Noch ein Hinweis zur Auswahl des Drahtes: Das Material und damit der elektrische Widerstand des Entladungsdrahtes sind unwesentlich. Entscheidend für das Auftreten der Feldemission ist der geringe Durchmesser!

Zum Bau der Korona gem. Abb. 2.16:
An beiden Enden der Aluminiumschiene (U-Profil, Länge 260 mm) wird, um die isolierte Einführung des Entladungsdrahtes zu ermöglichn. jeweils ein PVC-Quader in die Schiene eingeklebt. Der Entladungsdraht (Konstantan, Cu — s. o. —) wird durch den einen PVC-Quader nach außen hindurchgeführt und dort durch eine ver-

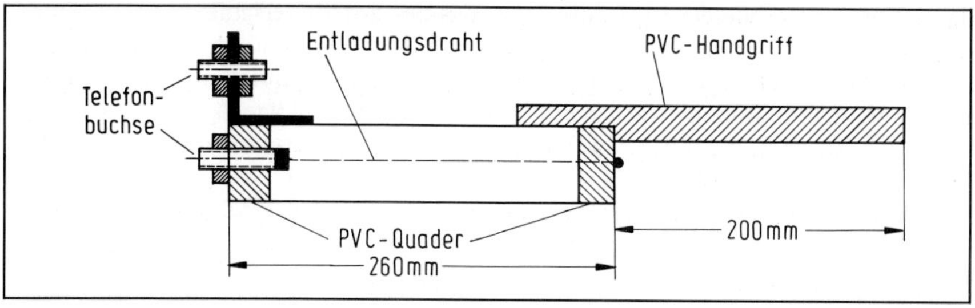

Abb. 2.16: Konstruktionsskizze zum Bau einer Korona (geringfügige feinmechanische Bearbeitung erforderlich)

dickte Lötstelle am Zurückgleiten gehindert. Das andere Ende des Entladungsdrahtes wird zur Kontaktierung mit einer Telephonbuchse verlötet, die ihrerseits durch eine Bohrung im zweiten PVC-Quader nach außen geführt und dort mit nur einer Mutter befestigt wird. Durch Anziehen dieser Mutter kann der Entladungsdraht nach Wunsch gespannt werden, da die Telefonbuchse in der Bohrung des PVC-Quaders in Längsrichtung verschiebbar ist. Um eine Erdungsmöglichkeit für das Aluminiumgehäuse zu schaffen, kann z. B. ein kleiner Aluminiumwinkel mit einer daran befestigten nicht isolierten Telefonbuchse an das U-Profil geschraubt werden. Eine vereinfachte Ausführung zeigt Abb. 2.17: Die Telefon-Buchse wird weggelassen. Die beiden Kunststoff-(PVC-)Stücke A, B werden so in das Al-U-Profil eingepaßt,

Abb. 2.17: Herstellung einer vereinfachten Korona ohne feinmechanische Bearbeitung
a) Korona-Halfte mit Griff G
b) Korona-Ende mit Kabel-Anschluß
Es bedeuten: E:Entladungsdraht; A,B:Kunststoff-Quader; L: Bohrungen durch die Quader; Z: Lötzinn-Verdickungen; G: isolierender Griff, z. B. Lineal; Kl: Klebeband; U: Aluminium-U-Profil; K: Koaxial-Kabel; D:Draht zum Anschluß des Plus-Pols und der Erdung (z. B. Außenleiter des Koaxialkabels).

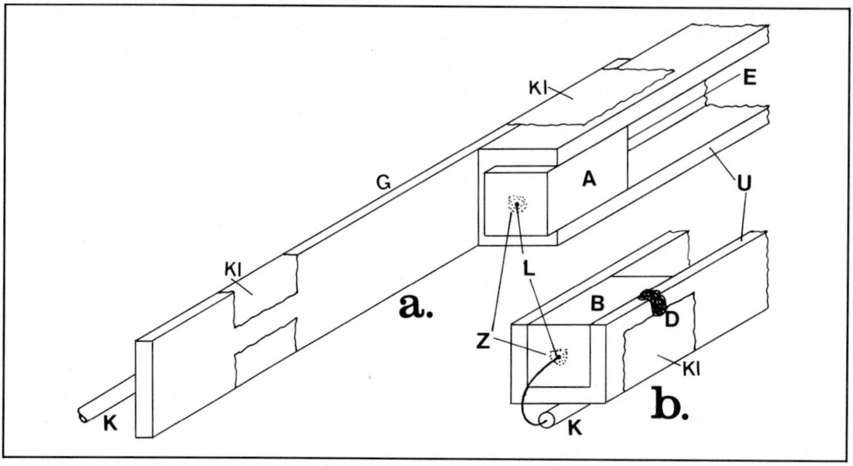

daß sie nur mit größerem Kraftaufwand längs des Porfils verschiebbar sind. Durch zwei Löcher L (∅ ca. 1/2 mm) in A und B kann der dünne Entladungsdraht geführt werden und an *beiden* Enden der Korona durch Lötzinn-Verdickungen am Zurückgleiten gehindert werden. Nach der Lötung werden die Klötze A und B vorsichtig soweit auseinandergeschoben, daß der dünne Entladungsdraht gerade gespannt ist. Zwischen U-Profil und Klotz B wird mechanisch ein Stück Draht D eingeklemmt, mit dem über ein Experimentierkabel die Verbindung zum +Pol und zur Erdungsbuchse hergestellt wird. An dem Entladungsdraht wird ein Experimentierkabel angeschlossen, mit dem die Verbindung zum −Pol der Hochspannungsquelle hergestellt wird.

Bewährt hat sich die Verwendung eines Koaxialkabels K, das zur Zugentlastung gem. Abb. 2.17 mit einem Stück Klebeband Kl an dem Al-Profil befestigt wird. In diesem Falle ist D das Außenleiter-Geflecht.

Als Griff kann — ebenfalls mit einem Stück Klebeband befestigt — ein Kunststoff-Lineal dienen.

Wenn die Korona ordnungsgemäß arbeitet, dann ist bei Anschluß an das Netzgerät gem. Abb. 2.15 ein blaues Glimmlicht („Korona-Leuchten") längs des Entladungsdrahtes — allerdings nur im abgedunkelten Raum — zu beobachten. Je nach Luftfeuchtigkeit kann die Korona-Entladung auch durch ein Rauschen mehr oder weniger hörbar sein.

4.4 Kopie-Herstellung mit kommerziellen Materialien

In dem in 4.3. beschriebenen Versuchsaufbau wird bei Rotlicht[11]) ein Blatt ZnO-Papier mit Tesafilm-Stücken an der senkrecht stehenden Aluminium-Platte befestigt, die gem. Abb. 2.15 mit der elektrischen Anordnung verbunden ist. Dabei ist darauf zu achten, daß das Blatt überall gut an der Platte anliegt. Die ZnO-beschichtete Blatt-Seite muß dem Episkop zugewandt sein. Die Herstellung der Kopie erfolgt dann (vergl. auch Verfahrensschritte in Abb. 2.5 aus S. 31) in den folgenden Phasen:

1. Aufladen der ZnO-Schicht
Die ZnO-Schicht des Blattes wird mehrmals mit der Korona im Abstand von ca. 1 cm überstrichen, wie in Abb. 2.18 a) gezeigt. Da der gesamte Kopiervorgang bei intensivem Rotlicht erfolgen kann (s. o.), ist eine problemlose Handhabung der Geräte und deren Schalter möglich.

2. Belichten
Durch ein Episkop (oder einen Diaprojektor, vergl. 4.2) wird das zu kopierende Original auf die ZnO-Schicht unmittelbar nach Beendigung des Aufladevorganges

---

[11]) Zwar wird Rotlicht erst benötigt, wenn die elektrische Aufladung auf das ZnO-Papier aufgebracht ist, es empfiehlt sich jedoch, das ZnO-Papier bereits einige Minuten vor der Benutzung (Aufladung) bei Rotlicht oder im Dunkeln zu lagern, da die durch Licht im Halbleiter ZnO erzeugten Ladungsträger erst nach einigen Minuten restlos durch Rekombination verschwunden sind — dies dauert bei Harz-Bindemittel-Halbleitern länger als bei den üblichen reinen Halbleitern.

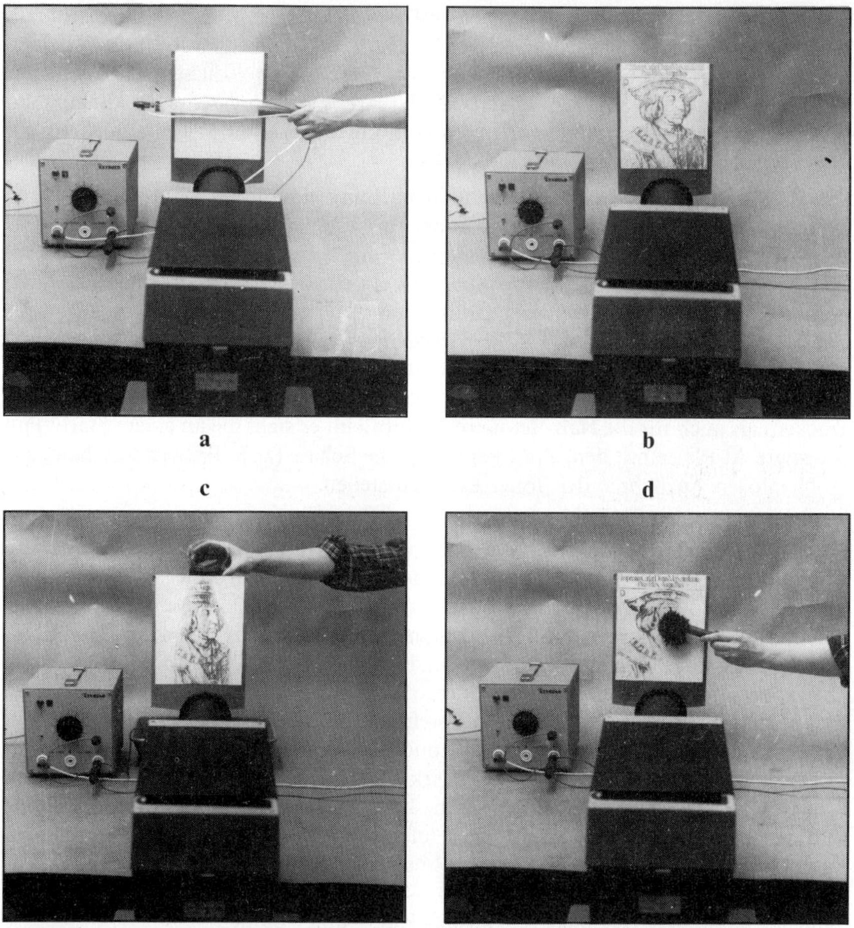

Abb. 2.18: Die einzelnen Phasen bei der Herstellung einer Fotokopie
a) Aufladen
b) Belichten
c) Betonern (flüssig)
d) Betonern (trocken)

abgebildet (vergl. Abb. 2.18 b). Dabei muß die Belichtungszeit der Beleuchtungsstärke und der Empfindlichkeit der Halbleiterschicht angepaßt werden. Als Anhaltspunkt möge folgender Wert gelten: Bei Verwendung des unter 4.2. auf S. 42 beschriebenen Episkops ist das in Abb. 2.19 gezeigte typische Versuchsergebnis bei 2 s Belichtung entstanden. Dieser Wert kann sich je nach ZnO-Papier-Qualität und je nach verwendeter Lichtquelle erheblich ändern (vergl. auch nachfolgenden Punkt 5: Fehlerquellen).

Benutzt man anstatt eines Episkops einen Diaprojektor, empfiehlt sich die zusätzliche Verwendung einer Irisblende (übliche Experimentierblende mit Stativ-Fuß), um die relativ hohe Beleuchtungsstärke des Diaprojektors zu reduzieren. Andernfalls hat man extrem kurze und schwer reproduzierbare Belichtungszeiten von Sekunden-Bruchteilen. (Feststellen der *richtigen* Belichtung siehe unter 5: Fehlerquellen)

3. Betonern

Die Betonerung und damit die Sichtbarmachung des bisher noch unsichtbaren latenten Ladungsbildes kann nun nach der in Abschnitt 3.2.1 beschriebenen Weise entweder durch Übergießen des ZnO-Papieres mit dem aus der Kopierbedarfshandlung besorgten Flüssigtoner (vergl. Abb. 2.18 c) oder durch Überstreichen des ZnO-Blattes mit einem Trockentoner-„Pinsel" (an einem Stabmagneten haftendes Gemisch aus Eisenspänen und Kohlepartikeln) (vergl. Abb. 2.18 d) erfolgen. Nachdem das Bild infolge der Betonerung sichtbar gemacht worden ist, kann natürlich wieder zu normaler heller Raumbeleuchtung übergegangen werden. Sowohl für die Trocken- als auch für die Naß-Betonerung empfiehlt es sich, die an einem Stativ-Fuß befestigte Al-Platte mit dem ZnO-Papier in eine Schale (z. B. Entwicklerschale) zur problemlosen Aufnahme der Toner-Reste zu stellen.

4. Fixieren

Flüssig betonerte ZnO-Kopien sind nach einigen Minuten Trockenzeit, innerhalb derer die Tonerflüssigkeit (— bei kommerziell gebräuchlichen Tonern z. B. ein hochohmiger Kohlenwasserstoff der Esso AG namens „Isopar G" —) verdunstet, bereits wischfest und damit gebrauchsfertig. Anders bei der Trockenbetonerung: Durch das ursprünglich im Dunkeln vorhandene Ladungsbild werden die Kohle-Partikel des Trockentoners zwar angezogen, sie können aber nicht wie beim Flüssigtoner in die stets vorhandenen Risse, Spalten und Poren der (mikroskopisch betrachteten) ZnO-Oberfläche gelangen, was bei flüssig betonerten Kopien ein hinreichend festes Haften der Kohle-Partikel am Papier bewirkt[12]). Deshalb ist das nach den obigen Schritten erstellte Bild noch nicht wisch- bzw. gebrauchsfest. Aus diesem Grunde sind den kommerziellen Trockentonern (also dem Fe-C-Gemisch) noch mikroskopisch kleine, farblose Kunststoff-Partikel beigemengt, deren Schmelzpunkt so niedrig ist, daß sie bei Erwärmung auf ca. 60 — 80 °C schmelzen und bei der Erstarrung dann die Kohle-Teilchen wischfest an das ZnO-Papier binden.

Hat man zur Herstellung der Kopie gem. obiger Schritte einen kommerziell erhältlichen Trocken-Toner benutzt, so kann das Bild also dadurch wischfest gemacht werden, daß man unter einem geeigneten Wärmestrahler („Heizsonne") die Kopie kurzfristig auf die Schmelztemperatur der beigemengten Kunststoff-Partikel erwärmt. (Hinweis: Mit dem Beginn des Schmelzvorganges werden die zuvor matt schwarzen Bildstellen auffallend glänzend.)

Eine andere Art der Fixierung von Trockentoner-Bildern kann auf die folgende Weise erreicht werden, die sich insbesondere bei Verwendung von *selbsterstellten*

[12]) Ein weiterer entscheidender Grund für die wischfeste Haftung der Kohleteilchen am ZnO-Papier ist bei Flüssigtoner, daß die Flüssig-Komponente ein Kohlenwasserstoff ist, der stets die Harzschicht, in die das ZnO eingebettet ist, etwas löst, so daß während der Betonungszeit die Kohle-Partikel in die so angelöste ZnO-Harz-Schicht eindiffundieren können.

Trockentonern (vergl. Abschnitt 5.2) bewährt: Man besprüht die fertige Kopie vorsichtig mit Klar-Lack aus der Spraydose, wie er in vielen Varianten insbesondere in Heimwerker-Geschäften erhältlich ist.

5. Mögliche Fehlerquellen

Im folgenden seien einige der auffälligsten Symptome genannt, die bei einem unbefriedigenden Versuchsergebnis beobachtbar sein können.

a. Nach dem Betonern sind nur Bild-Teile oder einzelne Striche auf dem im übrigen trotz Betonerung weiß bleibenden ZnO-Blatt zu sehen:
Wahrscheinliche Ursache: Belichtungsdauer zu groß; mit deutlich reduzierter Zeit (z. B. halber Zeit) wiederholen.

b. Nicht einmal einzelne Bild-Elemente oder Striche sind auf dem Blatt nach dem Betonern vorhanden:
Mögliche Ursachen: Entweder war die Belichtungszeit so extrem hoch, daß die Ladungen selbst an den Bildstellen abgeflossen sind,
oder es wurde mit nicht-eingeschalteter Korona experimentiert (bzw. Korona nicht in Betrieb; Kontaktfehler; Hochspannung nicht ausreichend für Korona-Entladung).

c. Nach dem Betonern ist zwar ein Bild erkennbar, es wird aber von einem zu dunklen Hintergrund verdeckt:
Wahrscheinliche Ursache: Belichtungszeit zu kurz, so daß auch an den bildfreien Stellen noch zu viele Ladungen verblieben sind: mit deutlich längerer Belichtungszeit wiederholen.
Weitere mögliche Ursache: Das verwendete ZnO-Papier kann schon zu alt sein oder aber längere Zeit in nicht ganz trockenen Räumen gelagert worden sein. In beiden Fällen führen hier nicht näher erläuterte Veränderungen der Harz-Bindemittel-Schicht zu einer deutlichen Reduzierung der Lichtempfindlichkeit, die sich im Extremfall selbst bei Überbelichtung in einem grauen Hintergrund (Betonerung auch der bildfreien Stellen) äußern kann.

d. Das Bild ist nach der Betonerung von weißen Streifen durchzogen:
Ursache: Beim Aufladen, d. h. beim Überstreichen des ZnO-Papieres mit der Korona, blieben diese Streifen unaufgeladen. Dies tritt stets dann auf, wenn die Korona-Entladung nicht längs des ganzen Korona-Drahtes in gleicher Weise (erkennbar im Dunkeln an den gleichmäßig über den Draht verteilten blauvioletten Leuchtzonen) zustande kommt. Man überprüfe das Leuchtverhalten der Korona im Dunkeln und erhöhe die Hochspannung geringfügig, so daß auch die restlichen Draht-Bereiche von dem Korona-Leuchten überzogen werden.
Eine weitere Ursache kann sein: Fehlende Erdung der das ZnO-Papier tragenden Aluminiumplatte. In diesem Fall kann zwar die Korona einwandfrei arbeiten, jedoch werden die durch Feldemission frei werdenden Ladungen nicht in Richtung ZnO-Papier, sondern lediglich in Richtung Korona-Gehäuse beschleunigt, so daß die Aufladung des ZnO-Papiers unvollständig bleibt.

Abb. 2.19 zeigt ein typisches Ergebnis der Kopie-Herstellung mit kommerziell erhältlichem Trockentoner, wie er in heute üblichen Kopiergeräten verwendet wird, (experimentelle Daten s. Abbildungstext). Wie Abb. 2.19 zeigt, ist die Erzielung von Kopie-

Abb. 2.19: Typisches Ergebnis einer mit kommerziellen Materialien (ZnO-Papier und Toner) hergestellten Kopie
Abbildungsart: Episkop mit Zusatz-Tubus
Belichtungszeit: 2 s
Betonerung: Trockenbetonerung mit Toner der Fa. U-Bix
Verwendetes Original: Positiv des PHYWE-Dias Nr. 82 140

Qualitäten, wie sie in gängigen Kopiergeräten üblich sind, mit dem hier beschriebenen Experiment ohne weiteres möglich.

4.5 Übertragung der Kopie auf Normal-Papier

Will man, wie in Schritt 5 des Abschnittes 3.2.1 auf S. 34 beschrieben, das Tonerbild vom ZnO-Papier auf normales Schreibmaschinenpapier übertragen, so muß die Kopie auf dem ZnO-Papier mit Trockentoner erstellt werden, da Flüssigtoner wegen der oben beschriebenen Haftung an der ZnO-Schicht nicht übertragbar ist. Daß der Trockentoner auf dem ZnO-Papier nicht fixiert sein darf, ist selbstverständlich.
Man verfährt gem. Abb. 2.6. von Seite 32, deren Darstellung nunmehr nach Kenntnis des vorigen Abschnittes leicht verständlich ist:
ZnO-Papier (mit dem Trockentoner-Bild) und Normal-Papier werden in der dargestellten Weise übereinander auf eine hinreichend große Metall-Platte gelegt, so daß man diese Anordnung bequem mit der Korona in der gleichen Art überstreichen kann, wie dies beim Aufladen des ZnO-Papieres (Abschn. 4.4) geschieht. Auch die gesamte elektrische Schaltung ist identisch mit derjenigen bei der Aufladung der ZnO-Schicht in Abschnitt 4.4, d. h. die metallische Unterlage liegt zusammen mit dem Korona-Gehäuse und dem Plus-Pol des Hochspannungsgerätes auf Erdpotential.
Der locker an dem ZnO-Papier haftende Trocken-Toner (genauer: die daraus entstammenden Kohle-Partikel mit ihrer nach wie vor noch vorhandenen positiven Aufladung aufgrund der Kontakt-Elektrizität) werden nunmehr durch das negativ aufgeladene Schreibmaschinen-Papier angezogen, so daß bei Trennen der beiden Papiere der Hauptanteil der Kohle-Partikel auf dem Schreibmaschinen-Papier haftet.

Die Fixierung kann wie oben beschrieben erfolgen.

Die Versuchsergebnisse sind in der Regel qualitativ so gut, daß sie praktisch mit den ZnO-Papier-Ergebnissen identisch sind. Aus diesem Grund wird hier auf eine gesonderte Abbildung des Versuchsergebnisses verzichtet.

5. Ergänzende Versuche

5.1 Toner-Übertragung auf Textilien („Portraits auf T-Shirts")

Die meisten Leser werden sich sicherlich noch daran erinnern, daß vor wenigen Jahren — insbesondere an Ferien- bzw. Touristen-Orten — Kindern und Jugendlichen sogen. „T-Shirts" mit dem eigenen Portrait auf der Textil-Fläche angeboten wurden. Diese als Mode-Erscheinung seinerzeit recht verbreitete Abbildungsmethode seines eigenen Kopfes beruhte keineswegs, wie häufig vermutet, auf klassischer photographischer Basis, sondern auf den hier beschriebenen Methoden xerographischer Bildherstellung.

Derartige Bilder auf Textilien sind mit der Kenntnis der Methoden von Abschnitt 4.5 leicht herzustellen: Eine gem. Abschnitt 4.4 erstellte Kopie auf ZnO-Papier wird *nicht* auf normales Schreibmaschinen-Papier (Abschnitt 4.5) übertragen, sondern stattdessen wird auf das betonerte ZnO-Papier das gewünschte Textilstück aufgelegt. Dann wird völlig analog zur Verfahrensweise gem. Abb. 2.20 der Trockentoner durch Überstreichen des Textil-Stückes mit der Korona auf den Stoff übertragen. Beachten sollte man lediglich, daß bei mehrlagigem Stoff (z. B. dem erwähnten T-Shirt) längere Zeit (ca. 20 — 30 s) die Korona-Entladung aufrecht erhalten werden sollte, um hinreichend viel Toner vom ZnO auf den textilen Stoff zu Übertragen. Weiterhin beachten: Der Stoff muß sorgfältig gespannt, das bededutet insbesondere faltenlos und ohne Wisch-Bewegungen, auf die betonerte ZnO-Kopie gelegt werden.

Abb. 2.21 zeigt zwei typische Ergebnisse, die ohne Schwierigkeiten von einer durchschnittlichen Kopie hergestellt werden können.

Diesem Zusatz-Experiment dürfte — je nach Altersstufe — eine besonders motivationsfördende Bedeutung zukommen, so daß der Einsatz dieses Versuches als Anreiz

Abb. 2.20: Übertragung des Trockentoners von Zinkoxid-Papier auf gewöhnliches Schreibmaschinen-Papier
(vergl. Abb. 2.6 von S. 32)

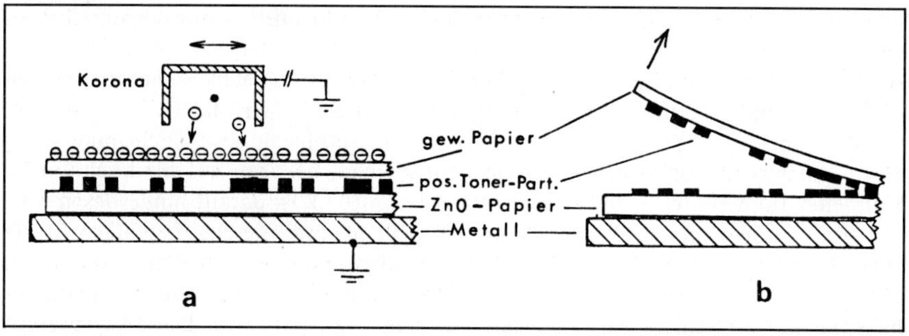

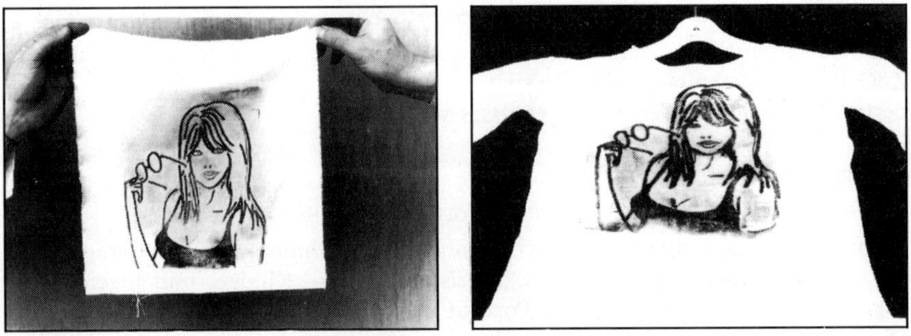

Abb. 2.21: Zwei Beispiele experimenteller Ergebnisse
a) Übertragung des Toner-Bildes auf ein Baumwoll-Tuch
b) Übertragung auf ein „T-Shirt“

zur nachfolgenden Beschäftigung mit den physikalischen Grundlagen in Frage kommt.

5.2 Herstellung eigener Toner und Halbleiterschichten
Herstellung von ZnO-Schichten

Zur Herstellung eigener aufladungsfähiger und lichtempfindlicher Halbleiterschichten werden folgende Materialien benötigt:
1. Pulverisiertes Zinkoxid
erhältlich in jeder Apotheke (Reinheitsgrad nach DAB);
2. Ein flüssiger Kunststoff
Als Bindemittel für die ZnO-Schicht eignen sich flüssige Kunstharz-Lacke (jedoch nicht Kunstharz-Ölfarbe!). Statt der Kunstharze ist auch flüssiges PVC als Bindemittel gut geeignet.
Konkret haben sich die folgenden Fabrikate gut bewährt:
- „Relius Seidenmatt Transparent“, Spraydose oder Streichlackdose, Fa. Büsing u. Fasch;
- „Ducolux Glanz-Klarlack“ in Dosen, Fa. Wiederholt, Art.Nr. 001 0928.

3. Träger-Material: Aluminium-Platte *oder* Schreibmaschinenpapier
Die hier genannte Alternative mag zunächst verwundern, sie zeigt jedoch lediglich, daß die Wahl des Schichtträgers, auf den das ZnO-Bindemittel-Gemisch aufgebracht wird, ziemlich unerheblich ist: Nach den in Abschnitt 3.2 dargestellten Grundlagen werden die Ladungen auf der ZnO-Schicht an den belichteten Stellen durch den Halbleiter hindurch zum relativ gut leitenden Schicht-Träger und von diesem zum Erdleiter abgeführt. Dies setzt eine relativ gute Leitfähigkeit des Schichtträgers voraus — aber eben nur eine *relativ* gute Leitfähigkeit, bezogen auf die hochohmige Halbleiter-Bindemittel-Schicht. Bereits in Abschnitt 3.2 ist darauf hingewiesen worden, daß in dem hier gemeinten Sinne als „gut leitend“ bereits diejenigen Stoffe anzusehen sind, über die ein aufgeladenes Elektroskop (bzw. ein Plattenkondensator) entladen werden können, denn diese Stoffe können auch die Ladungen von der belichteten ZnO-Schicht zur geerdeten Unterlage transportieren. Diese Eigenschaft

besitzt bereits normales Schreibmaschinen-Papier, wenn es nicht in extrem trockenen oder warmen Räumen aufbewahrt wurde; also kann im einfachsten Falle auch Schreibmaschinen-Papier als Träger für die selbst erstellte ZnO-Bindemittel-Schicht verwendet werden. Abb. 2.24 zeigt eine Kopie auf einer ZnO-Schicht, die auf gewöhnliches Papier aufgebracht wurde.

Das Risiko einer infolge großer Papier-Trockenheit zu geringen Papier-Leitfähigkeit kann man von vornherein vermeiden, wenn man die Schicht auf Platten aus Aluminium von der Größe ca. 15×15 cm^2 aufbringt. Diese Al-Platten können sowohl aus stabilem Material (ca. 1 bis 2 mm Dicke) als auch aus biegsamen Al-Folien (Bastel- und Heimwerker-Märkte!) ausgeschnitten sein. Abb. 2.23 zeigt zwei derartige Versuchsergebnisse mit biegsamem Al als Träger.

Das ZnO-Papier wird zunächst gesiebt (z. B. Drahtsieb, Porendurchmesser ca. 0,3 mm), um eine möglichst feinkörnige Schicht zu erzielen. Dann werden — am besten auf einem Uhrglas — ca. 2 g dieses gesiebten ZnO-Pulvers mit der gleichen Masse (also auf Gewichtsverhältnis 1 : 1 achten!) eines der o. g. Bindemittel (auf Uhrglas auftropfen lassen!) gemischt. Unmittelbar nach dem Verrühren wird diese Paste dann — am besten mit einem Metall-Spachtel wie in Abb. 2.22 dargestellt —) auf das Träger-Material aufgebracht, wobei durch kräftiges Andrücken des Spachtels eine möglichst gleichmäßige Schicht erreicht werden muß. Dieses Ziel wird leichter erreicht, wenn man je einen Tesafilm-Streifen am linken und rechten Rand des Schichtträgers aufklebt und den Spachtel so über diese Tesastreifen gleiten läßt, daß zwischen ihnen eine Halbleiterschicht entsprechend der Dicke der Tesafilmstreifen entsteht.

Wichtig ist, daß die Schichten sehr gut getrocknet sind, bevor sie für die Kopier-Versuche benutzt werden. Selbst bei sogen. schnell trocknenden Lacken als Bindemittel beträgt die Trockenzeit ca. 6 — 8 Stunden bei Zimmertemperatur. Durch

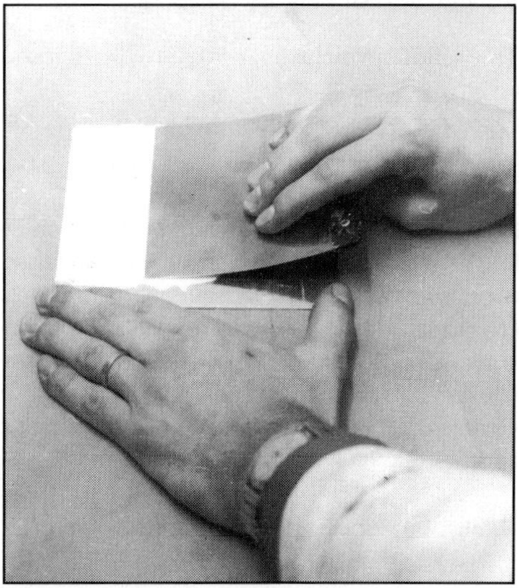

Abb. 2.22: Auftragen des ZnO-Bindemittel-Gemischs auf das Träger-Material (Al-Platte oder gewöhnliches Papier)

Abb. 2.23 (links): Versuchsergebnisse mit selbsterstellten ZnO-Schichten auf Aluminium-Platten (Al-Dicke ca. 0,5 mm, biegsam; Bindemittel: Klarlack der Fa. „Relius“; verwendeter Trockentoner: kommerzieller Toner der Fa. U-Bix;
Belichtung: mit Episkop „Braun-Paxiscope“, ca. 5 s)

Abb. 2.24 (oben): Versuchsergebnis mit selbsterstellter ZnO-Schicht und gewöhnl. Schreibmaschinen-Papier als Träger sowie selbst erstelltem Toner aus Kohlepulver und Eisenspänen (sonstige Daten wie in Abb. 23)

Trocknung mit einem Heizlüfter oder Trockenofen (nicht über 70 °C) läßt sich die Trockenzeit auf ca. 1 — 2 Std. herabsetzen.
Ein typisches Versuchsergebnis mit derartigen selbsterstellten Schichten auf Al-Platten zeigt Abb. 2.23.

Herstellung von Tonern

Ein brauchbarer *Trocken-Toner* ist einfach durch eine Mischung von Kohle-Pulver[13]) und möglichst feinen Eisenfeilspänen im Gewichtsverhältnis von etwa 1 : 25 herzustellen. Nach der guten Vermischung beider Bestandteile wird in diesen „Toner“ ein gewöhnlicher Dauer-Magnet getaucht, an dem die Kohle-Eisen-Teilchen dann pinselartig haften. Mit diesem Toner wird über die Ladungsbilder auf dem ZnO-Papier gestrichen, um das Bild sichtbar zu machen.
Daß diese mit dem hier beschriebenen Toner erzeugten Bilder *nicht* wischfest sind und auch nicht durch Erwärmen wischfest gemacht werden können, ist selbstver-

[13]) Man verwendet zweckmäßigerweise Aktiv-Kohle-Pulver, erhältlich in Apotheken oder über den Lehrmittel- bzw. Chemikalien-Handel. Weniger gute, aber dennoch befriedigende Ergebnisse werden mit gewöhnlichem Ruß erzielt.

ständlich, da der Toner — im Gegensatz zum kommerziellen Material — keine niedrig schmelzenden Fixier-Bestandteile enthält. Eine Fixierung ist lediglich durch Besprühen mit Klarlack, Fixativ-Spray o. ä. möglich
Die Herstellung eigener *Flüssig-Toner* ist auf folgende Weise möglich: Das Kohle-Pulver (bzw. Ruß) wird in Wasch-Benzin im Gewichtsverhältnis 1 : 50 aufgeschlemmt. Bei hinreichend kleinen Kohle-Partikeln erhält man eine echte Suspersion, aus der sich die Kohle-Teilchen erst nach mehreren Tagen wieder absetzen. Vor der Benutzung (Übergießen des Ladungsbildes gem. Abb. 2.18 c) sollte der Flüssig-Toner auf jeden Fall nochmals gut durchmischt werden.
Ein typisches Versuchsergebnis, das vollständig mit selbst erstellten Materialien, also mit selbst erstellter ZnO-Bindemittel-Schicht *und* mit selbst erstelltem Toner erzielt wurde, zeigt Abb. 2.24.
Somit dürfte nachgewiesen sein, daß man die grundlegenden Versuche zur Xerographie ohne weiteres auch ohne kommerzielle Hilfsmittel durchführen kann.

5.3 Grundversuch zum Offset-Druck-Verfahren

Xerographisch hergestellte Kopien werden heute häufig in Druckereien als Druckfolie für sogen. Offset-Drucke, also für mit Druck-Maschinen erstellte Vervielfältigungen in hoher Auflage, benutzt.
Eine kurze Klärung der Begriffe: Das auf Gutenberg zurückgehende historische „Buchdruck“-Verfahren ist ein „Hochdruck“-Verfahren: die Lettern sind erhaben im Vergleich mit den schrift-freien Flächen. Mit Druck-Farbe eingefärbt werden nur diese erhabenen Lettern (für den Schüler am einfachsten am Beispiel des gewöhnlichen Schriftstempels nachzuvollziehen!).
Gleichsam das Gegenstück zum Hochdruck-Verfahren ist das „Tiefdruck“-Verfahren: In bildmäßige bzw. schriftmäßige Vertiefungen einer metallischen zylindrischen Oberfläche wird Druckfarbe durch ein spachtelähnliches Instrument hineingedrückt; nach der Reinigung der schriftfreien metallischen Oberfläche von Farbe wird das zu bedruckende Papier mit dem Metallzylinder in Kontakt gebracht: Die Druckfarbe in den Vertiefungen bleibt am Papier haften und ergibt den „Tiefdruck“; im Verlauf der weiteren Zylinder-Drehung wird wieder Farbe in die Vertiefungen der Oberfläche für den nächsten Abdruck gerieben usw. Dieses Tiefdruck-Verfahren hat sich insbesondere bei der Herstellung der modernen mehrfarbigen Illustrierten bewährt.
Das dritte Verfahren[14]), das heute insbesondere im Zeitungsdruck, bei der Herstellung preiswerter, dafür drucktechnisch nicht so qualitativ hochwertiger Taschenbücher, im Werbedruck und im Bürodruck anzutreffen ist, ist das „Flachdruck“-Verfahren, und zwar speziell das Offset-Verfahren in den vorstehend genannten Bereichen. (Beim Flachdruck liegen einzufärbende bzw. druckende Schriftzeichen und schriftfreie Bereiche in der *gleichen* Ebene; neben dem Offset-Druck gehört u. a. z. B. die Lithographie zu den Flachdruck-Verfahren).
Für kleinere Offset-Maschinen (Broschüren-, Werbe-, Büro-Druck) werden die Druck-Folien („Druck-Träger“) auf sogen. photo-mechanischem Wege hergestellt:

---

[14]) Auf weitere spezielle Verfahren wie z. B. den im künstlerischen Bereich anzutreffenden „Siebdruck“ soll hier nicht eingegangen werden.

Dahinter verbirgt sich in vielen Fällen ein rein xerographisches Verfahren: Das auf einer ZnO-Schicht erzeugte xerographische Tonerbild wird gem. Abschnitt 4.5 (vergl. Abb. 2.20) auf den Druck-Träger (Aluminium-Folie für große Druck-Auflagen, verstärkte Papier-Folie für kleinere Auflagen bis ca. 200 Drucke) übertragen und dort fixiert. Nach dem Anfeuchten mit einer speziellen („Etch"-)Flüssigkeit werden die bild- bzw. toner-freien Stellen Druckfarben-abweisend und Wasser-annehmend (Fachsprache: „hydrophil"), die bildmäßigen Toner-Stellen hingegen sind Druckfarben-annehmend und Wasser-abweisend („hydrophob"), so daß beim Abrollen einer Farbwalze, auf der sich sowohl ein Druckfarben-Film als auch fein-verteilte Wassertröpfchen befinden, ein ständiges Einfärben der Bildstellen erfolgt. Wird dieser Druck-Träger nun mit gleicher Periodizität, mit der das Einfärben erfolgt, auf einem rotierenden Zylinder in Kontakt mit weißem Papier gebracht, so entsteht durch diesen Kontakt der Offset-Druck. (Daß beim realen Offset-Druck die Druckfarbe vom Druckträger zunächst auf ein rotierendes Gummi-Tuch und erst von diesem auf das zu bedruckende Papier gelangt, erklärt u. a., werhalb ein seitenrichtiger Druck entsteht.) Verzichtet man auf eine anspruchsvolle Qualität des Ergebnisses, so kann ohne Verwendung einer „Etch"-Flüssigkeit ein Modell-Versuch zum Offset-Verfahren durchgeführt werden.

Benötigte Materialien:

1 trockenbetonerte xerographische Kopie auf *normalem* Papier (also *nicht* auf ZnO-Papier), die gem. Abb. 2.20 (Abschn. 4.5) experimentell hergestellt wurde oder aber ganz einfach einem beliebigen Normalpapier-Kopiergerät entnommen wurde. (Wurde die Toner-Übertragung auf Normal-Papier gem. Abb. 2.20 selbst vorgenommen, so *muß unberdingt* die Wärme-Fixierung des Trockentoners erfolgen!!).

1 Gummiwalze (wie W in Abb. 2.25); derartige Walzen sind in der Regel im Fach Kunst vorrätig, wo sie zum Einfärben z. B. von Linolschnitt-Flächen o. ä. verwendet werden.

Druckfarbe: Am besten eignet sich Offset-Druckfarbe, die man dann verwenden sollte, wenn man sie in sehr kleinen Mengen — z. B. als Muster in einer Druckerei

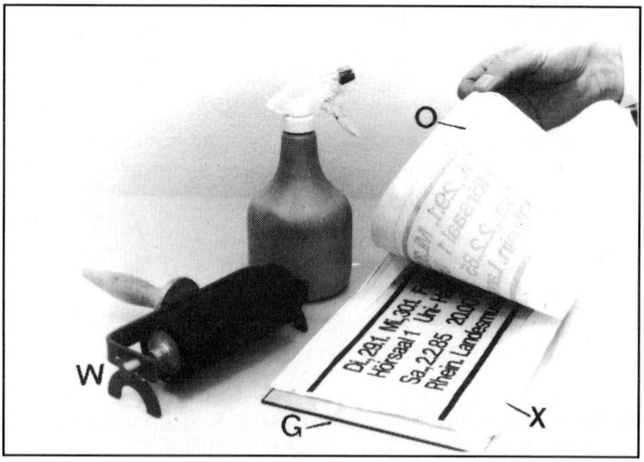

Abb. 2.25: Modell-Versuch zum Offset-Druck (Erläuterungen im Text), als Druckfarbe verwendet: Öl-Malfarbe „Elfenbeinschwarz" der Fa. Schmincke

oder im Zubehör-Fachgeschäft — erhält. Dies dürfte jedoch in den seltensten Fällen möglich sein.
Dennoch kann das hier beschriebene Experiment durchgeführt werden:
Als recht gut geeignet haben sich die folgenden Tuben-Ölfarben handelsüblicher Ölfarben-Malkästen erwiesen:
— „Elfenbeinschwarz“, Fa. Schmincke, Nr. 794;
— „ dsgl.“, Fa. Kreul, Nr. 578;
— „ dsgl.“, Produkt-Bezeichnung „Rembrand“, Nr. 701;
— „Lampenschwarz“,Fa. Schmincke, 781.
2 Glasscheiben, Größe ca. DIN A4.

Versuchsdurchführung:
Die Mal- bzw. Druckfarbe wird in sehr geringen Mengen an mehreren Stellen auf einer Glasscheibe (Größe ca. DIN A4) verteilt und dann mit der Gummiwalze G (s. Abb. 2.25) zu einem gleichmäßigen Film ausgerollt; dieser dünne Film ist dann auch als Farbschicht auf der Walze vorhanden. Die xerographische Normalpapier-Kopie X wird auf eine zweite Glasscheibe G (als glatte Unterlage erforderlich bzw. geeignet) aufgelegt. Auf den Farbfilm der Gummiwalze und auf die Kopie X wird sodann gleichmäßig ein Wasser-Tröpfchen-Belag mittels einer Sprühflasche (vergl. Abb. 2.25) aufgesprüht. (Zuviel Wasser auf der Walze ist besser als zu wenig!). Die angefeuchtete Walze wird nun auf der Xerographie X einmal — unter leichtem Andrücken der Walze — abgerollt[15]). Danach wird ein weißes Blatt Schreibmaschinen-Papier auf die als „Druckträger“ fungierende Kopie X aufgelegt undd durch starkes Andrücken (— am besten durch Abrollen einer zweiten sauberen Walze W —) in Kontakt gebracht. Die Druckfarbe, die an den „hydrophoben“ Toner-Flächen haftete, wird jetzt auf das aufgelegte Papier übertragen: Nach dem Abheben (Abb. 2.25) kann der Offset-Druck O betrachtet werden (wegen des fehlenden Gummituchs der realen Maschine als Zwischenträger natürlich seitenverkehrt!)

5.4 Kopieren auf beliebige Gegenstände

Denjenigen Lesern, die die bisherigen Experimente zur Xerographie mit besonderem Interesse verfolgt und die möglicherweise selbst Freude am Experimentieren mit xerographischen Materialien gefunden haben, sei noch folgende Experimentier-Anregung gegeben:
Da das hier ausführlich besprochene Zinkoxid (neben Titandioxid mit ganz ähnlichen Eigenschaften) als weißes „Füll-Pigment“ in Farben u. Lacken benutzt wird, gibt es viele weiße Flächen, die von vornherein „kopier-tauglich“ sind, d. h. nach entsprechender Aufladung und Belichtung im Dunkeln zeigen sie eine Kopie des belichteten Originals. Bei derartigen Experimenten konnten von den Autoren z. B. auch weiße Autotüren u. ä. Autoteile zum „kopieren“ benutzt werden. Will man sich nicht auf die mühsame Suche nach derartigen tauglichen weißen Gegenständen

---

[15]) Mehrmaliges Abrollen führt zur Schwärzung auch der bildfreien Stellen, da das aufgesprühte Wasser dafür nicht ausreicht. Da bei realen Offset-Maschinen der Druckträger auf einem rotierenden Zylinder angeordnet ist, erfolgt eine ständige erneute Wasserzuführung bei jeder Zylinder-Drehung.

Abb. 2.26: Durch Aufsprühen aus Spraydosen können Halbleiterflächen auf beliebigen Gegenständen hergestellt werden.

machen, sondern selbst eine kopierfähige Fläche auf einem beliebigen Ggenstand erzeugen, so sei auf folgenden Weiß-Lack, der den Halbleiter Titandioxid enthält und der sich bei den entsprechenden Experimenten bewährt hat, verwiesen: „Ducolux“-Autolack (in Spraydosen für Ausbesserungszwecke), z.B. Nr. 9010, Fa. Wiederhold. Die Wahl des Untergrundes (es kann natürlich auch Papier genommen werden) ist unproblematisch, sofern er (s. o.) nur eine hinreichende „Leit“-Fähigkeit in elektrostatischem Sinn hat. Abb. 2.26 zeigt z. B. ein Experimentier-Ergebnis, bei dem der vorstehend genannte Autolack auf einen Blumentopf gesprüht und danach wie eine xerographische Schicht behandelt wurde.
Bei all diesen Experimenten gilt: Ohne ausreichende Trocknung und Aushärtung der Schicht ist *kein brauchbares* Ergebnis zu erwarten.

5.5 Aufladung durch Reibung — Informationsspeicherung durch Ladung

Es soll nicht verschwiegen werden, daß bei allen positiven Erfahrungen mit Unterrichtsreihen zu den hier vorgestellten Experimenten in der Sekundarstufe I die *Korona* die meisten Schwierigkeiten bei der Zuordnung zu bekannten und bereits behandelten Phänomen bzw. Geräten bereitet. Sie kann in der Sekundarstufe I — dies allerdings überzeugend — hinsichtlich ihrer *Wirkung,* z. B. Aufladung eines Elektroskops, Aufladung von Folien und anderen Flächen sowie dem anschließenden Nachweis mit Glimmlampen oder dem Elektroskop, Aufladen dieser Flächen mit anschließender Schwärzung durch die in 3.2 und 4.4 beschriebenen Toner usw. erläutert werden, kaum aber hinsichtlich der beteiligten physikalischen Prozesse wie Elektronen-Austritt durch Feldemission u. a.
Eine Hilfe bei der Überwindung dieser Schwierigkeiten besteht darin, stets die Wirkung der Koronaaufladung mit derjenigen der bekannten „Reibungs“-(Kontakt-)Elektrizität zu vergleichen bzw. die Gleichheit der Wirkungen zu demonstrieren, z. B.

— Aufladen einer Overhead-Folie durch Reibung und durch Koronaentladung mit anschließender „Betonerung“ mit feinen Papierschnitzeln oder mit den oben beschriebenen echten Toner-Partikeln;

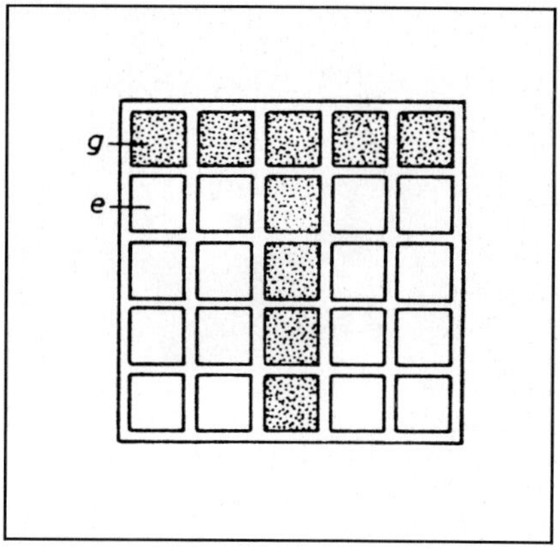

Abb. 2.27: Schematische Darstellung eines „Ladungsbildes“ auf Tesafilmquadraten
g: geladene und deshalb geschwärzte Tesafilmflächen
e: entladene und deshalb ungeschwärzte Flächen

— in beiden Aufladungsfällen Überstreichen der aufgeladenen Folie vor dem Betonern mit einem Finger: als Folge sind dann bei der Betonerung die Fingerspuren als unbetonerte Flächen sichtbar, da dort die Ladungen abgeführt wurden; somit dient ein derartiges Experiment zugleich als hinführender Versuch zur Informationsspeicherung durch Ladungen;
— das letztgenannte Ziel kann verfeinert werden, wenn man (Abb. 2.27) auf eine Metallplatte (Größe ca. 10×15 cm^2) ein Raster von Tesafilm-Quadraten klebt, diese sowohl durch Reibung als auch anschließend durch die Korona auflädt *und* dann gezielt mit der Hand einige der Quadrate entlädt: die verbliebenen aufgeladenen Quadrate werden bei der Betonerung geschwärzt, die entladenen bleiben ungeschwärzt, so daß auf diese Weise Informationen (Buchstaben u. ä.) unsichtbar gespeichert und schließlich sichtbar gemacht werden können.
— Schließlich kann auch noch gezeigt werden, daß die Korona zwar ein nützliches Hilfsmittel ist, daß man aber prinzipiell auch bei der Xerographie ohne Korona

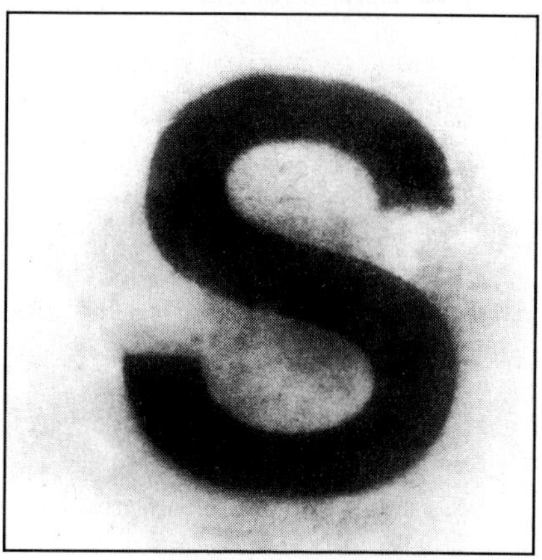

Abb. 2.28: Aufladung von ZnO-Papier durch Reibung
(Belichtungsart: Diaprojektor; Bel.-Zeit: 0,5 s; Blendendurchmesser: 5mm; Betonerung: kommerz. Trockentoner)

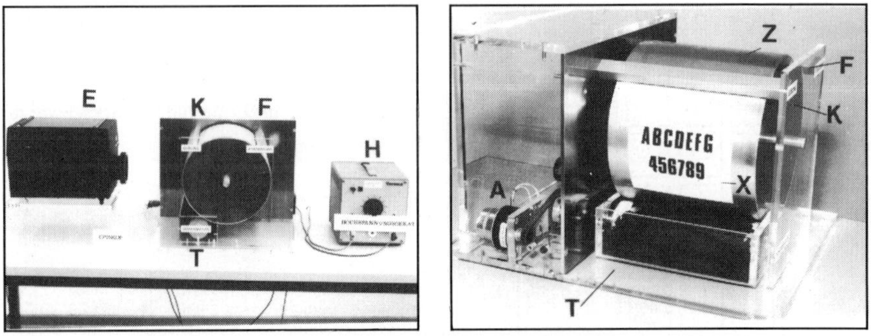

Abb. 2.29: Transparentes Funktionsmodell
Es bedeuten: A: Antrieb mit Steuerung; E: Episkop zur Belichtung; F: Wärmestrahler (Halogenlampe/30 cm) zur Fixierung des Trockentoners; H: Hochspannungsgerät der Fa. Leybold; K: Korona; T: Trockentonerwanne mit zylindr. Magnet; X: xerographische Kopie auf ZnO-Papier; Z: Zylinder aus Aluminium (kann auch durch Bekleben eines Pappzylinders mittels Al-Folie hergestellt werden).

auskommen kann, wenn man sich die Mühe macht, ein aus Abschnitt 4 bekanntes kommerziell übliches ZnO-Papier durch Reiben aufzuladen: Abb. 2.28 zeigt das Ergebnis. Dabei wurde das ZnO-Papier auf einer geerdeten Aluminium-Platte befestigt und die Schichtseite mit Schaumgummi intensiv gerieben. Nach der üblichen Belichtung — zur Erzielung eines guten Kontrastes empfiehlt sich die Verwendung eines Dias mit einem schwarzen Zeichen, z. B. „S" — und Betonerung erhält man eine durchaus brauchbare Kopie.

Abschließend sei noch darauf hingewiesen, daß bei allen Versuchen zur Elektrostatik — insbesondere bei den zuletzt beschriebenen Reibungsversuchen — für eine möglichst geringe Luftfeuchtigkeit zu sorgen ist, da andernfalls die elektrischen Ladungen zu schnell abfließen. Es empfiehlt sich daher, die betreffenden Experimente mit eingeschaltetem Heizlüfter oder -Strahler durchzuführen.

5.6 Ein transparentes Funktionsmodell

Hier soll noch ein Funktionsmodell gezeigt werden, dessen Gehäuse weitgehend transparent aus Plexiglas hergestellt ist, und auf dessen Zylinder ein aufgeklebtes ZnO-Papier die verschiedene Bearbeitungsphasen bei der Herstellung einer Kopie durchläuft, (Abb. 2.29).

Der Aufwand zur Herstellung eines derartigen Modells ist natürlich nur zu rechtfertigen, wenn ein Experimentiergerät für wiederholten Einsatz gebaut werden soll, wenn hinreichende werkstattmäßige Arbeitsmöglichkeiten zur Verfügung stehen, wenn interessierte Arbeitsgemeinschaften längerfristig unter entsprechender Anleitung an einem größeren Projekt arbeiten wollen oder aber wenn eine Ausdehnung auch auf den Technik- oder Werkunterricht sich anbietet.

Interessierten Lesern können von den Autoren Konstruktionsskizzen und entsprechende Anleitungen zugesandt werden.

6. Literatur zu Kap. 2

[1] Brockhaus-Enzyklopädie, Bd. 20, Brockhaus-Verlag, Wiesbaden;
[2] *R.M. Schaffert:* ‚Electrophotography", Focal Press, London, 5. Aufl. 1975
[3] *J.H. Dessauer, H.E. Clark:* „Xerography and related Processes", Focal Press, London 1965;
[4] *M. Polke:* „Zur Physik der Elektrophotographie" in: O. Madelung (Hrsg.): „Festkörperprobleme VIII" Vieweg, Braunschweig 1968;
[5] *K. Hauffe, O. Hellwich* (Hrsg.): „Elektrophotographie", Verlag O. Hellwich, Darmstadt 1967 (zugleich 8. Sonderheft von „Photographische Korrespondenz");
[6] *W. Finckelnburg:* „Einführung in die Atomphysik", Springer, Berlin, 1962;
[7] *K. Hauffe, R. Stechemesser,* in: „Elektrophotographie", S. 5;
[8] *R.W. Pohl:* „Elektrizitätslehre", Springer, Berlin, 1967[20];
[9] *G. Joos:* „Lehrbuch der theoretischen Physik", Akad. Verl.-Ges., Frankfurt, 1959, Neuauflage 1983;
[10] *H. Frieser, M. Schlesinger:* in „Elektrophotographie", S. 5;
[11] *R. Szostak:* „Elektrofotografie im Unterricht", NIU-P/C Nr. 2/84, Aulis, Köln.

Kap. 3: Der Telekopierer — Briefübertragung per Telephon*)

1. Einführende Hinweise und didaktische Anmerkungen

Die in diesem Beitrag genannten Experimente, Geräte und Hilfsmittel sowie die physikalisch-technischen Verfahrensschritte stimmen *zum Teil* mit den entsprechenden Beschreibungen im Kap. 2, „Xerographie" (S. 26 bis S. 61), überein oder aber sind zumindest inhaltlich sehr ähnlich. Sind die Experimente zur Xerographie zuvor behandelt worden, so werden bis auf ein spezielles beschichtetes Papier für den Telekopierer nur wenige neue Hilfsmittel benötigt.

Da aber die Durchführung der folgenden Experimente auch **ohne** vorherige Behandlung der Xerographie möglich sein soll, werden die Experimentiervorschläge der folgenden Seiten und ihre Aneinanderreihung unabhängig von Vorkenntnissen des Kapitels 2 angegeben. Zur Vermeidung zu umfangreicher Wiederholungen muß jedoch teilweise auf Abschnitte des Beitrages „Xerographie" verwiesen werden.

Die Begründung für die Behandlung des Themas im Unterricht ergibt sich zum einen daraus, daß der Telekopierer neben dem Telefon und dem Fernschreiber als drittes Kommunikationsmittel mit direktem Anschluß an das Telefon-Netz zunehmend an Bedeutung gewinnen wird; von der Bundespost aufgegebene Anzeigen in Zeitschriften und Tageszeitungen, wie sie z. B. die Abb. 3.1 a) und b) zeigen, begegnen dem Schüler in zunehmenden Maße. Zum andern aber ist der Tele-Kopierer ein typisches Beispiel für die sogen. „Faksimile"Übertragung (lat. fac simili — mach ähnlich), bei der ein Bild zeilen- oder spaltenweise abgetastet, auf einem Nachrichten-Weg übermittelt und dann wieder zusammengesetzt wird. Das sogen. Funkbild-Verfahren, auch Bildtelegraphie genannt, ist ein typisches Beispiel für die Faksimile-Übertragung: Auf dem Funkwege werden die Informationen der abgetasteten Bildzeilen (— z. B. eines aktuellen Presse-Photos oder aber auch eines polizeilichen Fahndungsbildes) zum Empfänger gesandt und dort wieder zu einem photographisch hergestellten Papierbild verarbeitet. Gerade dieser photographische Prozeß aber ist ein Haupthindernis für die elementare Darstellung des Verfahrens in einem für den Unterricht geeigneten Funktionsmodell. Da der Telekopierer statt des photographischen Verfahrens das Bild auf rein elektrostatischem Wege sichtbar macht, kann mit dem im folgenden beschriebenen Funktionsmodell das Faksimile-Verfahren auf einfache Weise transparent gemacht und so dem Schüler eine die theoretische Darstellung ergänzende reale Erfahrungsmöglichkeit erschlossen werden.

Das Verfahren soll soweit elementarisiert werden, daß in den Einzelschritten sowie im Endergebnis die folgenden physikalischen Grundgesetzmäßigkeiten bzw. Phäno-

*) Autoren dieses Kapitels: *H. Schmidt* und *G. Müller*

Abb. 3.1: Beispiele üblicher Werbeanzeigen der Post für das Telekopier-Verfahren, das unter der Bezeichnung „Telefax“ von der Post angeboten wird.

mene aus der Erfahrenswelt des Schülers erkennbar sowie deren Synthese zu einem technischen Funktionsablauf verständlich werden:

- Spannung eines Photoelementes zur Unterscheidung der Streureflexion an schwarzen/weißen Flächen, (Information „helle“/„dunkle“ Fläche)
- Steuerung eines Schalters/Relais durch die Photospannung;
- elektrostatische Aufladung durch Reibung
- Die Information „helle Fläche“ bzw. „dunkle Fläche“ wird über Photoelement und Relais zur Steuerung des Vorganges „Aufladen“ bzw. „Nichtaufladen“ einer Kunststoff-Fläche benutzt;
- Erfolgte Aufladung wird durch angezogene kleine Partikel sichtbar gemacht.

Die Behandlung des nachfolgenden Verfahrens ist nicht zwangläufig davon abhängig, daß Photowiderstand/Photoelement und/oder elektrostatische Aufladung zuvor eingehend erarbeitet wurden. Sollten Photoelemente im Zusammenhang mit den viel diskutierten sogen. „Solarzellen“ noch nicht behandelt sein, so ist das in Versuch Nr. 3 auf S. 87 gezeigte „Eingang/Ausgang“-Verhalten („black-box“) eines Photoelementes für das Verständnis des Funktionsmodelles ausreichend. Anziehungskräfte infolge elektrostatischer Aufladung können auf individuelle Alltagserfahrungen zurückgeführt werden. Der im Schaltbild der Abb. 3.4 angegebene Schaltverstärker kann als einstufiger Transistor-Verstärker gem. Versuch Nr. 3 behandelt oder aber als black-box mit bekannten Eingangs-/Ausgangsverhalten (Phonogeräte u. ä.!) benutzt werden.

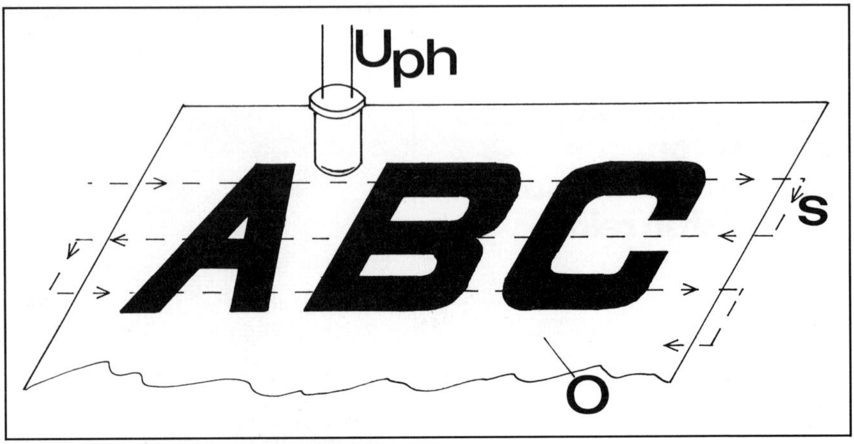

Abb. 3.2: Zeilenweise Abtastung eines Schrift-Originales mit einem Fotoelement (0: beschriftetes Original, s: Weg des Fotoelementes)

2. Das Funktionsprinzip der Kopie-Fernübertragung

2.1 Abtastung des Originals

Das zu kopierende bzw. als Fern-Kopie zu übertragende Original, das eine Textseite oder aber eine bildhafte Darstellung sein kann, wird mit einem lichtempfindlichen Sensor, z. B. einem Silizium-Photoelement hinreichend kleiner lichtempfindlicher Fläche zeilenweise abgetastet, wie es schematisch Abb. 3.2 bei einem ebenen beschrifteten Blatt zeigt. Die dabei überstrichenen Hell-/Dunkel-Zustände auf dem Original ergeben am Ausgang des Photoelementes eine entsprechende Folge von Spannungswerten $U_{photo, max}$ bzw. $U_{photo, min}$, wobei der Wert $U_{photo, min}$, der sich beim Überstreichen einer geschwärzten Stelle auf dem Original ergibt, hier und im folgenden der Einfachheit halber als Null angenommen werde, was natürlich nur bei völlig fehlender Streureflexion durch die schwarze Originalstelle und bei Ausschluß jeglichen Streulichtes der Fall sein könnte.

Mit dieser Vereinfachung ergäbe die zeilenweise Abtastung gem. Abb. 2 je nach Original-Schwärzung die Werte $U_{ph} = 0$ bzw. $U_{ph} \neq 0$, wenn nicht die Ausdehnung der Photoelement-Fläche das Ergebnis wesentlich komplizierter gestalten würde: Beim Überstreichen einer z. B. 1 mm breiten schwarzen Linie liefert das Photoelement nur dann den Wert $U_{ph} = 0$, wenn die kreisförmig angenommene lichtempfindliche Fläche einen Durchmesser $d < 1$ hat, gem. Abb. 3.3 vor der schwarzen Fläche positioniert ist und der Abstand a zur Fläche derart gering ist, daß kein Streulicht von den benachbarten weißen Flächen in das Photoelement gelangt.

Es ist einerseits sofort einsichtig, daß derartige Idealbedingungen beim zeilenweisen Abtasten des Originals nicht erreicht werden können, und daß andererseits das Auflösungsvermögen, also die Unterscheidung zweier benachbarter Linien, in erster Linie durch die Werte für d und a bestimmt wird. Bei realen Geräten werden Auflö-

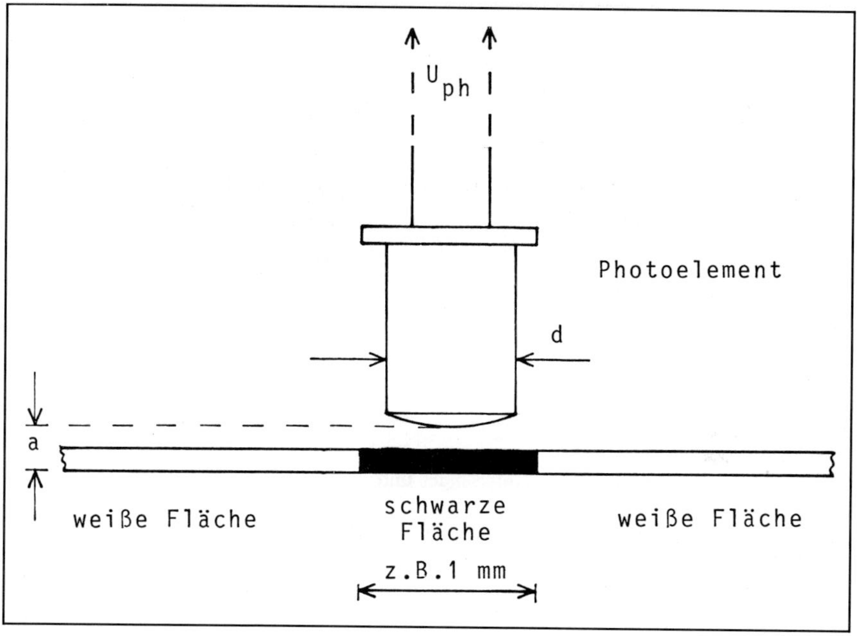

Abb. 3.3: Zum Auflösungsvermögen bei der Bild-Abtastung

sungsvermögen von der Größenordnung erreicht, daß Striche sowie Strichabstände von ca. 1/5 mm noch unterschieden werden können.
Im Funktionsmodell läßt sich die zeilenweise Abtastung des Originals besonders leicht realisieren, wenn das Original auf einen Zylinder aufgebracht wird, der sich unter dem Photoelement dreht, wobei das Photoelement mit (— niedriger —) konstanter Geschwindigkeit parallel zur Zylinderachse entlang geführt wird; auf diese Weise überstreicht das Element schraubenförmig jeden Punkt des Originales. Diese Anordnung ist schematisch in Abb. 3.4 dargestellt. Zur in Abb. 3.4 ebenfalls angedeuteten Beleuchtung des Originals dient zweckmäßigerweise eine Lichtquelle, die nur die engere Umgebung der abgetasteten Fläche beleuchtet, z. B. eine Leuchtdiode[1]).

2.2 Die Aufzeichnung des Bildes im Empfänger

Die weitere Verfahrensweise ist ebenfalls aus Abb. 3.4 erkennbar, wobei der im vorhergehenden Abschnitt zuletzt betrachtete Fall des auf eine Trommel aufgebrachten

[1]) Anmerkung: Bereits an dieser Stelle sei hervorgehoben, daß bei der praktischen Realisierung ein Foto-*Transistor* im Hinblick auf kompakte Bauweise, Schaltgeschwindigkeit und Empfindlichkeit dem Fotoelement vorzuziehen ist. Deshalb ist in Abb. 3.4 ein Fototransistor dargestellt.
Auf die Problematik, aus methodischen Gründen die Schaltung zunächst in der Sek. St. I mit einem Fotoelement zu erklären, wird in Abschn. 4.1.2 eingegangen.

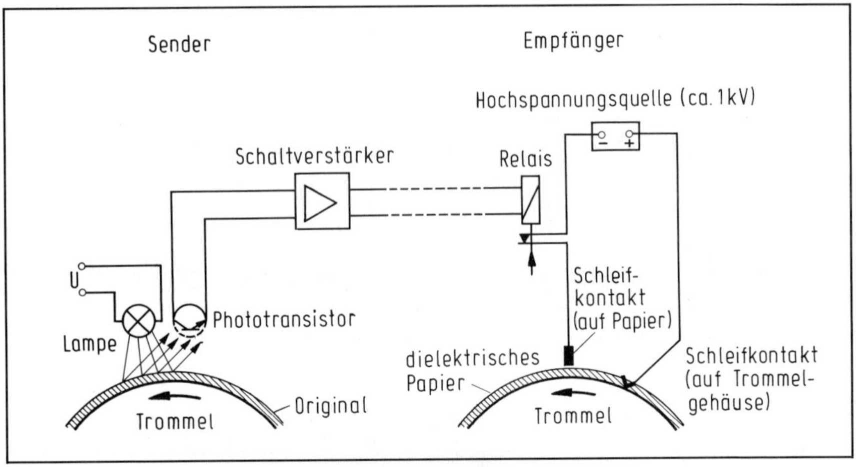

Abb. 3.4: Schematische Darstellung von Sender und Empfänger

Originales angenommen werde. Die bei der Original-Abtastung erzeugte Spannung U_{ph} wird von einem Schaltverstärker soweit verstärkt, daß damit ein Relais geschaltet werden kann. Zwischen Relais und Schaltverstärker kann nun ein beliebig langer Leitungsweg liegen: bei Einsatz des Funktionsmodells in der Schule von einem Raum in den anderen, beim realen Post-Gerät das Telefon-Netz. Synchron (— also mit exakt gleicher Drehfrequenz —) zur Sender-Trommel (vergl. Abb. 3.4) dreht sich am Ort des Empfanges die Empfänger-Trommel, auf der weißes Spezial-Papier, sogen. „dielektrisches Papier", aufgespannt ist. Bei diesem Papier ist die Oberfläche mit einer hauchdünnen (— mit dem bloßen Auge nicht erkennbaren —) Schicht aus einem hochisolierenden Kunststoff versehen. Auf diesem „Dielektrikum" verbleiben aufgebrachte Ladungen (z. B. durch Reibung oder durch Berühren mit dem Pol einer hinreichend hohen Spannung) sehr lange Zeit (z. T. bis zu mehreren Stunden). In Abb. 3.4 ist erkennbar, wie diese Fähigkeit zur Ladungsspeicherung für die Bildübertragung genutzt wird: Wenn vom Schaltverstärker das Signal $U_{ph} = 0$ geliefert wird, wird über das Relais am Empfänger ein Schleif-Kontakt auf dem dielektrischen Papier mit dem negativen Pol einer Spannungsquelle (im Funktionsmodell je nach Papiersorte zwischen 500 und 1000 Volt) verbunden. Da der positive Pol mit dem metallischen Zylinder der Empfängertrommel verbunden ist, befindet sich das jeweilige Flächenstück des dielektrischen Papieres bei einer Papierdicke von ca. 10^{-1} mm $= 10^{-4}$ m in einem elektrischen Feld mit der Feldstärke von ca. $2 \cdot 10^6$ V/m bis ca. 10^7 V/m bei den o. a. Spannungen. Über die Aufladungsvorgänge bei derart hohen Feldstärken sowie die Art der gespeicherten Ladungen wird ganz ausführlich in Kap. 2, „Xerographie", insbesondere auf S. 36, berichtet. Die dortigen Angaben sind auf das dielektrische Papier ohne weiteres übertragbar, da letzterem lediglich der Photohalbleiter in der Papierschicht im Vergleich zum xerographischen Kopier-Papier fehlt.

Auf diese Weise entsteht auf dem dielektrischen Papier auf der Empfänger-Trommel

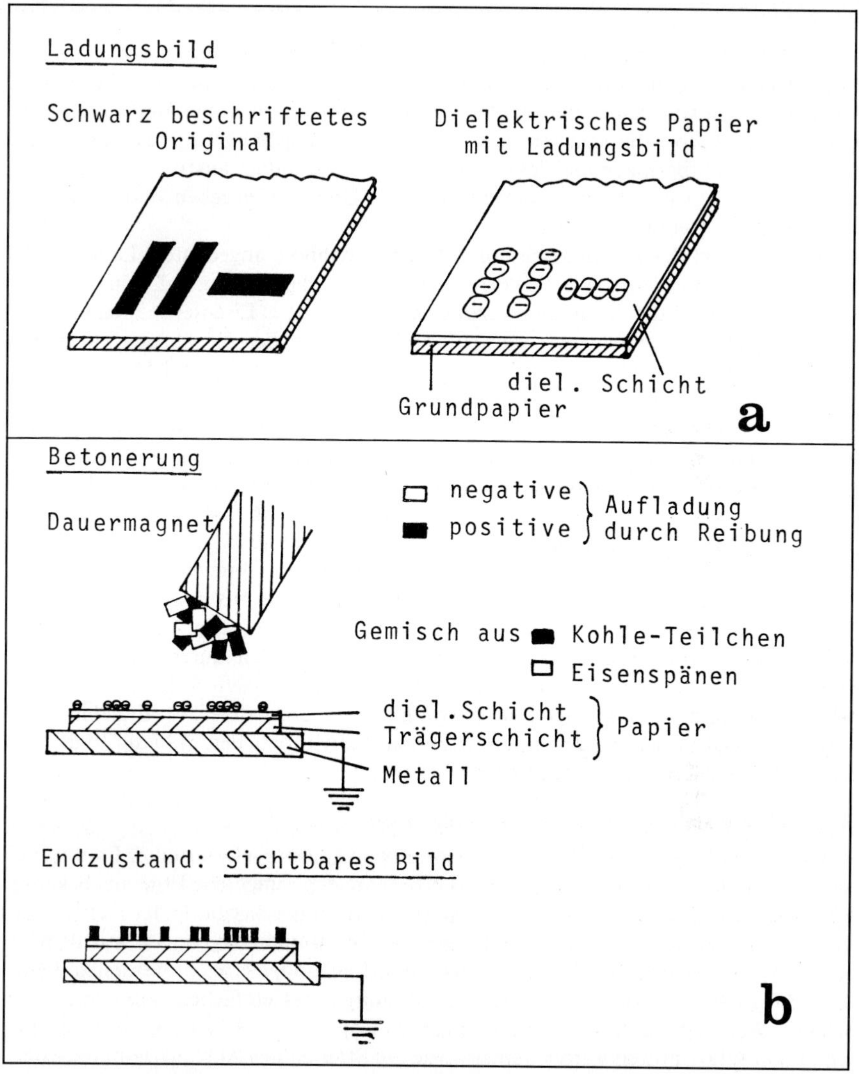

Abb. 3.5: Die Sichtbarmachung des Ladungsbildes beim Telekopierer
a: Schematisch dargestelltes Original und entsprechendes Ladungsbild
b: positiv geladene Kohle-Partikel eines „Toners" machen das Ladungsbild sichtbar

ein (— natürlich noch nicht sichtbares —) Ladungsbild (vergl. Abb. 3.5 a), das dem abgetasteten Original völlig entspricht, d. h. bei Sichtbarmachung entsteht ein Bild, das mit dem Original identisch ist, sofern das o. g. Auflösungsvermögen ausreicht und es sich um ein Schwarz-Weiß-Original handelt.

2.3 Sichtbarmachung des Ladungsbildes

Die Sichtbarmachung erfolgt im exakt gleicher Weise wie bei der xerographischen Kopie-Herstellung im vorherigen Kapitel. Soll das Funktionsmodell zum Telekopierer unabhängig von den Experimenten zur xerographischen Kopie-Herstellung eingesetzt werden , so möge sich der Leser im Kap. 2, „Xerographie", insbesondere S. 33 ff. über die Sichtbarmachung elektrostatischer Ladungsbilder ausführlich informieren. Hier soll nur eine kurze zusammenfassende Übersicht gegeben werden, wie sie der Abb. 3.5 zu entnehmen ist:

Abb. 3.5 a) zeigt das schematisch durch Ladungssymbole angedeutete Ladungsbild auf der Empfängerseite sowie die korrespondierende Beschriftung auf dem Original. Im Teilbild b) wird die Zusammensetzung des „Toners" aus Eisenfeilspänen und aus Kohle-Teilchen sowie deren gegenseitige Aufladung bei Berührung(„Kontakt-Elektrizität") dargestellt.[2]) Die miteinander vermischten Kohle- und Eisen-Teilchen haften an einem Dauermagneten in pinselartiger Form. Mit diesem „Toner"-Pinsel streicht man über das Ladungsbild, wobei die positiv geladenen Kohle-Teilchen an den Stellen mit negativer Ladung haften, so daß aus dem unsichtbaren Ladungsbild ein sichtbares Faksimile-Bild entsteht. (Anm.: Die geerdete Unterlage in Abb. 3.5 b) ist nicht unbedingt nötig, sie führt aber aus den auf S. 49 (im Beitrag über „Xerographie") genannten Gründen zur besseren Schwärzung der Bildstellen.)

In Abb. 3.5 b) erfolgt die Betonerung auf dem eben ausgebreiteten dielektrischen Papier. Abnahme von der Empfänger-Trommel und ebene Ausbreitung sind natürlich prinzipiell nicht notwendig, aber im Funktionsmodell von Vorteil, um Verschmutzungen von Trommel-Antrieb und Schleifkontakten durch Toner zu vermeiden.

Weitere Anmerkungen zu der „Betonerung" — insbesondere zur Erzielung der Wischfestigkeit in realen Geräten und zum alternativ möglichen „Flüssig-Toner" — finden sich im Kap. 2, „Xerographie".

3. Beispiele erzielbarer Schulversuchsergebnisse

Um das Verhältnis von Aufwand zu Ergebnis beim Einsatz selbstertellter Funktionsmodelle abschätzen zu können, muß das erzielbare experimentelle Ergebnis bekannt sein. Aus diesem Grunde soll hier vor der detaillierten Beschreibung der Herstellung des Modells zunächst gezeigt werden, welche Übertragungsergebnisse mit dem in den folgenden Abschnitten beschriebenen Funktionsmodell erreicht werden können. Abb. 3.6 zeigt das Ergebnis bei der Übertragung eines einfachen kontrastreichen Schwarz-Weiß-Bildes; die bei der übertragenen Kopie (Abb. 3.6 b) erkennbaren Stufen in den Bildkonturen werden, ebenso wie die Streifen der Abb. 3.7 b im nächsten Abschnitt erläutert.

---

[2]) Man beachte, daß die hier erwähnte Kontakt-Elektrizität identisch ist der bekannten Reibungselektrizität, bei welcher die jeweilige Polarität der Kontakt-Partner durch die Coehn'sche Regel beschrieben wird. Bei dem hier beschriebenen Verfahren ist es also ohne weiteres möglich, statt des Eisens einen Kontakt-Partner zu finden, der die Kohle-Teilchen negativ auflädt (z. B. Glaskügelchen). Dies wäre von Bedeutung für den Fall, daß die Erzeugung des Ladungsbildes auf dem dielektischen Papier mit dem +Pol der Spannungsquelle erfolgen soll. Dann entfiele aber die leichte Handhabung des Toners mit einem Dauermagneten.

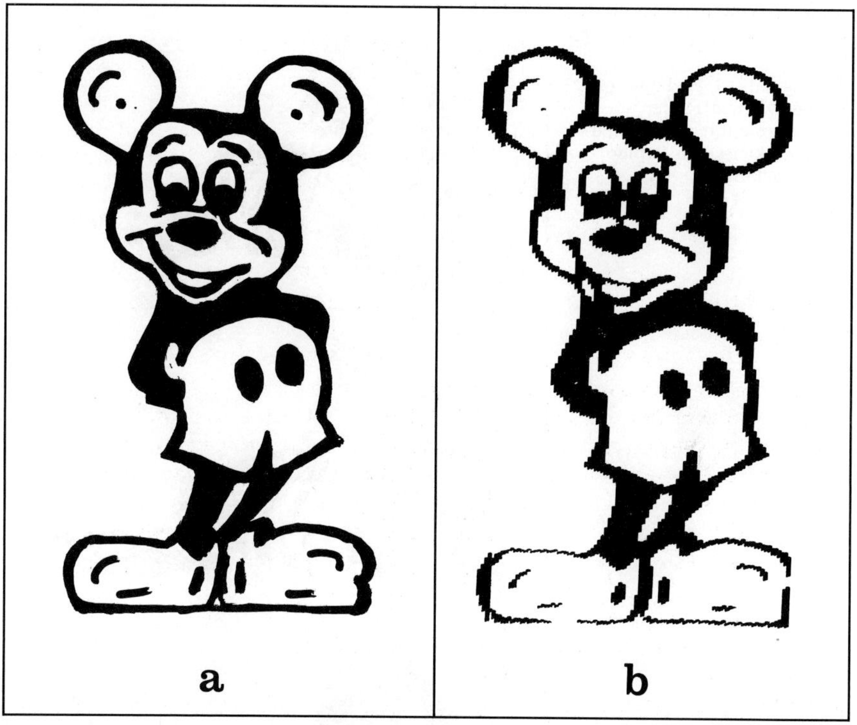

Abb. 3.6: Original (a) und übertragene Telekopie (b) bei Verwendung kommerziell erhältlichen dielektrischen Papiers und Toners

Abb. 3.7 zeigt in a) ein kontrastreiches Schwarz-Weiß-Photo als verwendetes Original, in b) eine mit kommerziellem (auch von der Post im Telefax-Verfahren verwendeten) dielektrischen Papier erstellte Tele-Kopie und in c) eine Übertragung mit selbst-erstelltem dielektrischen Papier.
Hinweise auf die Beschaffungsmöglichkeit der in den Abbildungen mit „kommerziell“ bezeichneten Materialien finden sich in Abschnitt 5 und 6; desgleichen wird dort beschrieben, wie man diese Materialien mit relativ einfachen Mitteln selbst herstellen kann.
Weitere Beispiele von Versuchsergebnissen finden sich Abb. 1.3 des Kap. 1 sowie in Abschnitt 5 dieses Kapitels.

4. Das Funktionsmodell und seine Herstellung

4.1 Ein Modell aus einfachen Hilfsmitteln

Die einfachere, für den Einsatz in der Klasse völlig ausreichende Version des Funktionsmodells erfordert — bis auf die Bohrung einiger Löcher — keine werkstattmäßigen feinmechanischen Arbeiten. Sie kann unter Schüler-Mithilfe mit z. B. Bautei-

Abb. 3.7: Übertragung eines kontrastreichen Schwarz-weiß-Fotos
a) Original; b) Telekopie mit kommerziellem Papier
c) Telekopie mit selbsterstelltem dielektrischem Papier (Klar-Lack-Spray, vergl. Abschn. 5.2)

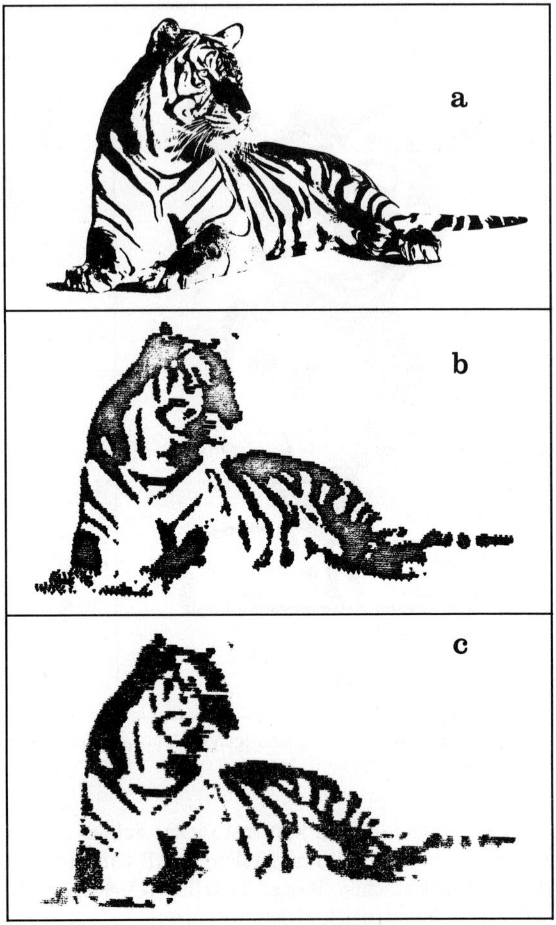

len eines Fischer-Baukastens erstellt werden; dabei handelt es sich lediglich um Vorschläge, die auf vielfältige Art variiert werden können.

Abb. 3.8 zeigt das vollständige Modell aus Sender (a) und Empfänger (b). Dabei bedeuten:

V: Schaltverstärker für die Photospannung U_{ph} des Abtastsystems; dieser Schaltverstärker, in Abb. 3.8 aus Gründen der Übersicht in einem geschlossenen Kasten untergebracht, wird in Abb. 3.12 im genauen Schaltbild und mit Herstellungsmöglichkeit aus einem schulüblichen Elektronik-Steck-System (Fa. Leybold) gezeigt.

N1: Niederspannungsnetzgerät für die Versorgungsspannung (vergl. Abb. 3.12, Schaltbild) des Transistor-Verstärkers V sowie der Leuchtdiode LED; geeignet sind z. B. Leybold-Gerät Nr. 52238 oder Phywe-Gerät Nr. 11705.93

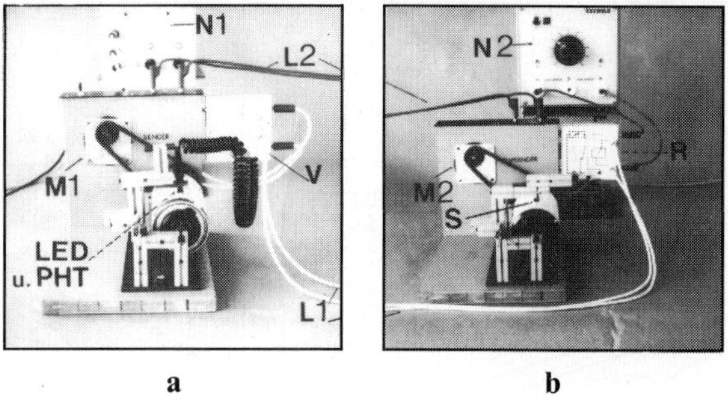

Abb. 3.8: Vollständiges Modell des Telekopierers
a) Sender-Teil mit Abtast-Einrichtung;
b) Empfänger-Teil mit Auflade-Einrichtung
(lediglich Verbindungskabel L1 und L2 gekürzt; übrige Erläuterungen im Text)

N2: Hochspannungsnetzgerät *mit Strombegrenzung* (z. B. Leybold Nr. 52237); benötigt werden je nach verwendetem Papier ca. 400 bis 1000 Volt Gleichspannung.

R: Relais, das in ungeschaltetem Zustand den Minus-Pol von N2 mit dem Schleifkontakt S (vergl. Abb. 3.8 b) auf dem dielektrischen Papier verbindet; (z. B. Relais-Baustein aus Leybold-Stecksystem, Nr. 59454);

L1: zweiadriges Verbindungskabel zwischen dem Ausgang von V und der Spule R; dieses Kabel entspricht der Telefon-Leitung beim realen Verfahren und kann im Experiment auf beliebige Weise die Realität simulieren, beispielsweise durch Zwischenschalten von Experimentier-Telefonen oder aber durch entsprechende Kabel-Länge über mehrere Räume.

L.2: Diese zweiadrige Leitung ist im Modell zusätzlich notwendig, um beim Einschalten des Motors M 1 am Sender zugleich auch dem Motor M 2 am Empfänger die Versorgungsspannung zuzuführen, damit gleichzeitiger Startbeginn gewährleistet ist. Im realen Post-Gerät geschieht dies natürlich über die gleiche (Telefon-) Leitung durch entsprechend kodierte Signale des Senders; die Leitung L 2 kann vermieden werden, wenn auf andere Weise die zeitgleiche Spannungsversorgung der beiden Motoren M1 und M 2 des Modells gewährleistet ist, z. B. durch Betätigen eines gemeinsamen Hauptschalters.

M1, M2: Synchron-Motoren exakt gleicher Drehzahl;

LED: Leuchtdiode zur Beleuchtung des abgetasteten Originals;

PhT: Phototransistor oder Photoelement, mit dessen Signal (über den Schaltverstärker V) das Relais R geschaltet wird.

S: Schleifkontakt zur Papier-Aufladung

Im folgenden werden die einzelnen Komponenten des Modells wie Antrieb, Abtast-System, Auflade-System, Schaltverstärker und Relais-Anschluß näher beschrieben.

4.1.1 Der Antrieb

Die Antriebsmechanismen von Sende- und Empfangsgerät werden identisch aufgebaut (vergl. Abb. 3.8a und b): An einer horizontalen Holz- oder Kunststoff-Platte von 25×25 cm^2 wird im rechten Winkel dazu eine zweite Platte zur Motorbefestigung angebracht (Art der Motoren s. u.). Auf der horizontalen Platte wird mit entsprechenden Halterungen (in Abb. 3.8 aus Fischer-Technik-Teilen) eine metallische Trommel, z. B. eine Cola-Dose, mit zentrisch durchgeführter Achse leicht drehbar

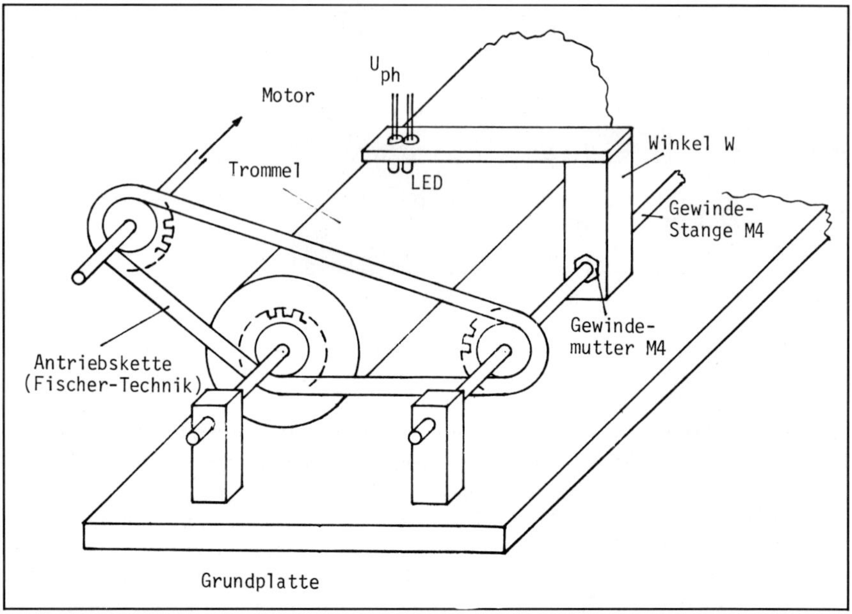

Abb. 3.9: Antrieb von Zylinder und Gewindestange mit Haltewinkel für LED u. Fototransistor (auf Empfängerseite dient der Haltewinkel zur Aufnahme des Schleifkontaktes)

gelagert. Die Achse (∅ ca. 4 mm, Länge einige cm größer als Trommel-Länge) muß mit den Zylinder (Cola-Dose) fest verbunden sein, z. B. durch einige Tropfen Uhu-Plus o. ä. an den Druchstoß-Punkten der Achse. Desgleichen muß sie fest verbunden sein mit dem Antriebszahnrad, dessen Anordnung in der schematischen Abb. 3.9 besser erkennbar ist als auf den photographischen Darstellungen. Ein gleiches Zahnrad ist zudem (vergl. Abb. 3.9) auf einer Gewindestange (z. B. Gewinde M 4, Messing, Länge ca. 15 cm, erhältlich in Hobby- oder Heimwerker-Märkten) befestigt. Trommel und Gewindestange werden somit vom Motor mit gleicher Drehzahl angetrieben. Die Gewindestange wird, bevor sie an ihren Endpunkten mechanisch gelagert wird, durch eine Gewinde-Mutter M 4 gedreht. Diese Gewinde-Mutter (vergl. 3.9) wurde zuvor in einer Bohrung in einem Holz- oder Kunststoff-Winkel fixiert (— dieser Winkel kann ebenfalls aus Fischer-Teilen zusammengefügt werden —). An diesem Winkel sind im Falle des Senders die Leuchtdiode und das Photoelement, im Falle des Empfängers der Schleifkontakt S für die Papier-Aufladung befestigt. Bei der Drehung von Zylinder-Trommel und Gewindestange wird der Winkel durch die Schraub-Wirkung des Gewindes an der Zylinder-Oberfläche entlang geführt, wodurch die oben beschriebene schrauben-artige Überstreichung von Original bzw. dielektrischem Papier ermöglicht wird.

Noch zwei Anmerkungen zur Gewindestange:

— Falls für den Antrieb (s. u.) Synchron-Motoren mit der Möglichkeit der Richtungsumkehr eingesetzt werden, können durch einfaches Umschalten auf entgegengesetzte Drehrichtung die beiden Winkel mit den Abtast- bzw. Auflade-Komponenten wieder in die Ausgangsstellung zurückbewegt werden. Bei Verwendung von Motoren nur einer Drehrichtung muß das Zahnrad an der Gewindestange lösbar sein (— bei Fischer-Technik-Zahnrädern leicht möglich —), so daß durch Drehen der Gewindestange mit der Hand ein Zurückdrehen ermöglicht wird.

— Wird die in Abb. 3.9 angegebene Drehrichtung eingehalten, wird auf die beiden Winkel ein Drehmoment infolge Reibung zwischen Mutter und Gewindestange derart ausgeübet, daß Abtast- bzw. Aufladungs-Aggregat an die Trommeloberfläche gedrückt werden. Bei anderer Drehrichtung muß der Winkel wegen des genannten Drehmomentes mit einem kleinen Auflage-Gewicht in der gewünschten Lage gehalten werden.

Entscheidend für die Funktion ist der absolute Gleichlauf von Sender- und Empfänger-Antrieb. Dieses Problem wird am besten durch Synchron-Motoren gelöst, die -synchronisiert durch die Netzfrequenz — den geforderten Gleichlauf gewährleisten. Das in Abb. 3.8 dargestellte Modell wurde mit Synchron-Motoren der Fa. Berger (Lahr/Schwarzw.) realisiert. Diese Motoren sind in der Drehrichtung umpolbar; sie haben eine Drehzahl von 60 min^{-1}, so daß sich die Zeitdauer für die Abtastung wie folgt berechnet:

Länge der abgetasteten Bildfläche, parallel zur Trommelachse gemessen: 9 cm;
Ganghöhe des metrischen Gewindes M4 der Gewindestange: ca. $^1/_{15}$ cm, d. h. pro cm enthält die Stange ca. 15 Gewindegänge;
daraus ergibt sich für die Länge von 9 cm eine Abtast-Dauer von ca. 135 s. (Zum Vergleich: reale Geräte benötigen — vergl. auch Abb. 3.3 — für die Abtastung einer DIN-A4-Seite ca. 3 min.).

Bei den o. g. Motoren handelt es sich um qualitativ sehr hochwertige Ausführungen, die allerdings wegen ihres Anschaffungspreises für den schulischen Einsatz kaum empfohlen werden können. Preiswerte Synchron-Getriebe-Motoren mit Drehzahlen in der Größenordnung von ca. 50 min^{-1} sind in den verschiedensten Ausführungen im Elektronik-Handel als Antrieb für Synchron-Uhren erhältlich (ca. DM 5,— bis ca.20,— pro Stück; siehe auch unter Beschaffungshinweise am Schluß dieses Beitrages)

Gleichlauf-Überprüfung:
Sind zwei Motoren mit gleicher Drehzahl im Bereich von ca. 50 bis 100 Umdrehungen/min. vorhanden, so empfiehlt sich vor dem Einbau in ein Funktionsmodell und dem damit verbundenen Aufwand, zunächst den Gleichlauf zu überprüfen. Weshalb es auf präzisen Gleichlauf beider Motoren ankommt, mag die folgende Überlegung verdeutlichen:
Weicht der Motor M 2 nur um 1% in seiner Drehzahl von derjenigen des Motors M1 ab, so ist der Beginn der 50. Bildzeile gegenüber demjenigen der 1. Bildzeile bereits um einen halben Zylinder-Umfang verschoben. Aus rechteckigen Originalen auf dem Zylinder 1 werden somit auf dem Zylinder 2 Rhomboide[3]) als übertragene Bilder.

---

[3]) Parallelogramme mit ungleichen Seiten

Die Gleichlauf-Überprüfung kann bei der oben angegebenen geringen Drehzahl mit dem Auge (an den Achsen angebrachte Markierungen!) beobachtet und beurteilt werden. Bei Motoren höherer Drehzahl muß ein Stroboskop zu Hilfe genommen werden.

Ist bei den vorhandenen Motoren der Gleichlauf nicht gegeben (z. B. falls Spaltpol-Motoren benutzt werden, bei denen häufig trotz exakt gleicher Bauart Drehzahl-Unterschiede auftreten), so kann zwar — etwa durch Änderung der Spannung bei einem der Motoren — eine Drehzahlangleichung versucht werden, jedoch ist bei der geforderten Genauigkeit beim Gleichlauf dieser Weg erfahrungsgemäß recht mühsam und meistens unbefriedigend.

Es bieten sich zwei Lösungen an:

Synchron-Motoren aus elektrischen Stoppuhren:

Elektrische Experimentier-Stoppuhren (— z. B. die sogen. „Große elektrische Stoppuhr" der Fa. Leybold (Ger.-Nr. 313 04, Abb. 3.10) —), die trotz heute gängiger elektronischer Uhren noch in vielen Sammlungen vorhanden sind, haben sehr gute Synchron-Motoren, wie der Vergleich der Sekunden-Zeiger (1 U/s) zweier Uhren zeigt.

Falls zwei gleiche Uhren vorhanden sind, können die metallischen Zylinder des Funktionsmodells jeweils wie folgt an die Achse des Sek.-Zeiger -Antriebs angeschlossen werden (vergl. Abb. 3.10):

Der Sek.-Zeiger wird durch Lösen der Rändelmutter M abgenommen. Auf die Gewinde-Achse G wird zunächst zum Kontern eine Mutter M1 aufgeschraubt. Eine

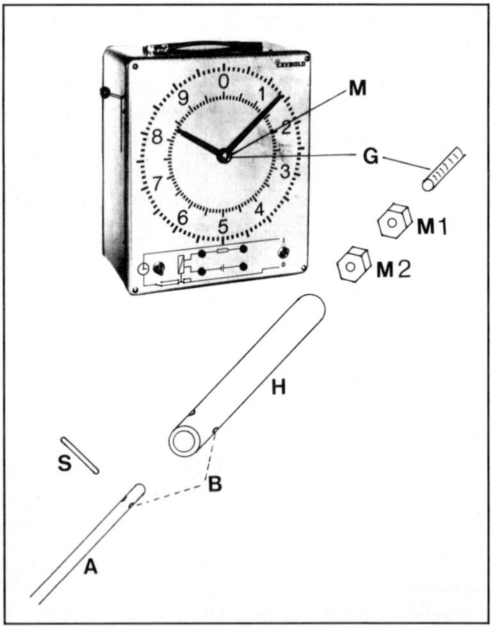

Abb. 3.10: Stoppuhr-Synchronmotor als Antrieb für das Funktionsmodell „Telekopierer" (Erläuterungen im Text)

zweite Mutter M2 wird an einer Kunststoff-Hülse H (z. B. Stück eines entleerten Filzstiftes o. ä.) durch Kleben oder Einpressen befestigt. Die Hülse H wird mittels M 2 auf die Uhr geschraubt und dann gem. Abb. 3.10 an der Achse A des Zylinders (Cola-Dose in den Abbildungen 3.8 u. 3.9) befestigt, wobei die Fixierung mittels eines Stiftes S (kleiner Nagel) durch die Bohrungen B erfolgen kann. Noch einfacher ist das Umwickeln des Endes von A mit Klebeband und anschließendem Einpressen in die Hülse H.

Eine Lösung mit nur einem Motor:

Sollten weder zwei gleichlaufende Motoren aus dem Fachhandel noch zwei elektrische Stoppuhren der oben beschriebenen Art zur Verfügung stehen, kann auf eine wesentlich vereinfachte Form des Modells — diejenige mit *einem* Motor für beide Zylinder — ausgewichen werden. Dieses Modell wird in Abschnitt 4.2 nach der Beschreibung der weiteren Einzel-Elemente des Gesamt-Modells gezeigt. Schon hier jedoch sei betont, daß bei einem Modell mit unmittelbar benachbarten Zylindern an nur einem Antriebsmotor nur noch mit Einschränkung von einem „Funktionsmodell" des Telekopierers gesprochen werden kann, da eine wesentliche Funktion — die Übertragung über beliebige Entfernungen — vom Modell nicht mehr geleistet werden kann. Abtastung des Bildes, Übertragung der elektrischen Bild-Signale und Erzeugung sowie Sichtbarmachung des Ladungsbildes können jedoch uneingeschränkt demonstriert werden. Zudem wird die Bauweise noch vereinfacht.

4.1.2 Das photoelektrische Abtast-System mit Schaltverstärker

Das Prinzip der Abtastung ist bereits in Abb. 3.4 dargstellt worden. Die experimentelle Realisierung ist aus Abb. 3.11 erkennbar:

An dem auf der Gewindestange des Senders entlanggeführten Winkel W wird eine kleine Kunststoff-Platte (ca. 4 × 1,5 × 0,3 cm³) befestigt. In einer Bohrung B von ca. 10 mm Durchmesser werden — am besten durch Verkleben — nebeneinander

Abb. 3.11: Mechanische Befestigung des Abtast-Systems
a) Schematische Darstellung
b) Abtast-System beim Modell der Abb. 3.8 (PHT: Phototransistor; LED: beiderseits des Phototransistors angebrachte Leuchtdioden)

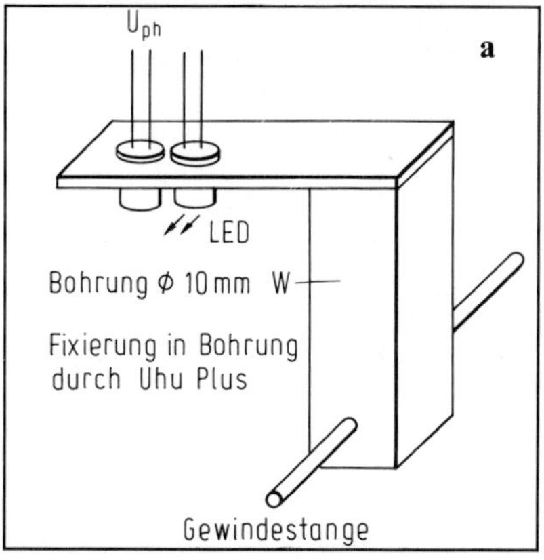

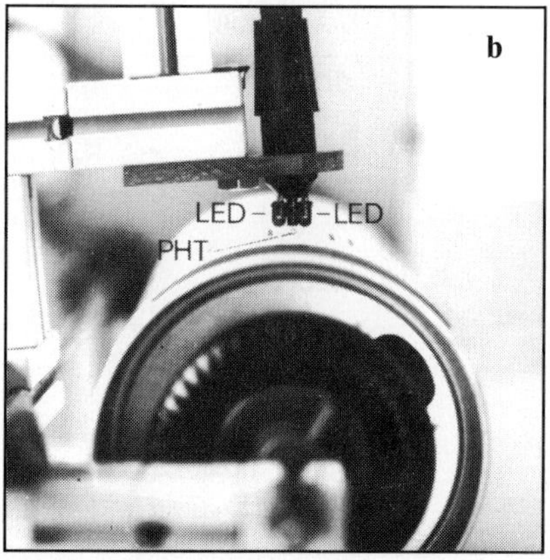

eine Leuchtdiode (zur Beleuchtung des Originales) und ein Photo*transistor* befestigt.

Der scheinbare Widerspruch, daß in der bisherigen Beschreibung von der Verwendung eines Photo-*Elementes* gesprochen wurde, hier aber nun ein Photo-*Transistor* an dessen Stelle tritt, wurde bereits auf S. 65 erwähnt, sei aber hier nochmals zur Vermeidung von Mißverständnissen erläutert: In der Sekundarstufe I kann es — je nach Vorkenntnissen — zweckmäßig sein, sich auf Photowiderstände und Photoelemente als einzige photoelektrische Bauelemente zu beschränken und somit auf die zusätzliche Einführung von Phototransistoren zu verzichten. In diesem Fall können die Abtastung des Originals und die Ansteuerung des Schalt-Verstärkers mit einem Photo*element* erfolgen. In der Schaltung des Verstärkers (Abb. 3.12) ist dann allerdings das Photo*element* zwischen den Punkt P und die Basis des Transistors T_1 zu schalten, und anstelle des dort eingezeichneten Photo-*Transistors* ist ein Widerstand von einigen Kiloohm einzusetzen. (Die genauen Werte dieses sowie des regelbaren Widerstandes R_1 sind dem gewählten Photoelement anzupassen; während der Photo*transistor* stets in der Schaltung Abb. 3.12 mit seinem Kollektor der Basis von T_1 zugewandt ist, kann ein Photo*element* sowohl mit seinem Plus- als auch mit dem Minus-Pol an die Basis angeschlossen werden, allerdings schaltet der Transistor in einem Fall bei Belichtung durch, im andern Falle sperrt er).

Ebenfalls auf S. 65 bereits erwähnt sind die Gründe, weshalb in der Praxis dem Photo*transistor* der Vorzug zu geben ist: größere Schaltgeschwindigkeit, kompaktere Bauweise der gängigsten Typen, in der Regel größere Empfindlichkeit.

Aus didaktischer Sicht ist dazu noch anzumerken, daß es heute zumindest ebenso wichtig ist, in der Sekundarstufe I den Photo*transistor* zu behandeln wie die beiden anderen zur Einführung stets herangezogenen lichtempfindlichen Bauelemente: Phototransistoren haben sowohl von der Verbreitung als auch von der Bedeutung die erstgenannten Bauelemente längst überflügelt; in Form der Licht-Schranken, wie sie von den Lehrmittelfirmen für die Stoppuhr-Steuerung angeboten werden, haben sie auch in die Lehrmittelsammlungen bereits Einzug gehalten.

Abb. 3.12: Schaltbild des Verstärkers zur Relais-Schaltung; Werte der Bauelemente im Text; gestrichelt: LED-Anschluß

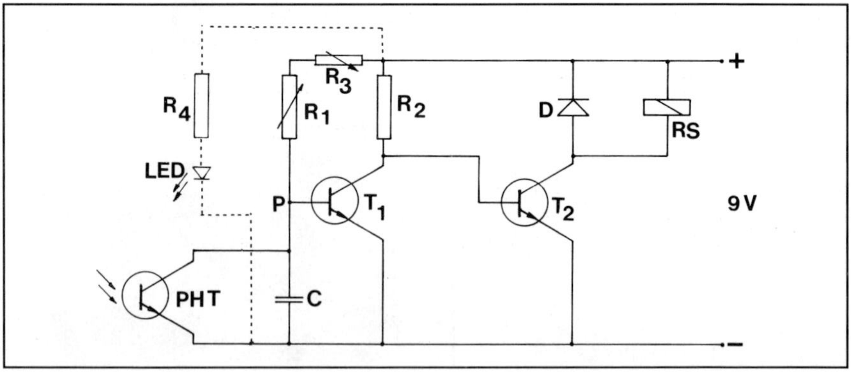

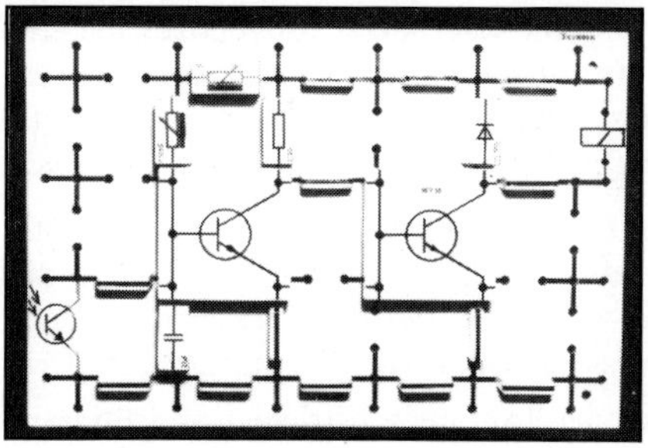

Abb. 3.13: Schaltverstärker gem. Abb. 3.12, erstellt mit Elektronik-Steck-System der Fa. Leybold

Der in Abb. 3.12 gezeigte Schaltverstärker kann mit einem einfachen Elektronik-Steck-System (z. B. der Fa. Leybold) auf einfache Weise realisiert werden, wie Abb. 3.13 zeigt. Die im Schaltbild angegebenen Bauteile sind — bis auf den hier verwendeten Phototransistor — in diesem Steck-System enthalten.[4])

Für den Verstärker haben sich folgende Bauteile bewährt:

Transistoren T_1 und T_2: BCY 58

Diode D: D 1/1000

Phototransistor PhT: BPY 61

Relais RS: aus Stecksystem Fa. Leybold

Widerstände: R_1 = Stellwiderstand 100 kOhm, eingestellt auf ca. 75 k; R_2 = 4,7 kOhm; R_3 = Stellwiderstand 1 MOhm, eingestellt auf ca. 890 k; R_4 = 100 Ohm;

Kondensator C = 0,1 μF.

Wichtig: Der Kollektorstrom I_{CE} darf 200 mA nicht überschreiten, also auf Relais-Widerstand achten, ggf. Vorwiderstand benutzen!

Die einfache Schaltung bedarf keiner weitern Erläuterung; lediglich die Bedeutung der Stellwiderstände R_1 und R_3 sei hervorgehoben:

Mit ihnen muß der genaue Schaltpunkt (abhängig von Beleuchtungsstärke durch die Leuchtdiode und vom umgebenden Streulicht) eingestellt werden; dabei ist (vergl. experimentelle Beschreibung in Abschnitt 5) darauf zu achten, daß der Transistor genau in dem Zeitpunkt schaltet, wenn die Grenzlinie zwischen einem schwarzen und weißen Bereich auf einem Blatt Papier überschreitet.

Elektronik-erfahrene Experimentatoren werden sicherlich ihre eigene bewährte Schaltung vorziehen. Hier sollte lediglich ein mögliches Realisierungsbeispiel angegeben werden.

Ein abschließender Hinweis zur mechanischen Befestigung:

Bei dem Anschluß von Phototransistor und Leuchtdiode an die Versorgungsspannung bzw. an den Schaltverstärker (vergl. Schaltbild in Abb. 3.12) ist darauf zu achten, daß diese Anschlüsse mit *hochflexiblen* Drähten (z. B. gewendeltem Kopfhörer-Kabel wie in Abb. 3.9) durchgeführt werden, damit die Bewegung des Abtast-Winkels

---

[4]) Sollte mit den in Abb. 3.8 dargestellten Fischer-Bausteinen experimentiert werden und ist der zu diesem Bausystem gehörende Schaltverstärker vorhanden, so kann auch mit diesem ein geeignetes Niederspannungsrelais geschaltet werden.

entlang der Trommel nicht behindert wird. Eine alternative Möglichkeit besteht darin, sehr dünne Drähte zu verwenden, die zunächst bis zur Gewindestange am Winkel entlang geführt und somit zugentlastet werden.

4.1.3 Die Empfänger-Seite mit Relais und Schleifkontakt

Auf dem Zylinder der Empfänger-Seite liegt ebenfalls ein Winkel W (vergl. Abb. 3.8 und 3.11) — geführt auf einer Gewindestange — auf. An diesem Winkel der Empfänger-Seite ist ein Schleifkontakt zur Aufladung des dielektrischen Papieres befestigt. Abb. 3.14 zeigt diesen Schleifkontakt schematisch und stark vergrößert.

Wird das Modell mit beiden Drehrichtungen der Trommeln betrieben, so ist darauf zu achten, daß der Schleifkontakt bei der zu Abb. 3.14 entgegengesetzten Drehrichtung nicht das dielektrische Papier zerstört. Als Material für den Schleifkontakt bewähren sich sowohl ein elastisches (federndes) Stück Drahtr oder ein kleines Stück Messing bzw. verzinntes Messingblech, wie es z. B. für Löt-Ösen verwendet wir.

Man beachte: Der Schleifkontakt S zur Aufladung des dielektrischen Papieres muß auf negativem Potential gegenüber dem Zylinder 2 liegen und muß daher gegenüber letzterem hinreichend isoliert sein, (vergl. dazu die Abb. 3.4).

Ebenfalls aus Abb. 3.4 ist ersichtlich, daß der Zylinder 2 an den positiven Pol der Spannungsquelle anzuschließen ist; dies geschieht am besten durch einen zweiten Schleifkontakt an dem (zuvor von der Farbe befreiten) Zylinder (= Cola-Dose) oder aber der Zylinderachse.

Abb. 3.14: Schleifkontakt S zur Papier-Aufladung
P: Um den Zylinder zwei gespanntes dielektrisches Papier, das an der Überlappungsstelle (Anfang A und Ende E) mit einem Stück Tesafilm T fixiert wird;
W: Auflagewinkel

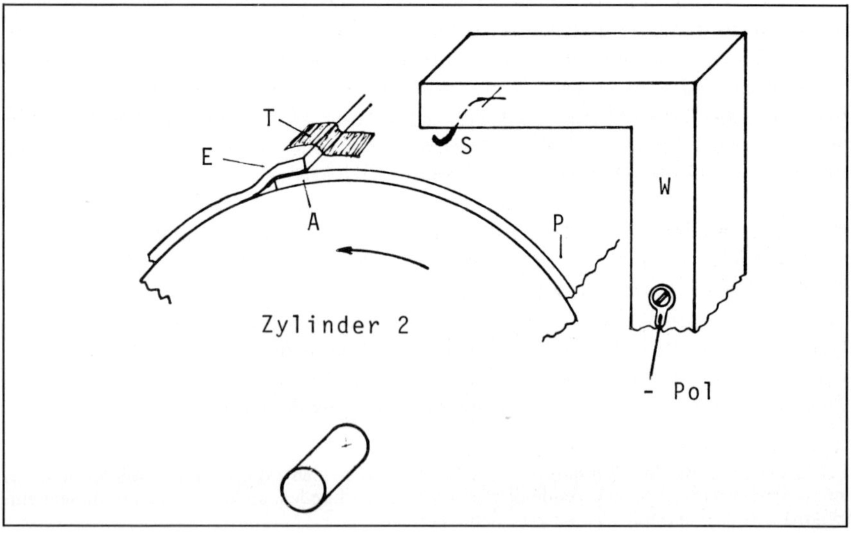

Es ist unmittelbar einsichtig, daß die Breite des Aufladungsschleifkontaktes nicht größer sein darf als die Ganghöhe des Gewindes, das die Weiter-Bewegung des Winkels W (vergl. Abb. 3.9 und 3.11) bewirkt, da sich andernfalls zwei abgetastet und aufgezeichnete Bildzeilen überlappen.

Ebenso verständlich wird hier, daß die Streifen-Struktur des Abbildungsbeispieles der Abb. 3.7 b — c) von S. 70 und der Abb. 3.17 von S. 83 durch die Schleifkontakt-Breite und dessen Qualität bestimmt wird. Insbesondere bewirkt eine sehr geringe Breite des Auflade-Schleifkontaktes S ein aus feinen Strichen bestehendes Übertragungsbild.

Das an der Empfängerseite angebrachte Relais zur Schaltung der Aufladespannung ist schaltungstechnisch bereits bei der Beschreibung des Verstärkers (Abb. 3.12) behandelt worden. (Es kann prinzipiell auch auf der Senderseite angebracht sein; dies ist jedoch nicht empfehlenswert, weil dann die durch das Relais geschaltete Aufladespannung (ca. 0,5 bis 1 kV) über die Verbindungskabel zwischen beiden Stationen geführt werden muß).

Bei der Auswahl des Relais ist lediglich noch zu beachten, daß an seinen Kontakten bei der verwendeten Spannung von maximal 1 kV noch keine Funken-Überschläge erfolgen. Derartige Überschläge sind bei Verwendung eines strombegrenzten Gerätes wie oben angegeben natürlich völlig harmlos, führen jedoch zu Verfälschungen des erwarteten Ladungsbildes. Die meisten der im Handel erhältlichen Niederspannungs-Kammrelais' (so auch diejenigen im Leybold-Steck-System) sind hier verwendbar.

4.2 Ein Modell mit nur einem Motor

Falls keine Motoren mit hinreichendem Gleichlauf zur Verfügung stehen oder aber falls die Übertragung des Bildes über eine größere Distanz nicht angestrebt wird, kann das Modell mit nur einem Motor gebaut werden: Die beiden Zylinder (Cola- oder Mineralwasser-Dosen) werden — vergl. Abb. 3.15 — auf einer gemeinsamen Achse angeordnet. Bei diesem Modell kann allerdings nur mit Einschränkung von einem „Funktionsmodell“ des Telekopierers gesprochen werden, da die Übertragung der Bildsignale über beliebige Entfernungen nicht mehr möglich ist. Die Bild-Abtastung und -Wiedergabe sind jedoch gleichermaßen möglich.

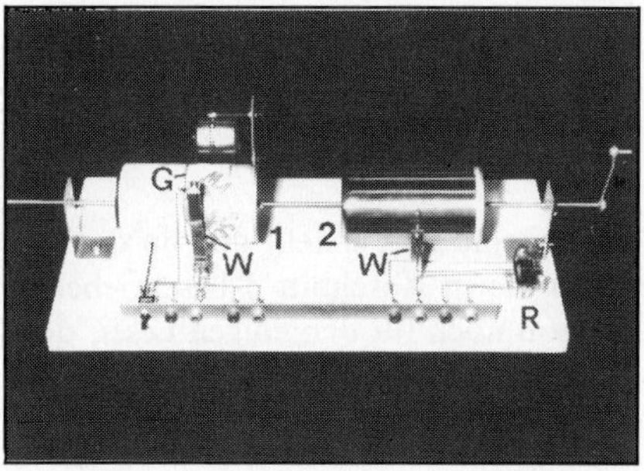

Abb. 3.15: Telekopierer-Modell mit einem Motor (Erläuterungen im Text)

Hinweise zum Bau des Modells (vergl. dabei Abb. 3.15):
Die beiden als Zylinder fungierenden Dosen werden an den Durchstoßpunkten der Zylinder-Achsen mit je einer Bohrung von 4 mm Durchmesser versehen. Durch diese Bohrung wird eine M4-Gewindestange aus Messing (— erhältlich in Bastel- und Heimwerker-Geschäften —) geführt. Die beiden Zylinder werden im Abstand von ca. 6 cm durch einige Tropfen Zwei-Komponenten-Kleber (Uhu-Plus) fixiert (Fixierung auch mit Muttern M4 möglich). Die Länge der Gewindestange muß ca. 50 cm betragen, (die Proportionen können grob der Abb. 3.15 entnommen werden, wenn man berücksichtigt, daß die genormte Höhe der Getränke-Dosen 11,5 cm beträgt). Die Befestigung der Dosen erfolgt zudem symmetrisch zum Mittelpunkt der Gewindestange. Die Gewindestange wird durch zwei auf einer Grundplatte befestigte Holz- oder Al-Winkel gehalten, an die je eine M4-Mutter geklebt wurde: Bei Drehung der Gewindestange verschieben sich somit die Zylinder (Dosen) längs deren Achsen.

Der *Antrieb* kann auf einfachste Weise durch eine Handkurbel (rechts in Abb. 3.15) oder aber durch einen beliebigen Motor (über der linken Dose in Abb. 3.15) erfolgen, wobei über Motorachse und Zylinder 1 (— der das abzutastende Original aufnimmt —) ein einfacher Antriebsgummiring G gespannt werden kann. Drehzahl-Schwankungen sind dabei unerheblich, da beide Zylinder starr miteinander verbunden sind. Wie im vorherigen Abschnitt angegeben, sollte die Motordrehzahl wegen der begrenzten Schaltgeschwindigkeit des Relais auf der Auflade-Seite (rechter Zylinder) nicht größer als ca. 2 — 3 Umdrehungen pro Sekunde sein.

Die *elektrischen Anschlüße* gestalten sich bei diesem vereinfachten Modell ebenfalls sehr einfach: Die Winkel W (vergl. Abb. 3.15) brauchen nun nicht mehr beweglich zu sein, da sich die Zylinder unter diesen Winkeln nunmehr hinweg bewegen können. An dem linken Winkel W in Abb. 3.15 ist auf die o. a. Weise das Abtast-System und an dem rechen Winkel W das Auflade-System angebracht.

In dem Modell nach Abb. 3.15 sind weiterhin sichtbar:
Linker Zylinder (Nr. 1): Hauptschalter, je ein Buchsenpaar für den Abgriff am Phototransistor und für die Spannungsversorgung der LED + Motor;
Rechter Zylinder (Nr. 2): Je ein Buchsenpaar für die Steuerung des Schalt-Relais R (Ausgang des Schaltverstärker der Abb. 3.12) sowie für den Eingang der Auflade-spannung (von Hochspannungsnetzgerät).

Die Farb-Beschichtung *muß* beim rechten Zylinder (Nr. 2) entfernt werden, da auf diesen Zylinder das dielektrische Papier aufgebracht wird, das seinerseits eine gute metallische Unterlage bei der Aufladung benötigt (vergl. schematische Darstellung in Abb. 3.4).

4.3 Ein transparentes Plexiglas-Modell

Wenn alle bisher beschriebenen Teile des Funktionsmodells erstellt und an die entsprechenden Geräte angeschlossen sind, können die in Abschnitt 5 beschriebenen Experimente durchgeführt werden. Zuvor aber soll noch für denjenigen Leser, dem der bisherige Aufbau des Funktionsmodells zu laienhaft und zu baukasten-orientiert war, eine Anregung zu einer professionelleren Realisierung im Sinne werkstattmäßiger feinmechanischer Verfeinerungen geboten werden:

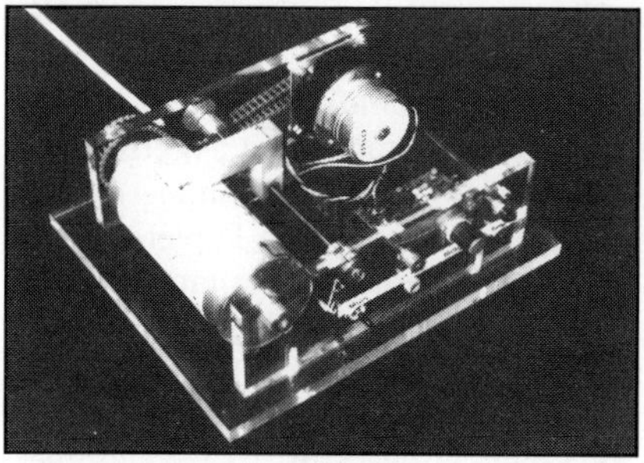 

a b

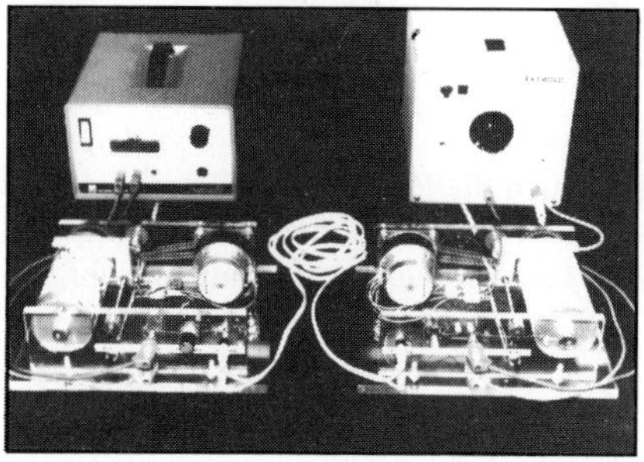 

c d

Abb. 3.16: Transparentes Plexiglas-Modell
a: Sender-Teil mit Original und Bild-Abtastung
b: Empfängerteil mit dielektrischem Papier und Aufladevorrichtung;
c: Gesamt-Ansicht;
d: Abtastvorrichtung: Winkel W und Phototransistor und Leuchtdioden;

Abb.3.16 zeigt das mit gleicher elektrischer Ausstattung erstellte Funktionsmodell, bei dem die metallischen Zylinder aus Al-Rohr (Durchmesser 60 mm) mit eingepaßten Al-Stirnflächen gefertigt wurden. Ebenfalls aus Aluminium wurden die Winkel für die Aufnahme der Abtast- bzw. Auflade-Aggregate hergestellt. Das mechanische Gerüst hingegen liefern Plexiglas-Platten, die dem Betrachter auch den Blick auf die elektrischen Verdrahtungen freigeben. Ein Funktionsmodell mit derart großem Arbeitsaufwand sollte nur erstellt werden, wenn ein ständig wiederkehrender Einsatz als Demonstrationsmodell angestrebt wird. (Für den Nachbau können genaue Maß-Skizzen bei den Autoren angefordert werden).

5. Experimente mit dem Funktionsmodell

5.1: Herstellung einer Telekopie

Zur Herstellung der Bild-Übertragung werden benötigt:
— das nach den vorangegangenen Abschnitten erstellte Modell;

— ein Schaltverstärker mit Zubehör (Relais, Phototransistor usw.) gem. Abschnitt 4.1.2;
— 1 Niederspannungsnetzgerät (z. B. Nr. 52238 der Fa. Leybold) für die Gleichspannungsversorgung von Schaltverstärker Relais und Leuchtdiode (n) ; (ggfls. auch für die Spannungsversorgung der Antriebsmotoren — je nach Motorart);
— 1 Hochspannungsnetzgerät für die Aufladung des dielektrischen Papieres (z. B. Nr. 52237 der Fa. Leybold); die benötigte Spannung beträgt bei kommerziellem Papier (s. u.) minimal ca. 400 V, maximal (wegen der Durchschläge zur metallischen Unterlage) ca. 2000 V; optimale Ergebnisse werden bei ca. 1000 V erzielt; bei selbsterstelltem Papier liegen die Werte etwas höher (vergl. Abschn. 5.2);
— Flüssig- oder Trocken-Toner, wie er auf den Seiten 33 des Kap. 1 (Xerographie) beschrieben wird; die besseren Ergebnisse werden beim Telekopieren mit Flüssig-Toner erzielt.
— je Übertragung ein Stück dielektrisches Papier von der Größe der Zylinder-(Dosen-)Oberfläche;

Zunächst zur Klärung des letztgenannten Punktes:
Dielektrisch beschichtetes weißes Papier, wie es auch die Post für ihre Tele-Kopierer benutzt, ist zwar im Handel erhältlich, jedoch nicht — wie das bei der Xerographie benötigte Zinkoxid-Papier — in Einzelhandel-Fachgeschäften und auch nicht in kleinen Mengen.

In Abschn. 6 (Beschaffungshinweise) wird eine Lieferfirma angegeben, bei der das Papier in Form von Rollen (entsprechend ca. 500 Blatt) bezogen werden können. (Beschaffung kleinerer Mengen s. ebenfalls Abschnitt 6).

Der Übertragungsversuch ist jedoch auch ohne kommerzielles Papier durchzuführen, wenn man sich einige Blätter Schreibmaschinen-Papier selbst mit geeignetem Material dielektrisch beschichtet (näheres im nächsten Abschnitt, 5.2).

Versuchsdurchführung:
Das dielektrische Papier wird so zugeschnitten, daß seine Länge gleich der Zylinderlänge und seine Breite ca. 2 cm größer als der Zylinder-Umfang ist. Dadurch kann es derart um den Zylinder 2 gelegt werden, daß sich Anfang und Ende überlappen; mit kleinen Tesafilm-Stücken wird das Papier schließlich fixiert (vergl. Abb. 3.14). Auf die gleiche Weise wird auf Zylinder 1 ein schwarz-weißes Original befestigt.

Bei Versuchsbeginn müssen Phototransistor am Zylinder 1 *und* Schleifkontakt am Zylinder 2 gleichermaßen am Bildrand bzw. Originalrand stehen, da andernfalls nach der Betonerung der Bildrand des Originales mitten auf dem dielektrischen Empfänger-Papier liegen kann. Es empfiehlt sich, *alle* verwendeten elektrischen Versorgungsgeräte gleichzeitig mit einem gemeinsamen Hauptschalter einzuschalten.

Nach der Übertragung des gesamten Bildes (Abtastung der ganzen Zylinderlänge) wird das dielektrische Papier vom Zylinder 2 abgenommen, wobei man wegen des darauf enthaltenen unsichtbaren Ladungsbildes nur den Papierrand berühren sollte.

Das Abnehmen kann ohne Eile geschehen, da sich Ladungsbilder auf dielektrischem Papier minutenlang unverändert halten, sofern die Umgebungsluft nicht allzu feucht ist.

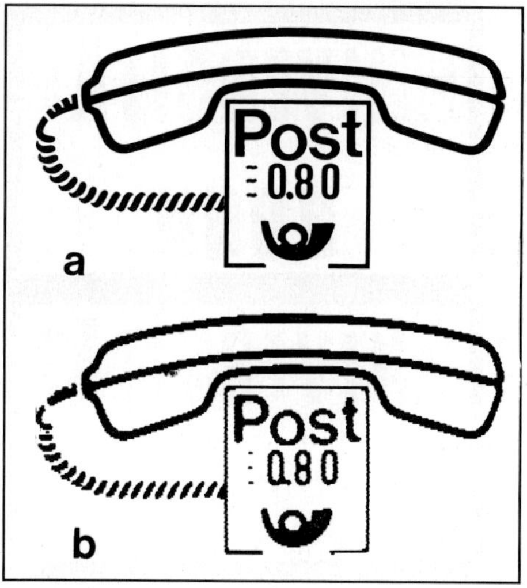

Abb. 3.17: Beispiel einer Übertragung mit dem Modell aus Abb. 3.16
a: Original
b: Übertragenes Bild auf kommerziellem dielektrischem Papier, betonert mit kommerziellem Flüssig-Toner (vgl. S. 48)

Die Betonerung schließlich erfolgt in der im Kap. 1 (Xerographie) beschriebenen Weise.

Ab Abb. 3.17 zeigt ein typisches Übertragungsergebnis mit kommerziellen dielektrischen Papier und flüssiger Betonerung (Teilbild b; a zeigt das dabei verwendete Original). Der Vergleich von a und b in Abb. 3.17 läßt erkennen, daß die Auflösung durch die Breite des Schleifkontaktes und durch die Ganghöhe der Gewindestange des Abtast-Systems bestimmt wird (stufenförmige Berandung).

5.2 Herstellung von dielektrisch beschichtetem Papier

Prinzipiell lassen sich die hier erzeugten Ladungsbilder auf allen hochisolierenden Kunststoffen herstellen, beispielsweise auf Overhead-Folien oder ähnlichen Flächen. Jedoch haben die meisten Kunststoffe die Eigenschaft, daß die aufgebrachten Ladungen zwar nicht auf die Unterseite abfließen (— zu geringe Volumen-Leitfähigkeit —), wohl aber auf der Oberfläche „zerfließen" aufgrund einer größeren Oberflächenleitfähigkeit. Die Folge sind verschwommene und unbefriedigende Bilder bei der Betonerung.

Zwar sollte man — dazu der in 5.3 beschriebene Versuch Nr. 1 — mit den Schülern die verfügbaren Kunststoff-Flächen einmal auf ihre bildmäßige Aufladungsfähigkeit hin untersuchen, jedoch haben umfangreiche Experimente bei den meisten Materialien nur befriedigende, bei den folgenden aber durchaus gute bis sehr gute Ergebnisse erbracht:

1. Transparente sogen. „Buch-Haut", also selbstklebende Schutz-Folie für Einbandzwecke, wird auf weißes Schreibmaschinen-Papier geklebt. Diese dielektrische Beschichtung des gewöhnlichen Papieres ergibt recht gute Bilder, wenn die Betonerung mit Trocken-Toner und anschließender Fixierung erfolgt (vergl. S. 33 im Kap. 1).

Abb. 3.18: Vergleich von kommerziellem und selbsterstelltem dielektrischem Papier
a: kommerzielles Papier
b: selbsterstelltes Papier (Relius Farblack-spray)

2. Sehr gute, mit kommerziellem Papier vergleichbare Ergebnisse erhält man, wenn man Schreibmaschinenpapier mit einer *sehr dünnen* Schicht Klar-Lack aus einer Spraydose besprüht. Bewährt hat sich Klar-Lack der Fa. Büsing u. Fasch, Bezeichnung: „Relius-Seidenmatt-Transparent". Die aufgetragene Schicht sollte nur so dick sein, daß sie mit dem Auge gerade wahrnehmbar ist. Die Trockenzeit sollte mehrere Stunden betragen und kann durch Erwärmung verkürzt werden. Abb. 3.18 zeigt ein typisches Ergebnis: Bild a) wurde auf kommerziellem beschichtetem Papier hergestellt, Bild b) auf einer mit Spray-Lack der angegebenen Art selbst erstellten Schicht.
   Beachten: Bei Flüssig-Betonerung muß das Ladungsbild deutlich länger im Flüssigtoner entwickelt werden, als bei xerographischen Kopien und auch als bei kommerziellen dielektrischen Papieren. Der Grund liegt in der geringeren Aufladespannung der selbsterstellten Papiere.
3. Falls aus den Versuchen zu Kap. 1 (Xerographie) Zinkoxid-Papier zur Verfügung steht, eignet sich dieses Papier auch für die Kopie-Übertragung mit dem Telekopierer-Modell — *aber nur* dann, wenn die ZnO-Schicht ebenfalls mit einer dünnen Schicht Klarlack besprüht wird. Dadurch wird die Halbleiter-Schicht wirkungslos, die Ladungen verbleiben trotz hellen Tageslichtes auf der Kunststoff-Schicht. Der Vorteil dieser Methode besteht darin, daß bei der Flüssigbetonerung keine Tränkung des Papieres mit der Tonerflüssigkeit erfolgt, wie dies bei besprühtem Schreibmaschinen-Papier der Fall ist, da ZnO-Papier keine große Saugfähigkeit besitzt.

5.3 Ergänzende Versuche

Die folgenden Experimente können als Vorbereitung zum Einsatz des Telekopierers durchgeführt werden:

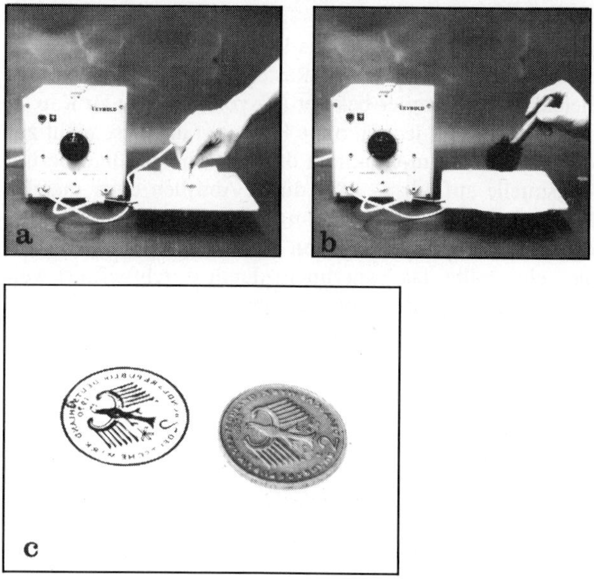

Abb. 3.19: Sichtbarmachung von Ladungsbildern (s. Text)

Versuch Nr. 1: Informationsspeicherung durch Ladungen:
Zwei gleiche, optisch also nicht unterscheidbare Overhead-Folien können aufgrund von Ladungen eine Information speichern: Wird eine der beiden Folien intensiv mit Papier gerieben, so wird sie aufgeladen; die gespeicherte Information „geriebene Folie" kann noch nach langer Zeit — bei trockener Luft noch nach Stunden — durch Annäherung an kleine Papierfetzen, die von der aufgeladenen Folie angezogen werden, sichtbar gemacht werden.
Dieses grobe Verfahren kann zu einer bildmäßigen Infomationsspeicherung verfeinert werden, wie es in Abb. 3.19 dargestellt ist: Die Aufladung erfolgt nicht mehr mittels Reibung, sondern mit einem Netzgerät (benötigt werden ca. 1 — 2 kV).
Abb. 3.19 a zeigt die Berührung einer Münze mit dem Minus-Pol der Spannungsquelle. Die Münze liegt auf deilektrisch beschichtetem Papier (Tesafilm, Overhead-Folie o. ä. ebenfalls möglich, s. o.), das wiederum auf einer mit dem Plus-Pol verbundenen Aluminium-Platte liegt. Nach der Berührung der Münze wird das Gerät ausgeschaltet, die Münze entfernt und das — über mehrere Minuten haltbare — unsichtbare Ladungsbild mit Trockentoner sichtbar gemacht (Bild b).
Bild c zeigt das Ergebnis: ein kontrastreiches Bild, das durch die Berührung der erhabenen metallischen Stellen der Münze mit der dielektrischen Schicht entstand. Neben dem Bild ist die verwendete Münze abgebildet.
Dieses Experiment kann auch in einer motivierenden spielerischen Version benutzt werden: Führt man den — am isolierenden Griff gehaltenen — Stecker des Experimentierkabels bei eingeschalteter Spannung schreibend über das dielektrische Papier, so wird die Schrift erst bei der Betonerung sichtbar — das unsichtbare Ladungsbild kann als „Geheimschrift" benutzt werden.

Versuch 2: Rastermäßige Aufladung von Flächen
Eine Vertiefung der Infomationsspeicherung durch Ladungen kann erfolgen, wenn man eine Metall-Platte (ca. $10 \times 15\ cm^2$) mit einem Raster aus Tesafilmquadraten oder mit Quadraten aus dielektrischem Papier beklebt (— völlig analog zu Kap. 1, Xerographie, Abschnitt 5,5 auf S. 58, hier jedoch ohne Korona, falls diese nicht zur Verfügung steht —) und dann die Tesafilm-Quadrate durch flächenmäßige Berührung mit der Hochspannungsquelle auflädt — z. B. durch Abrollen einer metallischen Walze, die an den Minus-Pol des Netzgerätes angeschlossen wird. Versuchsdurchführung sonst wie auf S. 58 angegeben. (Fall von den Xerographie-Versuchen eine Korona zur Verfügung steht, sollte das Experiment damit durchfgeführt werden, da die Aufladung mittels Korona problemloser erfolgt.)

Abb. 3.20: Einführendes Experiment zur Bildabtastung

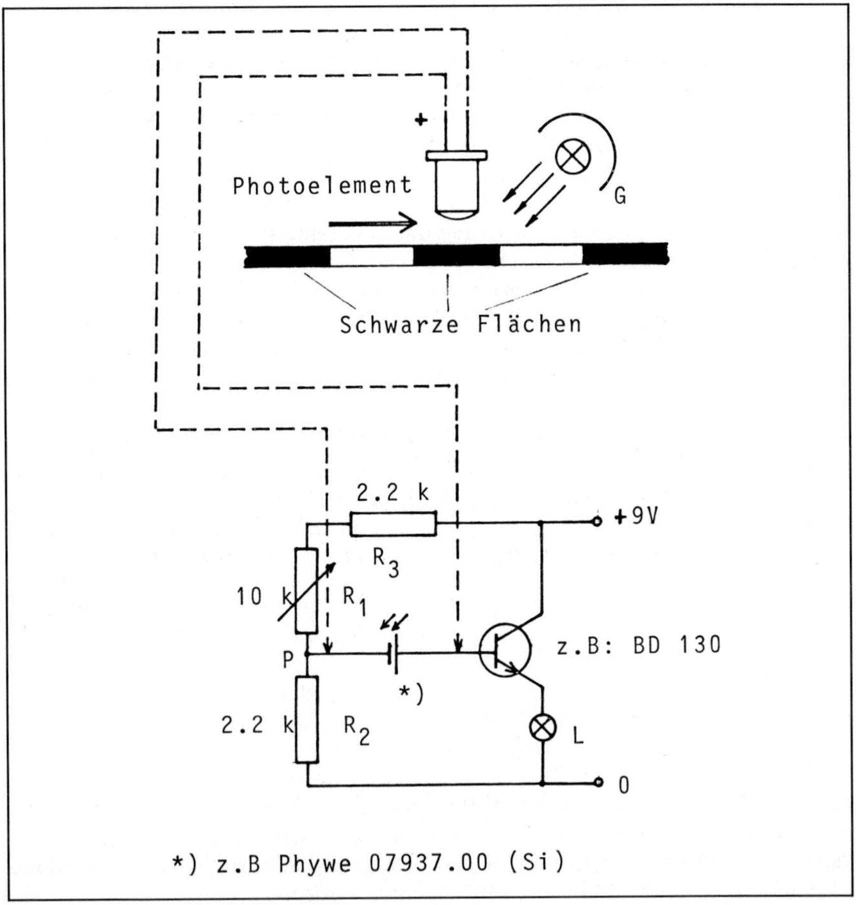

Versuch 3: Einführender Versuch zur optischen Bild-Abtastung
Um die Wirkung und die Bedeutung eines Photoelementes, eines Photowiderstandes oder aber eines Phototransistors (je nach Vorkenntnis und demzufolge gewählten methodischen Weg) bei der optischen Bildabtastung zu demonstrieren, kann (Abb. 3.20) ein derartiges Bauelement horizontal über eine gut beleuchtete Papierfläche mit mehreren ca. 2 cm breiten schwarzen Streifen geführt werden. Die Beleuchtung sollte mit einer normalen 220-V-Glühbirne erfolgen (G in Abb. 3.20). Die horizontale Führung kann z. B. durch geeignete Befestigung des Photohalbleiters an einem Verschiebereiter erfolgen, der seinerseits auf einer optischen Bank oder einer entsprechenden Führungsschiene entlang geschoben wird. Über den in Abb. 3.20 dargestellten einstufigen Transistor-Verstärker kann dann das Lämpchen L in demselben Wechsel zum Leuchten gebracht werden, mit dem die hellen und schwarzen Flächen überstrichen werden.

In der Verstärkerschaltung ist der eingestellte Wert des Stellwiderstands sowohl dem Transistor als auch dem gewähltem Photohalbleiter anzupassen. Sollte nicht aus methodischen Gründen zunächst das Photoelement, sondern sogleich der Photowiderstand oder der Phototransistor benutzt werden, so können beide in derselben Schaltung an die Stelle des Photoelementes treten; alternativ kann dann jedoch auch de Punkt P mit der Basis verbunden und der Photohalbleiter anstelle von R_2 in den Spannungsteiler geschaltet werden. Der Spannungsteiler selbst ist dann jeweils neu anzupassen. In einem zweiten Schritt kann nun leicht statt des Glühlämpchen L ein Relais geschaltet werden. Mit diesem wiederum kann die Aufladespannung geschaltet werden.

6. Beschaffungshinweise

a) Motoren: Eine mögliche Bezugsquelle für Synchron-Motoren der benötigten Art — häufig recht preiswert aus Industrie-Restbeständen — ist: VÖLKNER-electronic, Postfach 5320, 33 Braunschweig.
b) Relais: Geeignet sind KAMM-Relais verschiedenster Firmen; wichtig ist, daß sie für eine Schalt-Spannung von 220V — also nicht für Niederspannungsschaltung — ausgelegt sind. Derartige Relais sind in der Regel nocch bei der benötigten Hochspannung brauchbar. Die Spulenspannung des Relais muß natürlich der Versorgungsspannung des Schaltverstärkers (5 .... 9 V) entsprechen.
c) Dielektrisches Papier: Als Rollen-Material kann das Papier von der Fa. Blumberg & Co., Kalkumer Str. 46, 4030 Ratingen-Lintorf (Artikel-Nr. 160044440) geliefert werden. Eine Rolle ergibt ca. 500 Blatt DIN-A4-Format. Der Preis beträgt[5)] ca. DM 75,— pro Rolle.
   Möglicherweise können für schulische Belange Proben in kleineren Mengen abgegeben werden.
   Sollte eine Beschaffung des Papieres auf diesem Wege nicht möglich sein, dann — aber nur dann — kann eine begrenzte Anzahl von Blättern für Experimentierzwecke von den Autoren angefordert werden.

[5)] Stand 1985

Kap. 4: Lichtleiter — Schulgemäße Einführung in eine zukunftweisende Technologie*)

1. Funktionsprinzip, Aufbau und Einsatzmöglichkeiten von Lichtleitern

Lichtleiter werden aus hochreinem Quarzglas oder für manche Zwecke auch aus Polymethylmethacrylat-Fasern hergestellt. Sie haben eine zylindrische Form und bestehen aus einem Kern aus höherbrechendem (Brechungsindex n_1) und einem Mantel aus niedrigerbrechendem Glas (Brechungsindex n_2. Licht, das unter einem hinreichend kleinen Winkel gegen die Faserachse in den Kern gestrahlt wird, (vergl. Strahlen 0 und 2 in Abb. 4.1), wird an der Mantelfläche totalreflektiert, da es unter einem Winkel $\alpha > \alpha_g$ (α_g = Grenzwinkel der Totalreflexion) auf die Grenzfläche zwischen Kern und Mantel auftrifft. Wegen der Symmetrie der Anordnung trifft ein einmal totalreflektierter Strahl auf der gegenüberliegenden Seite unter dem gleichen Winkel auf die Mantelfläche und wird dort wieder totalreflektiert und auf diese Weise durch wiederholte Totalreflexionen durch den ganzen Lichtleiter hindurchgeführt. Licht, welches unter einem größeren Einfallswinkel als α_0 auf die Stirnfläche des Lichtleiters trifft (Strahl 1 in Abb. 4.2), trifft unter einem kleineren Einfallswinkel als α_g auf die Grenzfläche zwischen Kern und Mantel. Infolgedessen wird dieses Licht auch nicht total reflektiert, sondern gebrochen und nur partiell reflektiert und leistet, weil sich dieser Vorgang wegen der Symmetrie ständig entsprechend wiederholt, keinen Beitrag zur Lichtleitung über größere Entfernungen. Für alle Strahlen mit Einfallswinkeln $\alpha < \alpha_0$, den sogn. Führungsbereich, tritt Totalreflexion und damit die gewünschte Lichtleitung ein.

Eine wichtige Größe zur Beurteilung eines Lichtleiters ist seine numerische Apertur A. Durch diese Größe läßt sich angeben, welcher Teil des auf die Stirnfläche eines Lichtleiters auftreffenden Lichts durch Totalreflexion weitergeleitet werden

*) Autor dieses Kapitels: *K. Arnolds*

Abb. 4.1: Aufbau und Funktionsweise eines Lichtleiters

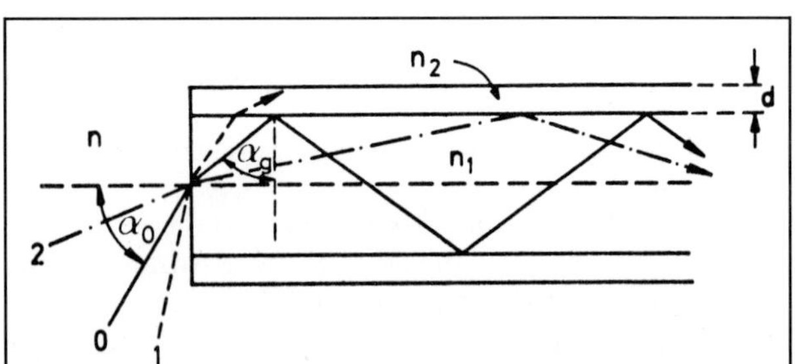

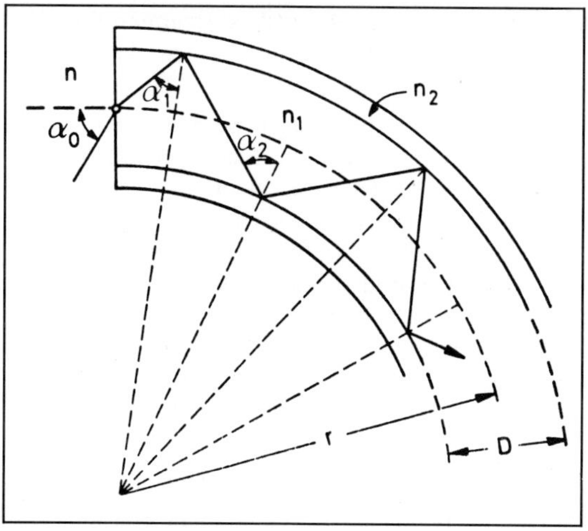

Abb. 4.2: Abhängigkeit der numerischen Apertur eines Lichtleiters von seiner Krümmung

kann. Nach Abbe versteht man unter der numerischen Apertur oder genauer der maximalen numerischen Apertur die durch

$$A = n \sin \alpha_0 \tag{1}$$

definierte Größe. Dabei gibt n den Brechungsindex des optischen Mediums im Raum vor der Lichteintrittsfläche des Lichtleiters und α_0 den maximalen Einfallswinkel an, für den im Innern des Lichtleiters gerade noch Totalreflexion eintritt (vgl. Abb. 4.1).

Die durch Gleichung (1) definierte numerische Apertur läßt sich statt durch den Brechungsindex n des Mediums vor der Stirnfläche des Lichtleiters und den maximal zulässigen Einfallswinkel α_0 auch durch die Brechungsindizes von Kern- und Mantelmaterial ausdrücken. Dazu wendet man das Snelliussche Brechungsgesetz und die Definitionsgleichung für den Grenzwinkel der Totalreflexion auf den Strahl 0 in Abb. 4.1 an.

$$\frac{\sin \alpha_0}{\sin (\frac{\pi}{2} - \alpha_g)} = \frac{n_1}{n} \tag{2}$$

$$\sin \alpha_g = \frac{n_2}{n_1} \tag{3}$$

Mit Hilfe der trigonometrischen Beziehungen $\sin (\pi/2 - \alpha) = \cos \alpha$ und $\cos \alpha = \sqrt{1 - \sin^2 \alpha}$ ergibt sich

$$A = n \sin \alpha_0 = \sqrt{n_1^2 - n_2^2} \tag{4}$$

Befindet sich Luft als optisches Medium ($n_{Luft} \approx 1$) vor der Eintrittsfläche des Lichtleiters, so läßt sich durch geeignete Wahl von Kern- und Mantelmaterial (z. B. $n_1 = 1{,}8$; $n_2 = 1{,}5$) entsprechend Gleichung (4) eine maximal mögliche Apertur A

= 1 erreichen. Das bedeutet, daß in diesem Fall Licht aus dem gesamten Eintrittshalbraum durch Totalreflexion weitergeleitet werden kann, da sich unter diesen Bedingungen $\sin \alpha_0 = 1$ und damit $\alpha_0 = 90°$ ergibt.

Soll Licht durch eine kreisförmig gebogene Faser übertragen werden — ein für die Praxis wichtiger Anwendungsfall — so ist zu beachten, daß (vgl. Abb. 4.2) bei gleichem α_0 der Einfallswinkel α_1 bei einer gebogenen Faser kleiner ist als bei einer geraden. Außerdem ist der Einfallswinkel α_1 an der Außenseite des Bogens immer kleiner als der Einfallswinkel α_2 an der Innenseite. Damit nun an der Außenseite noch Totalreflexion eintreten kann, muß der Einfallswinkel α_0 kleiner gewählt werden als bei einer geraden Lichtleitfaser. Damit verringert sich nach Gleichung (1) auch die numerische Apertur. Unter Anwendung des Sinussatzes ergibt sich[1]) anhand der Abb. 4.2 für die zulässige numerische Apertur einer kreisförmig gebogenen Faser

$$A = n \sin \alpha_0 = \sqrt{n_1^2 - n_2^2 (1 + D/2r)^2} \qquad (5)$$

(D = Durchmesser des Faserkerns, r = Krümmungsradius der neutralen Faser).

Ein Vergleich dieses Ausdrucks mit Gleichung (4) bestätigt die oben bereits gemachte Aussage, daß die numerische Apertur für einen gebogenen Lichtleiter kleiner ist als für einen geraden. Entscheidend für die Beeinflussung der numerischen Apertur durch die Krümmung ist der Wert D/r. Wenn dieser Ausdruck sehr klein gegen 1 ist, d. h. der Krümmungsradius sehr groß ist im Vergleich zum Durchmesser des Kerns ($r \gg D$), so wird die numerische Apertur allerdings nur unwesentlich verringert.

Durch Einsetzen der technischen Daten handelsüblicher Lichtleiter in die Gleichungen (4) und (5) kann man sich leicht überzeugen, daß bei Einhaltung der von den Lichtleiter-Herstellern vorgeschriebenen minimalen Biegeradien die Verringerung der numerischen Apertur in der Größenordnung von einigen wenigen Prozenten liegt. Die Biegeradien dürfen bei Faserstäben i. a. den Wert des Stabdurchmessers nicht unterschreiten, während bei flexiblen Faserbündeln je nach Art des Bündels und der äußeren Schutzhülle die minimal zulässigen Biegeradien den 5- bis 10fachen Wert des Bündeldurchmessers ausmachen.

Abschließend muß noch erwähnt werden, daß sich die hier angestellten elementaren strahlenoptischen Betrachtungen zur Physik der Lichtleiter der Einfachheit halber auf Meridionalstrahlen, d. h. Strahlen, die in einer die optische Achse des Lichtleiters enthaltenden Ebene verlaufen, beschränken. Weitergehende Informationen über das Verhalten von windschief zur optischen Achse verlaufenden Sagittalstrahlen und eine Behandlung des Lichtleiters unter wellenoptischen Gesichtspunkten finden sich in der Spezialliteratur, z. B. [1] und [2].

Bedingt durch ihren geringen Durchmesser — der Durchmesser moderner Glasfasern liegt je nach Bauart und Verwendungszweck zwischen ca. 10μm und ca. 300μm — sind die Lichtleitfasern, obwohl aus Glas bestehend, äußerst flexibel. Diese Flexibilität in Verbindung mit der hohen Transparenz sichert den Lichtleitern ein breites und sich noch ständig erweiterndes Anwendungsspektrum. Herkömmliche Techni-

[1]) Eine Herleitung dieser Beziehung findet sich in [3].

ken werden vielfach durch Lichtleiter ersetzt und neuartige Problemlösungen überhaupt erst ermöglicht.
Der Einsatz von Lichtleitern erstreckt sich — Einzelbeispiele werden weiter unten angeführt — im wesentlichen auf die folgenden drei Bereiche:
Beleuchtungssysteme und Lichtüberwachungssysteme
Faseroptische Bildübertragung (Bildleiter)
Informationsübertragung (Telefon, Fernsehen, Computerdaten etc.)
Entsprechend den Einsatzbereichen unterscheiden sich auch die verwendeten Lichtleiter. Für Beleuchtungszwecke und zur Lichtüberwachung wird je nach dem benötigten Querschnitt eine Vielzahl von einzelnen Glasfasern zu einem Bündel zusammengefaßt. Eine bestimmte Zuordnung der einzelnen Fasern innerhalb der Eintritts- und Austrittsfläche ist nicht erforderlich, es handelt sich um sogn. ungeordnete Faserbündel (Lichtleiter).
Zur faseroptischen Bildübertragung werden sogn. Bildleiter benötigt. Im Gegensatz zu den einfachen Lichtleitern ist hier ein geordnetes (kohärentes) Faserbündel erforderlich. Da jede einzelne Faser nur den an ihrer Eintrittsstelle vorhandenen Helligkeits- bzw. Farbwert zu ihrem Endpunkt überträgt, kann ein Bild nur rasterförmig übertragen werden; d. h. innerhalb der Eintritts- und Austrittsfläche muß zur Bildübertragung die gleiche Zuordnung der Fasern untereinander bestehen. Neben den flexiblen Bild- und Lichtleitern, bei denen die Fasern nur an den Enden verklebt sind, gibt es auch starre Faserstäbe, bei denen während des Ziehprozesses die einzelnen Fasern aneinandersintern. Faserstäbe lassen sich bei entsprechender Temperatur biegen und auch im Querschnitt verringern und so der jeweiligen Aufgabe genauestens anpassen.
Bei der optischen Informationsübertragung wird das jeweilige Signal durch eine einzige Lichtleitfaser übertragen. Das in die Faser eingekoppelte Licht wird im Takt des zu übertragenden Signals moduliert und am Faserende in einem optoelektronischen Wandler (z. B. Fotodiode) in ein elektrisches Signal zurückverwandelt[2]).
Die folgende Aufzählung gibt einen Überblick über die vielfältigen Einsatzmöglichkeiten der Lichtleiter:

□ Medizinische Endoskope
Aus Licht- und Bildleitern aufgebaute flexible Sichtgeräte, mit deren Hilfe Hohlräume im Körperinnern (Magen, Darm) ausgeleuchtet und von außen direkt beobachtet und fotografiert werden können.

□ Flexible Sichtgeräte für den technischen Bereich
Die Geräte sind ähnlich aufgebaut wie die medizinischen Endoskope. Sie werden eingesetzt z.B. bei der Kontrolle schwer zugänglicher Maschinenteile, bei der Inspektion von Rohrleitungen, Wärmetauschern, Kaminen, Schächten etc.. Durch die flexiblen Sichtgeräte können Bilder auf nahezu beliebig gekrümmten Wegen und durch enge Öffnungen übertragen werden; auf diese Weise läßt sich zeit- und kostenaufwendiges Zerlegen und Auseinanderbauen ganzer Geräte vielfach vermeiden.

---

[2]) Eine ausführliche Darstellung der Informationsübertragung mit Lichtleitern findet sich in den Abschnitten 4 bis 6.

☐ Beleuchtungs- und Leseköpfe für die elektro-optische Datenerfassung (Sortiermaschinen etc.).

☐ Übertragung von Kaltlicht
Da Lichtleiter nur Licht und keine nennenswerte Wärme übertragen, eignen sie sich besonders zur Beleuchtung temperaturempfindlicher Stellen (explosionsgefährdete Räume, spezielle Operationsleuchten).

☐ Mehrfachbeleuchtung
Von einer einzigen Lichtquelle ausgehend, kann das Licht durch mehrfache Verzweigung des Lichtleiters verschiedenen Stellen — z. B. den einzelnen Instrumenten einer Armaturentafel — zugeführt werden. Der Vorteil gegenüber der herkömmlichen Beleuchtungsmethode liegt in geringerem Kosten- und Service-Aufwand, denn der Lichtleiter unterliegt praktisch keinem Verschleiß, und bei Bedarf braucht nur eine einzige Glühlampe — und das auch nur an einer leichtzugänglichen Stelle — ausgewechselt zu werden.

☐ Überwachungssysteme
Auf Lichtleiterbasis arbeitende Überwachungssysteme sind äußerst zuverlässig, da sie ohne ausfallbedrohte elektronische Bauteile oder kurzschlußanfällige Verdrahtung auskommen. Sie werden z. B. eingesetzt zur Überwachung der Außenleuchten an Kraftfahrzeugen oder zur Überwachung von Ölbrennern. Beim Ölbrenner wird das Licht der Flamme durch einen Lichtleiter zu einer thermisch geschützt angeordneten Fotozelle übertragen.

☐ Reflexlichtschranken
Durch einen Kanal eines Doppellichtleiters wird das Licht einer Glühlampe zu einer reflektierenden Fläche übertragen. Über den zweiten Kanal wird das reflektierte Licht zu einer Fotozelle geleitet. Je nach Schaltung kann dieses Gerät z. B. zur Zählsteuerung, zur Positionskontrolle oder als Sicherheitsvorrichtung (Abschalten eines Gerätes, falls man in einen bestimmten Gefahrenbereich gerät) verwendet werden.

☐ Informationsübertragung — Breitbandkommunikation
Obwohl die Informationsübertragung in dieser Auflistung nur einen Punkt darstellt, scheint dies jedoch die bedeutendste Anwendung des Lichtleiters zu werden. Da über eine Faser nicht nur ein Signal, sondern gleichzeitig mehrere Fernseh- und Rundfunkprogramme sowie Telefongespräche und Daten übertragen werden können, eröffnet sich durch die Lichtleitertechnologie die Möglichkeit der Breitbandkommunikation, d. h. der Aufbau eines überaus leistungsfähigen integrierten Informationsübertragungsnetzes.

2. Didaktische Anmerkungen

Wenn man sich um einen praxisnahen, anwendungsbezogenen und damit erwiesenermaßen auch motivierenden Unterricht bemüht, so ist angesichts der zunehmenden Bedeutung der Lichtleitertechnologie eine Behandlung dieses Themas im Schulunterricht sehr lohnend. Der hier betonte Anwendungs- und Technikbezug soll nicht dazu führen, daß physikalische Phänomene und Gesetze verwässert und nicht mehr klar herausgearbeitet werden, er soll im Gegenteil dazu beitragen, daß die Schüler angesichts der technischen Verwertbarkeit motiviert werden, sich umso eingehender mit den physikalischen Grundlagen zu befassen. Dieses Ziel läßt sich jedoch kaum erreichen, wenn im Hauptteil des Physikunterrichts trockene Fachsystematik betrieben wird und erst am Schluß einer Unterrichtseinheit ein paar Anwendungsbeispiele aufgezählt werden. Das angestrebte Ziel läßt sich weit eher erreichen, wenn das technische Gerät bzw. Verfahren unter Benutzung geeigneter Funktionsmodelle [4] eine zentralere Stellung im Unterrichtsgeschehen einnimmt.

Die für das Verständnis der Lichtleiter und Bildleiter herauszuarbeitenden Grundlagen sind die Totalreflexion und — speziell für den Bildleiter das Prinzip der Rasterung, d. h. der punktmäßigen Abtastung bzw. Übertragung.

Im Bereich der Informationsübertragung ist wegen ihrer vielen Vorzüge mit einem zügigen Ausbau der Glasfasertechnik fest zu rechnen. Nach den Plänen der Deutschen Bundespost sollen von 1986 an jährlich ca. 200 000 km Lichtleiterkabel verlegt werden. Die mit Hilfe der Glasfasertechnologie mögliche Breitbandkommunikation wird zu weitreichenden Veränderungen unserer Lebensbedingungen führen. Computerarbeitsplätze können von der Firma in die Privatwohnung verlegt werden, Bestellungen, Buchungen, Auskünfte etc. werden in zunehmendem Maße über Datensysteme, d. h. ohne persönlichen Kontakt, abgewickelt. Eine Flut von Fernseh- und Rundfunkprogrammen kann ohne Schwierigkeiten in jede Wohnung übertragen werden. Gehörlose können erstmals über Bildtelefon an der unmittelbaren persönlichen Telekommunikation teilhaben. Wegen dieser nicht unerheblichen gesellschaftlichen und auch wirtschaftlichen Auswirkungen der neuen Kommunikationstechniken erscheint es nicht nur angebracht, sondern geradezu notwendig, die Heranwachsenden schon frühzeitig mit den Möglichkeiten, den Folgen und — als Hauptanliegen des Physikunterrichts — den physikalisch-technischen Grundlagen dieser neuen Kommunikationsverfahren bekanntzumachen und sie so ein Stück weiterzubringen auf ihrem Weg zu mündigen, kommunikations- und entscheidungsfähigen Bürgern. In der Presse häufen sich Darstellungen und Meldungen zur Lichtleitertechnologie und den modernen Kommunikationsverfahren[3]).

Einen Überblick über die fachsystematische Einordnung der Informationsübertragung mit Lichtleitern liefert die folgende Grafik.

Nicht alle in Abbildung 4.3 angegebenen und für die optische Nachrichtenübertragung relevanten Teilbereiche müssen unbedingt und gleich ausführlich behandelt werden. Auch eine Auswahl kann dem Schüler bereits einen Einblick in die Funktionsweise und die Möglichkeiten des Lichtleitertelefons vermitteln.

Für die im folgenden vorgeschlagenen Schulversuche wird wegen seines einfacheren und übersichtlicheren Aufbaus ausschließlich das analoge Übertragungsverfahren gewählt. Das digitale Verfahren könnte unterstützt durch grafische Darstellungen theoretisch behandelt werden (vgl. Abschnitt 5). In der Technik sind beide Verfahren

---

[3]) Exemplarisch seien hier nur einige Veröffentlichungen genannt:
Spektrum der Wissenschaft, Nr. 1/1985
Der Spiegel, Nr. 4/1985
Rhein-Sieg Rundschau vom 9. 1. 1985
Bild der Wissenschaft, Nr. 5/1983
Stern, Nr. 43/1982

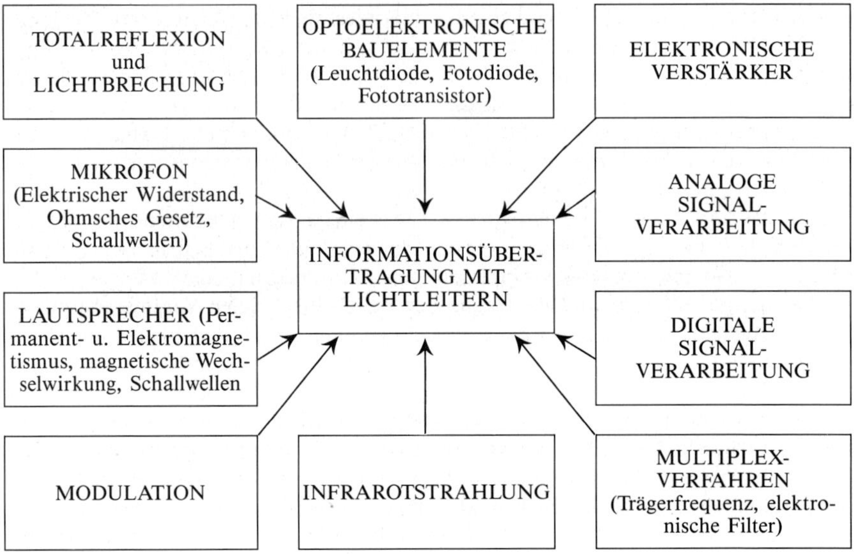

Abb. 4.3: Zur fachsystematischen Einordnung der Informationsübertragung mit Lichtleitern

in Gebrauch, wobei allerdings die Bedeutung des digitalen auf Kosten des analogen ständig wächst.

Bei den Versuchen zur Einkanalübertragung wird als Senderdiode eine Rotlicht emittierende Leuchtdiode verwendet. Dies hat gegenüber Infrarotstrahlern den Vorteil besserer Beobachtungsmöglichkeit, größerer Anschaulichkeit (*Licht*telefon!), einfacher Justierbarkeit und leichterer Lokalisierung von Fehlern in der Übertragungskette. Die Versuche können natürlich ohne weiteres auch mit einer IR-Leuchtdiode durchgeführt werden. Bei der Zweikanalübertragung wird wegen der höheren auskoppelbaren Strahlungsleistung eine IR-Leuchtdiode als Sender verwendet. Eine Behandlung der Zweikanalübertragung zur Veranschaulichung der Möglichkeiten der Mehrfachnutzung einer Faser ist in der SI wegen ihrer Komplexität nicht ganz unproblematisch. Aber dennoch, wenn auch Einzelkomponenten wie z. B. Filter, Modulatoren, Demodulatoren etc. nur in ihrem Eingangs-Ausgangsverhalten, d. h. quasi als „black box" behandelt werden können, erscheint wegen der großen Bedeutung der Mehrfachnutzung zumindest der Versuch einer Behandlung auf einfachstem Niveau auch schon in der SI empfehlenswert.

3. Funktionsmodelle und Versuchsanordnungen zur Lichtleitung und Bildleitung

3.1 Modellversuche zum Prinzip der Lichtleitung

Das Phänomen der Lichtleitung ist den Schülern vielfach schon vor seiner unterrichtlichen Behandlung begegnet und zwar bei der Betrachtung beleuchteter Springbrunnen und bei speziellen Dekorationsleuchten, in denen ein sich pinselartig auffächerndes flexibles Lichtleiterbündel an seinem eingeschnürten Ende beleuchtet wird,

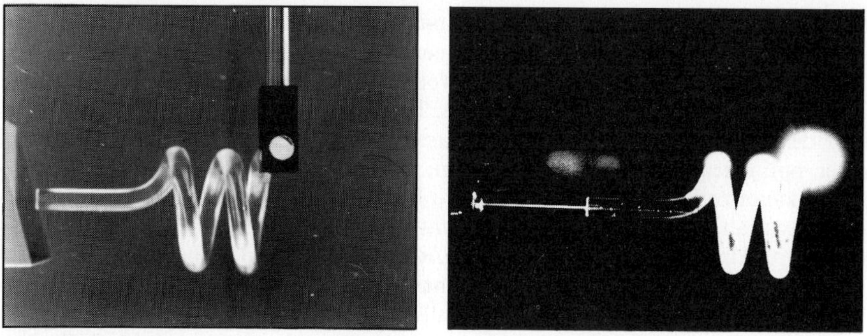

Abb. 4.4a und 4.4b: Lichtleitermodell der Fa. Leybold (a) ohne und (b) mit Einstrahlung von Laserlicht (He-Ne-Laser)

so daß die Faserenden als helle Punkte — bisweilen auch farbig — aufleuchten, während die Fasern selbst relativ dunkel erscheinen. Die Schwierigkeit liegt nun darin, die offensichtlich vorhandene Lichtleitung zwingend auf Totalreflexion zurückzuführen.

Bei diesem Bemühen können die im Lehrmittelhandel erhältlichen Lichtleitermodelle — gebogene Rundstäbe aus Plexiglas mit einem Durchmesser von ca. 10—15 mm — nur bedingt hilfreich sein (Abb. 4.4a).

Das gleiche gilt auch für einen klaren, dickwandigen, gebogenen PVC-Schlauch, der häufig als Ersatz für ein kommerzielles Lichtleitermodell verwendet wird. Der unter Einsatz dieser Modelle durchgeführte Unterricht läuft i. a. folgendermaßen ab: Das Lichtleitermodell wird an einem Ende beleuchtet, und der Lichtaustritt am anderen Ende wird beobachtet. Zur Erklärung der Lichtleitung wird eine Skizze verwendet (ähnlich Abb. 4.1), in die ein oder auch mehrere totalreflektierte Strahlen eingezeichnet werden. Der Nachteil dieser Methode liegt darin, daß sich der Verlauf eines einzelnen Lichtstrahls im Inneren des Lichtleiters nicht unmittelbar verfolgen läßt (Abb. 4.4b). Die Deutung mit Hilfe der Skizze entspricht zwar einer Anwendung der vorher behandelten Totalreflexion, sie ist jedoch — vor allem für theoretisch weniger begabte Schüler — schwer nachzuvollziehen, solange die direkte Anschauung des total reflektierten Strahls fehlt. Diese Schwierigkeit wird noch dadurch verstärkt, daß das als gerichteter Strahl einfallende Licht von der Lichtaustrittsfläche weitgehend diffus abgestrahlt wird, so daß eine Erklärung der Lichtleitung als Ausbreitung eines Erregungszustandes ähnlich der Wärmeausbreitung in einem Stab naheliegend oder zumindest als möglich erscheint.

Die Nachteile der kommerziellen Lichtleitermodelle lassen sich mit dem im folgenden beschriebenen selbstzubauenden Lichtleiter-Funktionsmodell beheben, bei dem sich der Verlauf eines Lichtstrahls genau verfolgen und damit die Lichtleitung eindeutig als Folge der Totalreflexion nachweisen läßt (Abb. 4.6). Bei dem Funktionsmodell des Lichtleiters handelt es sich um einen aus Plexisol[4]) gegossenen, geboge-

[4]) Plexisol (Typ Plexit 55) kann einschließlich Verarbeitungshinweisen von der Fa. Röhm, 61 Darmstadt, Kirschenallee, bezogen werden.

nen Stab mit rechteckförmigem Querschnitt[5]). Um den Verlauf des Lichtstrahls im Innern des Stabes gut beobachten zu können, wurde die Plexisolmasse vor dem Guß durch Zugabe von Wasser (ca. 0,5 bis 1 Vol. %) gezielt getrübt. Als Folge der Inhomogenität wird das Licht z. T. gestreut, z. T. diffus reflektiert und dadurch der Verlauf des Lichtstrahls sichtbar. Eine gewisse Schwierigkeit liegt in der Erreichung einer optimalen Störstellenkonzentration; bei zu geringer Konzentration ist der Strahl kaum zu erkennen, während bei zu hoher Konzentration schon nach kurzer Wegstrecke alles Licht diffus reflektiert und der ursprüngliche Strahl dadurch ausgelöscht ist. Eintritts- und Austrittsfläche, sowie Innen- und Außenmantel müssen sorgfältig poliert werden (erst mit immer feiner werdendem Schleifpapier und schließlich mit Polierwachs), da andernfalls an Kratzern und sonstigen Unebenheiten Lichtverluste nach außen auftreten und vor allem der Strahl bei der Reflexion stark aufgeweitet wird, so daß er schon nach wenigen Reflexionen kaum mehr verfolgt werden kann.

Bei dem in Abb. 4.6 dargestellten Versuch zur Wirkungsweise des Lichtleiters übernimmt die umgebende Luft die Funktion des Mantels mit kleinerem Brechungsindex, durch den die Totalreflexion überhaupt erst möglich wird. Die Tatsache, daß ein durchsichtiger Stab homogener Zusammensetzung für sich genommen noch keinen Lichtleiter darstellt, sondern erst im Zusammenwirken mit einer geeigneten Umge-

[5]) Der Lichtleiter ist ein Viertelkreis mit einem Innenradius von 120 mm, seine Breite und Höhe betragen 20 bzw. 15 mm.

Abb. 4.6: Strahlenverlauf im neu entwickelten Lichtleiter-Funktionsmodell

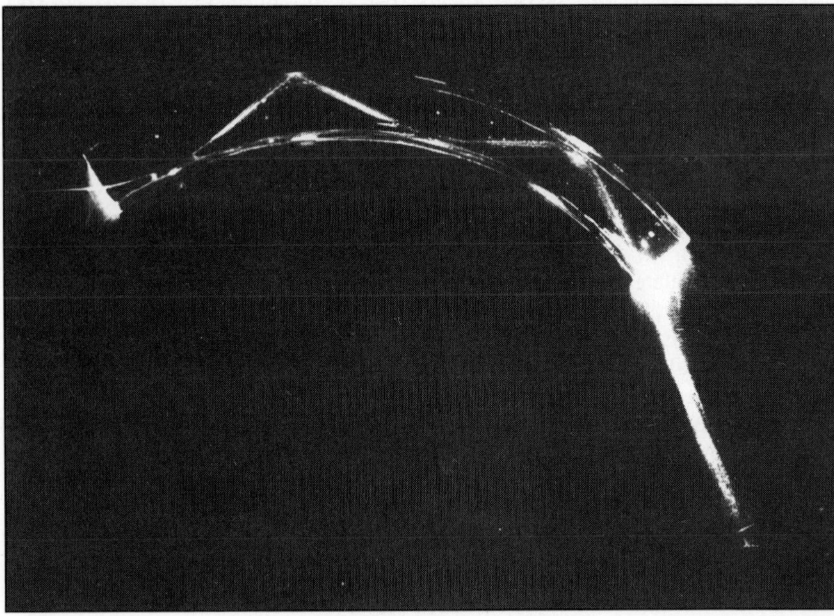

bung (Ummantelung) zu einem solchen wird, d. h. also die Bedeutung des Mantels für die Funktion eines Lichtleiters kann den Schülern durch folgenden Versuch sehr eindrucksvoll vor Augen geführt werden:
Das Lichtleitermodell wird in eine Glaswanne gelegt und der Strahlengang entsprechend Abb. 4.6 justiert. Um ein unbeabsichtigtes Verrrutschen des Lichtleiters zu verhindern, wird er in seiner Lage fixiert. Füllt man nun Benzin in die Glaswanne (n_{Benzin} = 1,50; $n_{Plexiglas}$ = 1,49), so folgt der Lichtstrahl nicht mehr der Stabkrümmung, sondern er verläßt beim ersten Auftreffen auf die Grenzfläche Plexiglas/Benzin den Plexiglasstab und zwar ohne nennenswerte Richtungsänderung.

Wenn die Funktionsweise des Lichtleiters durch die oben beschriebenen Versuche hinreichend geklärt ist, können die im Handel erhältlichen Lichtleitermodelle zur weiteren Vertiefung eingesetzt werden. Besonders empfehlenswert erscheint mir jedoch der Einsatz kommerzieller, flexibler Lichtleiter[6]). Jeder einzelne Schüler kann den Lichtleiter in die Hand nehmen, das eine Ende mit einer beliebigen Lampe beleuchten und den Lichtaustritt am anderen Ende beobachten, wobei er den Lichtleiter fast beliebig verbiegen darf. Von der Selbsttätigkeit der Schüler und dem Praxisbezug (Umgang mit handelsüblichen Lichtleitern) geht eine starke, den Unterricht in hohem Maße fördernde Motivation aus, die man als Lehrer nicht unberücksichtigt lassen sollte.

[6]) Probestücke flexibler Lichtleiter werden z. B. von der Fa. Rank Precision Industries, 6200 Wiesbaden, Gustav-Stresemann-Ring 12—16, kostenlos abgegeben. Ein verhältnismäßig umfangreiches faseroptisches Mustersortiment mit verschiedenen, auch verzweigten, flexiblen Lichtleitern und Faserstäben und eventuell auch einem kleinen Faserstab zur Bild- und Zeichenübertragung liefert die Fa. Schott, 6500 Mainz, Hattenbergstr. 10.

Abb. 4.7: Faserstab zur Zeichenübertragung (geliefert von der Fa. Schott, Mainz)

3.2 Optische Bildübertragung mit Hilfe von geordneten Lichtleiterbündeln — Funktionsmodell eines Bildleiters

Im Anschluß an die Behandlung des Lichtleiters könnte der Bildleiter z. B. in Form eines analytisch-synthetischen Unterrichtsverfahrens behandelt werden indem man, von einem technischen Faserstab zur Bild-Zeichenübertragung[7]) ausgehend, die Bildübertragung im Faserstab zunächst als Problem herausarbeitet und anschließend durch Analyse des technischen Gerätes und in Verbindung mit einem wirklichen oder auch nur gedachten Nachbau ein funktionsfähiges Bildleitermodell konstruiert. Im einzelnen könnte der Unterricht z. B. folgendermaßen ablaufen: Ein mit einer Aufschrift versehenes Transparentpapier wird von seiner Rückseite beleuchtet und entsprechend Abb. 4.7 in direkten Kontakt mit einem Faserstab zur Zeichenübertragung gebracht. Am anderen Ende des Faserstabes ist der entsprechende Buchstabe klar zu erkennen. Ersetzt man den Faserstab (Bildleiter) durch einen homogenen Plexiglasstab (Lichtleiter), wie er z. B. im Lehrmittelhandel als Lichtleitermodell erhältlich ist, so beobachtet man am Austritt keinen Buchstaben, sondern eine gleichmäßige Helligkeitsverteilung. Der Lösung des Problems kann man sich nähern, indem man bei Bild- und Lichtleiter die Eintrittsflächen zunächst gleichmäßig beleuchtet und anschließend in beiden Fällen z. B. die obere Hälfte der Lichteintrittsfläche abdeckt. Beim Bildleiter beobachtet man in der Austrittsfläche eine scharfe Grenze zwischen dem oberen dunklen und dem unteren hellen Bereich und erkennt, daß sich der Helligkeitswert im unteren Bereich durch das Abdecken des oberen Bereichs nicht verändert. Im Gegensatz dazu zeigt sich beim Lichtleiter eine gleichmäßige Verteilung der Helligkeit in der Austrittsfläche, wobei jedoch der Wert der Helligkeit gegenüber dem Ausgangszustand deutlich geringer ist. Anhand einer Schemazeichnung (Abb. 4.8) läßt sich zeigen, daß mit einem einheitlichen Lichtleiterstab die beim Bildleiter beobachtete Helligkeitsverteilung nicht erreicht werden kann. Obwohl alle eingezeichneten Strahlen von der unteren Hälfte der Lichteintrittsfläche ausgehen, enden sie verteilt über die gesamte Austrittsfläche[8]). Die Schemazeichnung erklärt dagegen die beim Lichtleiter gemachte Beobachtung. Die Überlegungen zum Strahlengang in Verbindung mit der Beobachtung der nicht ganz

---

[7]) Faserstäbe zur Zeichenübertragung mit einem für Schulzwecke geeigneten Außendurchmesser von 10 mm liefert z. B. die Fa. Schott in Mainz.

[8]) Am einsichtigsten lassen sich die Verhältnisse demonstrieren, wenn man nicht von einer vorgefertigten Schemazeichnung ausgeht, sondern auf Transparentfolien jeweils einen Strahl unter etwas verändertem Einfallswinkel zeichnet. Durch Übereinanderlegen und entsprechendes Verschieben der einzelnen Folien in Richtung der Lichtleiterachse läßt sich erreichen, daß alle Strahlen von einer Hälfte der Lichteintrittsfläche ausgehen, während sie jedoch über den ganzen Bereich der Austrittsfläche verteilt austreten.

Abb. 4.8: Strahlenverlauf in einem Lichtleiter bei teilweise abgedeckter Eintrittsfläche

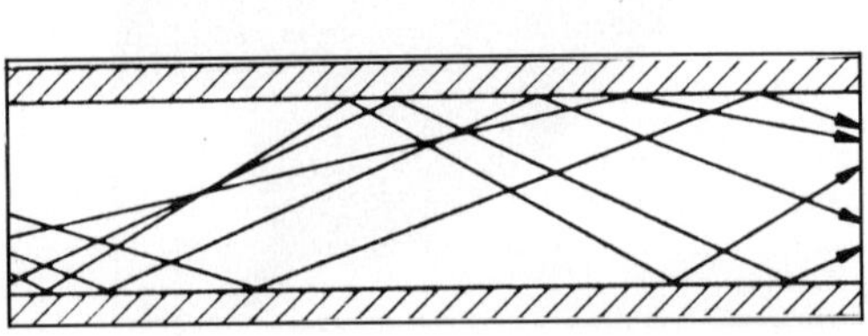

Abb. 4.9: Bildleiter — Funktionsmodell (eingesetzt im Kontaktverfahren)

einheitlichen Oberflächenstruktur des Bildleiters führen zu der Vermutung, daß ein Bildleiter aus einer Vielzahl von dünnen Lichtleitern zusammengesetzt sein könnte. Diese Hypothese kann durch den Eigenbau eines groben Bildleitermodells oder durch genaue Betrachtung und Untersuchung eines vorgefertigten Bildleiter-Funktionsmodells (vgl. Abb. 4.9) bestätigt werden.

Das in Abb. 4.9 dargestellte Bildleiter-Funktionsmodell ist aus 121 monofilen Lichtleitern aus Polymethylmethacrylat von jeweils 1,42 mm Durchmesser hergestellt[9]). Dazu wurden die Lichtleiter an ihren Enden jeweils in Form eines quadratischen 11×11-Rasters in entsprechende Aluminiumhülsen eingeklebt[10]). Bei der Herstellung des Bildleiter-Funktionsmodells bzw. bei der Untersuchung des vorgefertigten Modells durch die Schüler muß unbedingt auf die gleiche Zuordnung der einzelnen Lichtleiter untereinander innerhalb der Eintritts- und Austrittsfläche als wesentliche Voraussetzung für die rasterförmige Bildübertragung geachtet werden. Bei der Beurteilung des zur Behandlung der Rasterung erforderlichen Zeitaufwandes sollte man bedenken, daß es sich hierbei um die exemplarische Behandlung eines Verfahrens handelt, das auch in so bedeutenden Techniken wie z. B. Druck, Fernsehen, Rastermikroskopie und Scannertechnik allgemein Verwendung findet.

---

[9]) Die Lichtleiter können z. B. unter dem Markennamen Crofon als Meterware von der Fa. Rank Precision Industries (vgl. Anm. 6) bezogen werden. Es empfiehlt sich, die Ausführung ohne äußeren Schutzmantel zu verwenden, da die Schüler so den Lichtleiter besser sehen können.

[10]) Als Klebemittel eignet sich z. B. Uhu plus, da dieses das Lichtleitermaterial nicht angreift.

Abb. 4.10: Bildleiter-Funktionsmodell mit vorgeschalteter Abbildungsoptik

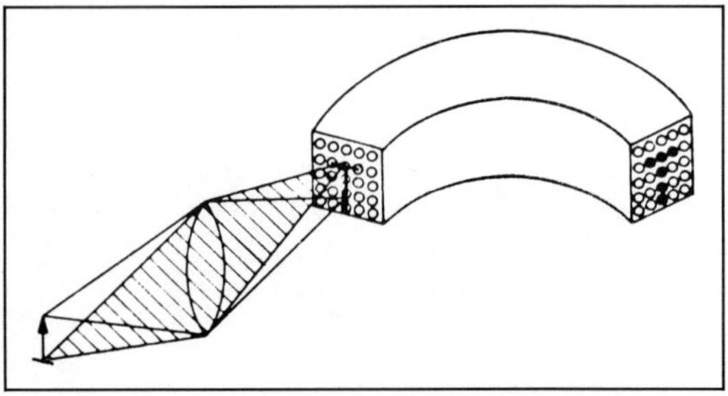

Was die prinzipiellen Einsatzmöglichkeiten eines Bildleiters betrifft, muß hinsichtlich der Bilderzeugung in der Eintrittsfläche des Bildleiters noch unterschieden werden zwischen dem Kontaktverfahren (vgl. Abb. 4.7 und 4.9) und der Bilderzeugung mit Hilfe einer Abbildungsoptik (vgl. Abb. 4.10). Eine Abbildungsoptik muß immer dann verwendet werden, wenn der zu beobachtende Gegenstand aus einer gewissen Entfernung betrachtet werden soll, während bei der Möglichkeit eines direkten Kontaktes zwischen der abzubildenden Fläche und der Eintrittsfläche des Bildleiters auf eine Abbildungsoptik verzichtet werden kann.
Abschließend sei noch erwähnt, daß didaktisch gut verwertbares Bildmaterial zum vielfältigen Einsatz von Licht- und Bildleitern von den Herstellerfirmen i. a. bereitwillig zur Verfügung gestellt wird.

4. Informationsübertragung durch analoge Modulation des Lichtes

4.1 Das Funktionsprinzip der analogen optischen Nachrichtenübertragung mit Lichtleitern

Durch die in den letzen Jahren erfolgte Entwicklung hochtransparenter und flexibler Glasfasern sowie optoelektronischer Bauelemente mit hinreichend hoher Grenzfrequenz ist die optische Informationsübertragung mit Lichtleitern möglich geworden. Wegen seiner besonderen Vorzüge steht dieses Verfahren aller Voraussicht nach am Anfang einer stürmischen Entwicklung und wird die herkömmliche Übertragungstechnik in zunehmendem Maße verdrängen.
Das Prinzip der optischen Informationsübertragung mit Lichtleitern ist das folgende (vgl. Abb. 4.11):

Abb. 4.11: Prinzip der optischen Nachrichtenübertragung mit Lichtleitern

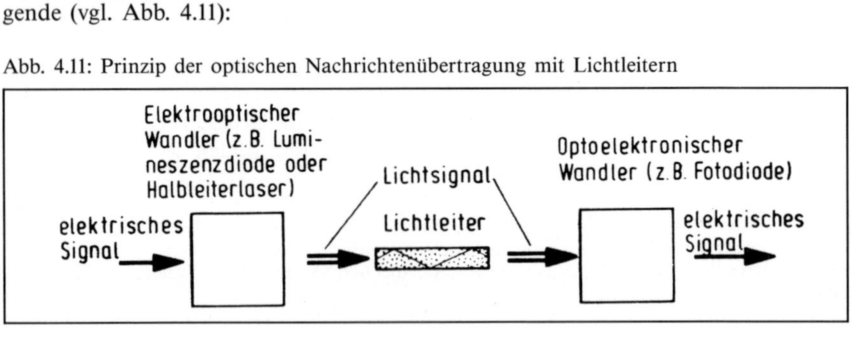

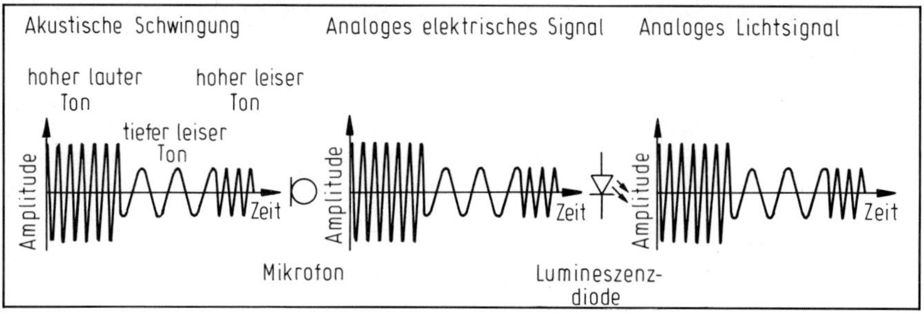

Abb. 4.12: Prinzip der analogen Signalumwandlung beim Telefon

Die als elektrisches Signal vorliegende Information, z. B. die Mikrofonspannung einer Telefonsprechkapsel — gleiches gilt natürlich für Fernseh- oder Rundfunksignale wie auch für Computerdaten — wird zunächst in einem elektrooptischen Wandler, d. h. einer Lumineszenz- oder Laserdiode[11]) in ein entsprechendes Lichtsignal umgewandelt. Dieses wird in einen Lichtleiter eingekoppelt und unter Ausnutzung der Totalreflexion durch diesen hindurchgeleitet. Das am Lichtleiterende austretende Licht trifft auf eine Fotodiode und erzeugt an deren Ausgang ein dem Lichtsignal analoges elektrisches Signal.

Bei der analogen Übertragungstechnik (zum digitalen Verfahren vgl. Abschn. 5) wird die Lichtintensität entsprechend dem zu übertragenden Signal variiert, d. h. die Lichtintensität ändert sich im Takt der akustischen Sprachschwingungen und zwar bei hohen Tönen schneller, bei tiefen Tönen langsamer und wird je nach der vom Sprecher gewählten Lautstärke größer oder kleiner (vgl. Abb. 4.12).

Sollen mehrere Gespräche — das gleiche gilt für beliebige sonstige Informationen — gleichzeitig über eine einzige Lichtleitfaser übertragen werden, so verwendet man

---

[11]) Genauere Informationen über Lumineszenzdioden, Halbleiterlaser und Fotodioden finden sich z. B. in [7] und [8].

Abb. 4.13: Amplitudenmodulation einer Trägerschwingung

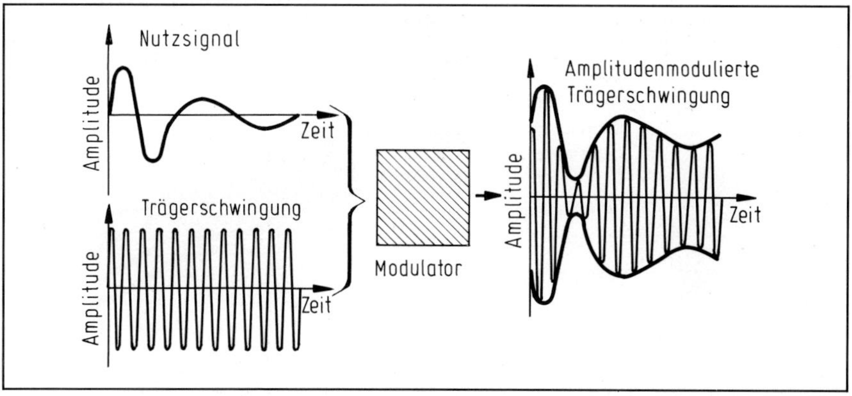

das Trägerfrequenz-Multiplexverfahren. Bei diesem Verfahren wird für jeden Sprachkanal eine höherfrequente Trägerwelle gewählt, auf die das zu übertragende Nutzsignal aufmoduliert wird (vgl. Abb. 4.13).

Da sich die Frequenzen der Trägerwellen für die einzelnen Kanäle unterscheiden, können die Signale — hinreichender Bandabstand vorausgesetzt — gemeinsam über eine einzige Glasfaser übertragen werden (mehr als 10 000 Telefongespräche gleichzeitig).

4.2 Aufbau und Eigenschaften moderner Lichtleitkabel

Moderne Lichtleitfasern für die Nachrichtentechnik haben in der Regel einen Außendurchmesser des Mantels von 125 μm. Der Kerndurchmesser variiert bei den einzelnen Fasertypen[12]) zwischen 9 μm und 50 μm. Bedingt durch den geringen Durchmesser ergibt sich eine hinreichende Flexibilität der Faser, so daß sie als Kabel verarbeitet und verlegt werden kann. Bereits bei der Herstellung werden die Lichtleitfasern mit Schutzhüllen aus Kunststoff umgeben. Mehrere dieser so vorbehandelten Glasfasern werden dann zusammen mit Verstärkungsfäden zur Zugentlastung und weiteren Kunststoffschichten zu einem mehradrigen Lichtleitkabel verarbeitet, das den mechanischen Belastungen beim Verlegen und beim späteren Betrieb gewachsen ist. Bei der Konstruktion des Kabels ist große Sorgfalt erforderlich, weil der Bruch einer Faser die Nachrichtenstrecke unterbrechen und unbrauchbar machen würde.

Beispiele für den Aufbau von Lichtleitkabeln zeigen die Abbildungen 4.14 und 4.15. Eine der wichtigsten Eigenschaften einer Lichtleitfaser ist ihre Dämpfung, denn diese bestimmt die mögliche Übertragungslänge, d. h. die Strecke, nach der das Signal mit entsprechendem Aufwand wieder regeneriert werden muß. Die Dämpfung

[12]) Auf Spezialfragen zu den einzelnen Fasertypen wie Stufen-, Gradienten- und Monomodefaser kann in diesem Einführungsartikel nicht näher eingegangen werden. Nähere Erläuterungen finden sich z. B. in [8].

Abb. 4.14: Aufbau eines optischen Kabels der Fa. Siemens (aus [8])

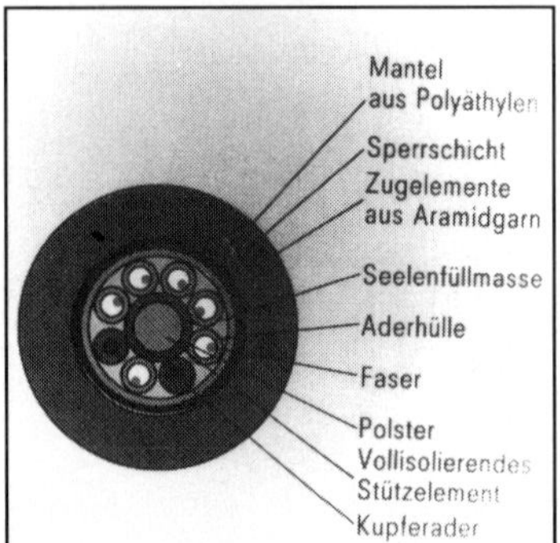

Abb. 4.15: AEG-Lichtleiterkabel W 60, Foto eines Anschauungsmusters

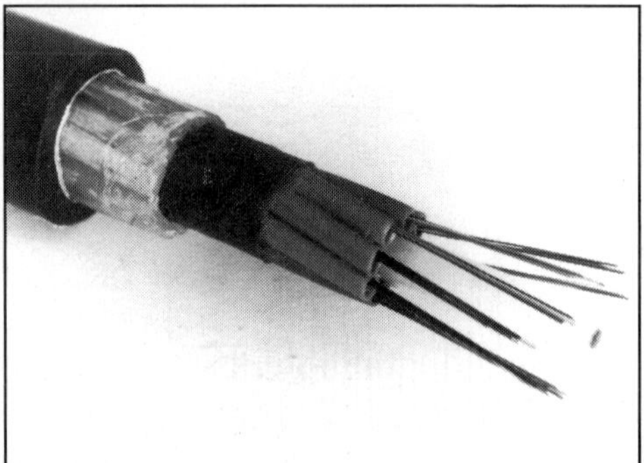

Tabelle 1: Dämpfungsverluste einer 1 km langen Lichtleitfaser in Abhängigkeit vom Dämpfungskoeffizienten α	
$\frac{\alpha}{\text{dB} \cdot \text{km}^{-1}}$	Dämpfungsverlust in Prozent der eingekoppelten Lichtleistung für eine 1 km lange Faser
10	90 %
3	50 %
1	20 %
0,3	7 %

erfolgt nach einem Exponentialgesetz. Für die am Ende einer Faser der Länge L auskoppelbare Lichtleistung P_L gilt

$$P_L = P_0 \cdot 10^{-\frac{\alpha L}{10\,\text{dB}}} \qquad (6)$$

Dabei gibt P_0 die in die Faser eingestrahlte Lichtleistung an und α ist der sogenannte Dämpfungskoeffizient.
Die mit Hilfe der Gleichung (6) berechnete Tabelle 1 gibt in Verbindung mit Abbildung 4.16 einen Eindruck von der hohen Transparenz moderner Lichtleitfasern. Zur zusätzlichen Veranschaulichung seien noch zwei weitere Werte angegeben: Am

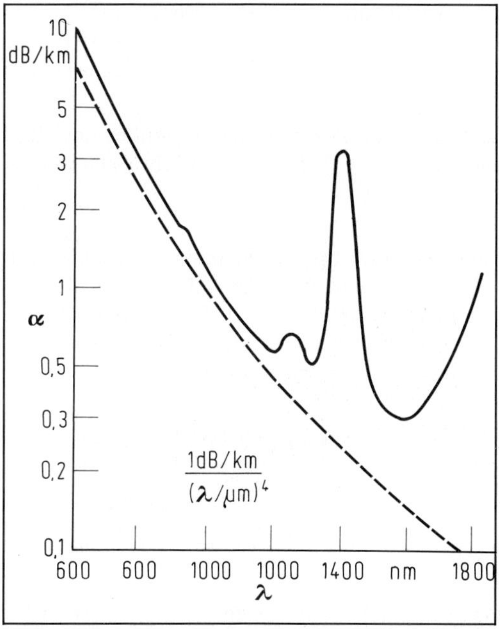

Abb. 4.16: Dämpfungskoeffizient α einer Quarzglasfaser in Abhängigkeit von der Lichtwellenlänge λ (aus [8])

Ende einer 50 km langen Lichtleitfaser mit dem Dämpfungskoeffizient $\alpha = 0{,}3 \frac{\text{dB}}{\text{km}}$ stehen immer noch 3 % der eingekoppelten Lichtleistung zur Verfügung; bei gewöhnlichem Fensterglas mit einem Dämpfungskoeffizienten von ca. $50\,000 \frac{\text{dB}}{\text{km}}$ ist die hindurchtretende Lichtleistung bereits nach einer Schichtdicke von 30 cm auf 3 % abgefallen!

Die Dämpfung ist durch Absorption und durch Streuung an Inhomogenitäten der Faser bedingt. Den typischen Verlauf der spektralen Dämpfung einer modernen Nachrichtenfaser zeigt Abb. 4.16. Die Dämpfungskurve weist entsprechend der Rayleigh-Streuung[13] im wesentlichen eine $\frac{1}{\lambda^4}$-Abhängigkeit von der Wellenlänge des verwendeten Lichtes auf (vgl. gestrichelte Kurve in Abb. 4.16). Der Streudämpfung sind Absorptionen überlagert, die durch bestimmte Verunreinigungen, insbesondere Wasser, bedingt sind. Typische Absorptionsbanden der OH-Gruppe liegen bei 950, 1240 und 1390 nm. Für Wellenlängen von ca. 1300 und 1600 nm ergeben sich besonders niedrige Dämpfungswerte. Man spricht deshalb hier von optischen Nachrichtenfenstern und ist bemüht, Sender- und Empfängerelemente speziell für diese besonders geeigneten Wellenlängenbereiche zu entwickeln. Die im Augenblick noch verwendeten Bauelemente arbeiten überwiegend in dem übertragungstechnisch etwas ungünstigeren Bereich von 800 bis 900 nm. Dieser Wellenlängenbereich — wie auch die zukünftig angestrebten — liegen im Infraroten. Das vielgepriesene Lichtleitertelefon arbeitet somit i. a. nicht mit Licht im engeren Sinne des sichtbaren Lichtes, sondern mit etwas längerwelliger elektromagnetischer Strahlung.

4.3 Vorteile der Lichtleitertechnologie gegenüber herkömmlichen Übertragungstechniken

Die optische Nachrichtenübertragung mit Lichtleitern bietet gegenüber dem herkömmlichen eletrischen Verfahren eine Reihe von Vorteilen. Die wichtigsten werden im folgenden stichwortartig aufgezählt.

□ Größere Übertragungskapazität

Während bei Koaxialkabeln wegen der starken Dämpfung die praktisch gerade noch nutzbare Übertragungsrate bei ca. 1 G bit/s[14]) liegt, wird diese Grenze bei Lichtleitern bereits heute überschritten. Vor allem im Hinblick auf die Entwicklung des Wellenlängenmultiplex-Verfahrens (vgl. Abschn. 6.5) sind in der optischen Nachrichtentechnik noch deutlich höhere Übertragungsraten zu erwarten.

□ Geringere Dämpfung

Bei Koaxialkabelsystemen mit einer Übertragungskapazität von 565 M bit/s muß das Signal jeweils nach ca. 1,7 km mit nicht unerheblichem Aufwand regeneriert

---

13) Zur Rayleigh-Streuung vgl. z. B. *Bergmann-Schaefer:* Lehrbuch der Experimentalphysik Bd. III Optik, Berlin 1974[6].

14) Um nicht mit zwei verschiedenen Maßeinheiten für die Übertragungskapazität arbeiten zu müssen, wird bereits hier die in der Digitaltechnik (vgl. Abschn. 5) übliche bit-Rate verwendet.

werden. Dagegen beträgt die Regeneratorfeldlänge für ein Monomode-Glasfasersystem mit der gleichen Übertragungskapazität ca. 30 km.

□ Platz- und Gewichtsersparnis

Der Durchmesser einer Glasfaser beträgt einschließlich ihrer Kunststoffschicht ca. 0,5 mm. Demgegenüber liegt der Durchmesser eines Kupferkoaxialpaares bei ca. 10 mm. Daraus ergeben sich erhebliche Vorteile bezüglich der mechanischen Flexibilität, des Platzbedarfs in Kabelrohrzügen und des Gewichts (letztere sind vor allem für die Verwendung in Flugzeugen von Bedeutung).

□ Keine elektrische Leitfähigkeit

Daraus ergibt sich die Möglichkeit, große Potentialunterschiede z. B. in Hochspannungssteuerungsanlagen problemlos zu überbrücken. Erdung und Blitzschutz sind nicht erforderlich.

□ Unempflindlichkeit gegen äußere elektromagnetische Störfelder

□ Größere Abhörsicherheit

□ Kein Rohstoffproblem (Im Gegensatz zur zunehmenden Kupferverknappung)

4.4 Einführende Versuche zur NF-Übertragung mit Lichtleitern

Die optische Nachrichtenübertragung mit Lichtleitern gliedert sich (vgl. Abb. 4.11) im Prinzip in folgende Schritte:

1. Generieren eines elektrischen Ausgangssignals (z. B. Mikrofonspannung einschließlich erforderlicher Verstärkung)
2. Wandlung des elektrischen in ein entsprechendes optisches Signal
3. Übertragung des Lichtsignals mit Hilfe eines Lichtleiters (einschließlich Ein- und Auskopplung an den Leiterenden)
4. Rückverwandlung des optischen Signals in ein elektrisches Signal (einschließlich der erforderlichen Verstärkung)
5. Ausgabe des Signals (z. B. mit einem Lautsprecher)

Eine Versuchsanordnung, mit der sich diese Schritte praktisch und mit relativ wenig Aufwand durchführen lassen, zeigt Abbildung 4.17. Der dort skizzierte Versuchsauf-

Abb. 4.17: Grundversuch zur NF-Übertragung mit Lichtleitern

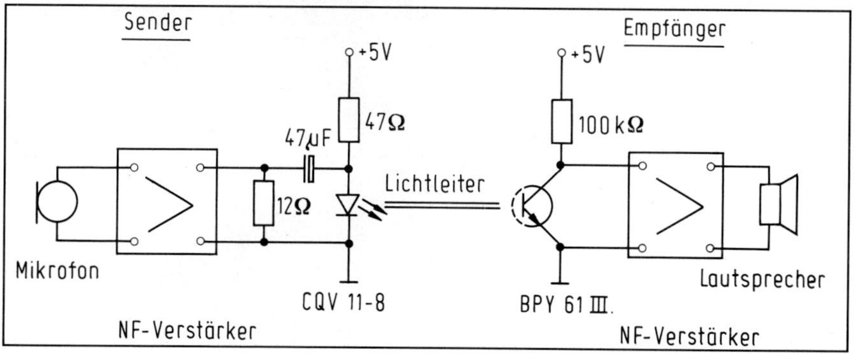

bau zur NF-Übertragung mit Lichtleitern ist ursprünglich konzipiert für den Einsatz von zwei NF-Verstärkern aus dem Lehrgerätehandel (z. B. Leybold Nr. 58001). Stehen diese oder ähnliche Geräte anderer Hersteller nicht zur Verfügung, so können aber auch selbstgebaute Verstärker[15]) oder die in Phonogeräte integrierten NF-Verstärker benutzt werden. Eine besonders einfache Möglichkeit ergibt sich, wenn man nur allgemein eine NF-Übertragung demonstrieren will und keinen gesteigerten Wert auf die Übertragung der eigenen Sprache legt. In diesem Fall wird die Senderschaltung einfach an den Lautsprecherausgang eines Radios — ein Cassettenrecorder oder ein Plattenspieler können natürlich genausogut verwendet werden — angeschlossen. Auf der Empfängerseite kann das am Fototransistor abgegriffene Signal entsprechend in den Phonoeingang eines zweiten Radioempfängers bzw. Verstärkers eingespeist werden. Damit bei dieser Art der Versuchsdurchführung bei den Schülern erst gar nicht der Verdacht aufkommen kann, das zweite Radiogerät sei auf denselben Sender eingestellt wie das für den optischen Sender verwendete erste und liefere daher natürlich das gleiche Ausgangssignal, sollte man unbedingt den Lichtweg einmal unterbrechen (z. B. ein Stück Karton zwischen Lichtleiterende und Fototransistor halten) und damit eindeutig beweisen, daß die Information auf optischen Weg übertragen wird. Die in den hier beschriebenen Versuchen verwendeten Lichtleiter sind noch ältere Typen[16]) mit relativ großer Dämpfung (ca. 25 dB/km im Dämpfungsminimum bei 820 nm) aber trotzdem für die vorgeschlagenen Schulversuche

---

[15]) In [6] wird z. B. die Schaltung für einen geeigneten, leicht zu bauenden Senderverstärker angegeben.

[16]) Es wurden verwendet ein 100 m langes einadriges Lichtleitkabel mit der Typenbezeichnung PCS 1 und für den eigentlichen Telefonversuch (Abschn. 4.5) ein 20 m langes zweiadriges mit der Typenbezeichnung PCS 2R. Beide Kabelausführungen besitzen die gleiche Lichtleitfaser mit Stufenprofil, einem Kerndurchmesser von ca. 245 μm und einem Faserdurchmesser von ca. 290 μm. Beim Typ PCS 1 ist die Glasfaser lediglich mit einem Polypropylenmantel umgeben, der keine größeren mechanischen Belastungen erlaubt, so daß der Lichtleiter äußerst vorsichtig behandelt werden muß (nicht einklemmen, knicken etc.). Das zweiadrige Kabel vom Typ PCS 2R besitzt dagegen eine sehr stabile Mehrfachummantelung und ist mechanisch sehr viel stärker belastbar aber auch entsprechend teuer. Hersteller der Kabel ist die Firma Rank Precision Industries, Gustav-Stresemann-Ring 12—16, 6200 Wiesbaden.

Abb. 4.18: Einspannmöglichkeit für die Lichtleiterenden

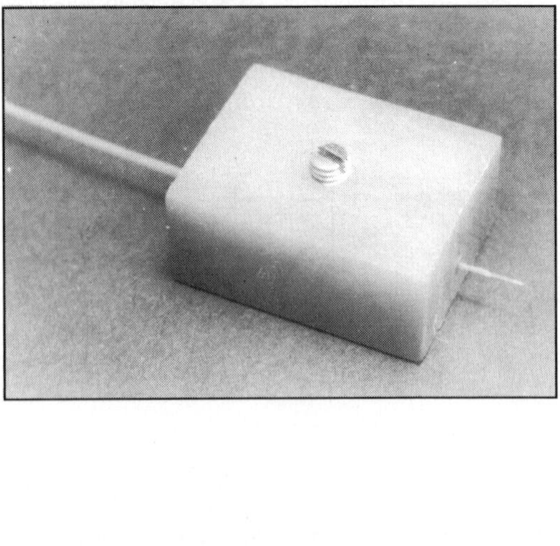

bestens geeignet. Die Enden der Lichtleiter müssen genau vor der Leuchtdiode bzw. dem Fototransistor positioniert werden, so daß eine optimale Lichteinkopplung gewährleistet ist. Die dazu nötige Justierung läßt sich relativ leicht und für die Lichtleiter schonend durchführen, wenn man die Lichtleiterenden durch einen längsdurchbohrten Kunststoff- oder Metallquader hindurchführt und sie leicht anklebt oder mit einer seitlich angebrachten Madenschraube vorsichtig fixiert (Abb. 4.18). Der Quader kann dann in eine Haltevorrichtung eingespannt und nach Bedarf verschoben werden.

Um eine ausreichende Lichtein- und Auskopplung zu erzielen, müssen neben einer optimalen Justierung auch die Faserenden entsprechend behandelt werden. Die Lichtleiter sind nämlich mit einer Schutzhülle aus Polypropylen umgeben, die sich beim einfachen Durchtrennen des Lichtleiters mit einem Messer oder einer Schere häufig vor den Faserkern schiebt, dort teilweise verschmiert und den Lichtein- und Austritt behindert. Am einfachsten läßt sich diese Schwierigkeit umgehen, wenn man das Lichtleiterende kurz an die offene Flamme hält und dann sofort den brennenden Kunststoff mit Hilfe eines feuchten Tuchs zum offenen Ende hin abstreift. Eine weitere Behandlung der Enden (Polieren etc.) ist für die hier vorgeschlagenen Versuche nicht erforderlich.

Der Lichtdurchgang läßt sich bei Verwendung von sichtbarem Licht unmittelbar mit dem Auge kontrollieren. Dazu schirmt man am besten das Umgebungslicht zur Erhöhung des Kontrastes mit der Hand oder noch besser mit Hilfe einer einseitig verschlossenen und durchbohrten Pappröhre (vgl. Abb. 4.19) ab.

Diese Kontrolle trägt bei zu einem funktionssicheren Versuchsaufbau und sollte auf jeden Fall und nicht nur vom Lehrer durchgeführt werden. Die Schüler erleben so unmittelbar das Licht als Informationsträger und sind immer wieder erstaunt, daß es auf dem langen und vielfach gewundenen Weg tatsächlich übertragen wird.

Im Gesamtverständnis der optischen Nachrichtenübertragung nimmt die Modulation des Lichtes eine zentrale Stellung ein. Der Vorgang der Modulation ist Schülern der SI i.a. nicht ohne weiteres geläufig; lediglich bei der Behandlung des Kohlemikrofons erfahren sie etwas über die im Takt der Schallwellen erfolgende Schwankung des Mikrofonstromes. An dieses Vorwissen kann man anknüpfen und muß dann den Transfer zur Schwankung der Lichtintensität im Takt einer elektrischen Schwingung vollziehen. Zur Unterstützung erscheint dabei der in den Abbildungen 4.20 und 4.21 dargestellte Modellversuch zur Amplitudenmodulation recht geeignet.

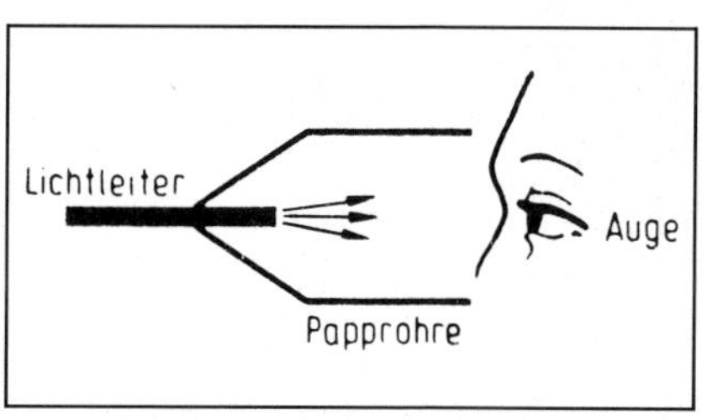

Abb. 4.19: Beobachtung des aus dem Lichtleiter austretenden Lichts

Abb. 4.20: Modellversuch zur Amplitudenmodulation, Versuchsaufbau

Durch eine Lochscheibe mit äquidistanten Löchern (z. B. Leybold Nr. 347 73) in Verbindung mit einem Experimentiermotor mit variabler Drehzahl (z. B. Phywe Nr. 11030.93) wird einerseits ein Preßluftstrom (Lochsirene) und anderseits ein Lichtstrom mit derselben Periodizität unterbrochen. Dazu wird das Licht einer Leuchtdiode[17]) mit Hilfe einer Linse auf einen Fototransistor fokussiert. Die Lochscheibe wird kurz vor dem Fototransistor angeordnet und unterbricht den Lichtstrom periodisch. Wenn man den Fototransistor mit einem Verstärker verbindet und an diesen einen Lautsprecher anschließt, erkennt man, daß sich durch periodisches Unterbrechen des Lichtstromes ein Ton erzeugen läßt und zwar ein Ton gleicher Höhe wie er auch durch die im gleichen Takt unterbrochene Preßluft erzeugt wird. Falls man Leuchtdiode, Abbildungslinse und Fototransistor auf einer kleinen optischen Bank anordnet, kann man durch Verschieben der optischen Bank in radialer

[17]) Aus Gründen der Analogie zu dem Versuch zur optischen Informationsübertragung wird auch hier eine Leuchtdiode als Lichtquelle verwendet.

Abb. 4.21: Modellversuch zur Amplitudenmodulation, Schaltskizze

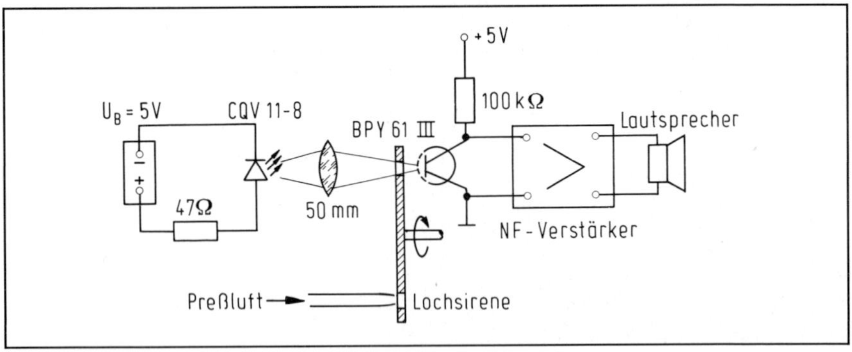

Richtung der Lochscheibe — diese besitzt mehrere konzentrische Lochkreise mit unterschiedlicher, harmonisch abgestimmter Lochzahl — ohne Schwierigkeiten einfache Melodien spielen.

Schülern, die mit dem Oszilloskop als Meßgerät vertraut sind, kann man darüber hinaus die prinzipielle Gleichartigkeit der elektrischen Ausgangssignale eines Tongenerators und der Signale eines periodisch beleuchteten Fototransistors demonstrieren. Dazu legt man in der in Abb. 4.21 dargestellten Schaltung die Spannung am Fototransistor auf den einen und die Ausgangsspannung eines Tongenerators auf den zweiten Eingang eines Zweikanaloszilloskops. An den Tongenerator ist ebenfalls — wie auch an den Fototransistor — ein Lautsprecher angeschlossen.

Durch Veränderung der Motordrehzahl bzw. der Frequenz des Tongenerators werden beide Lautsprecher auf gleiche Tonhöhe eingestellt. Das zugehörige Oszillogramm zeigt Abbildung 4.22.

Die obere Kurve zeigt das reine Sinussignal des Tonfrequenzgenerators, die untere das zwar etwas verzerrte, aber dennoch sehr ähnliche Signal des Fototransistors, wobei vor allem die exakt gleiche Frequenz beider Schwingungen deutlich zu erkennen ist.

Die in diesem Abschnitt vorgeschlagenen Versuche lassen sich alle bei Umgebungslicht durchführen, d. h. eine Abdunklung ist also nicht erforderlich. Es sollte nur möglichst kein Kunstlicht verwendet werden, da dieses seine Intensität mit doppelter Netzfrequenz ändert und diese Änderung vom Fotoempfänger registriert und als störender Brummton dem Nutzsignal überlagert wird.

4.5 Ein selbstgebautes Lichtleitertelefon

Im Gegensatz zu den im vorigen Abschnitt vorgeschlagenen Versuchsaufbauten, bei denen es lediglich um die prinzipielle Demonstration einer NF-Übertragung mit Lichtleitern ging, soll in diesem Kapitel ein richtiges Lichtleitertelefon vorgestellt werden. Für die Entwicklung waren folgende Überlegungen und Leitideen maßgebend:

1. Es soll ein richtig funktionierendes Telefon mit Gegensprechmöglichkeit entstehen.

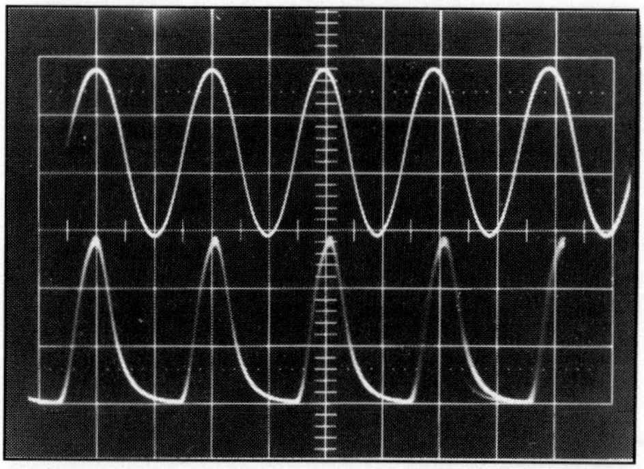

Abb. 4.22: Ausgangssignal eines Tonfrequenzgenerators (obere Kurve) und eines periodisch beleuchteten Fototransistors (untere Kurve)

Abb. 4.23: Selbstgebautes Lichtleitertelefon

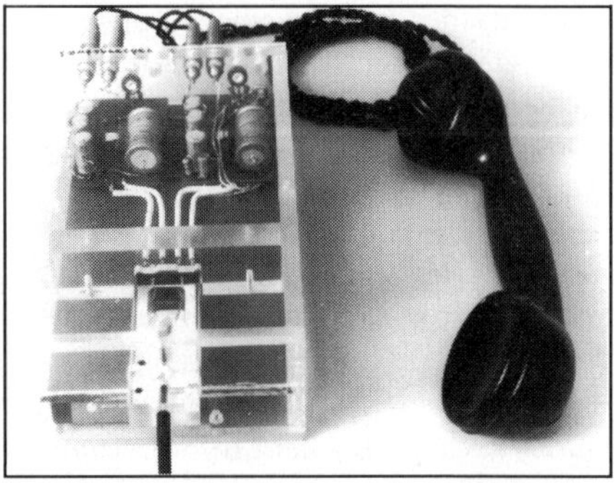

2. Es sollen gewöhnliche Telefonhörer aus ausrangierten Telefonen[18]) verwendet werden.
3. Das Lichtleitertelefon soll einen möglichst einfachen, kompakten aber dennoch übersichtlichen Aufbau haben.
4. Die Lichtleiterenden sollen sich von den optoelektronischen Bauelementen abkoppeln lassen (Keine unlösbaren und nicht einzuschauenden Klebverbindungen!).

[18]) Bei der Deutschen Bundespost in der Regel für Schulen kostenlos erhältlich.

Abb. 4.24: Schaltung des Lichtleitertelefons

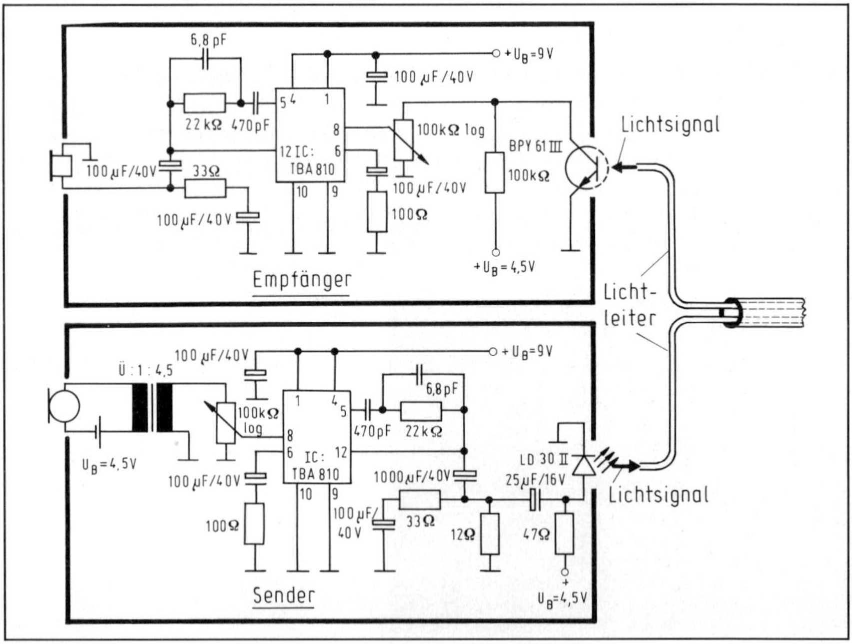

5. Die Geräte sollen tragbar sein und die Stromversorgung soll durch Batterien erfolgen (beliebiger Einsatzort).

Ein diesen Vorstellungen entsprechendes Lichtleitertelefon zeigt Abb. 4.23. Die elektrische Schaltung ist in Abbildung 4.24 dargestellt[19]).

Als Verstärker können für Sender und Empfänger zwei identische IC-Verstärker (IC TBA 810; 1—5 W; 9—20 V; Ruhestrom 10—15 mA) verwendet werden, wie sie im Elektronikhandel als Bausatz erhältlich sind.

Zur Gewinnung der Eingangsspannung aus dem übertragenen Lichtsignal wird der Empfängerverstärker ergänzt durch eine Reihenschaltung aus Spannungsquelle (4,5 V), Widerstand (100 kΩ) und Fototransistor (BPY 61 III). Die sich im Takt des Lichtsignals ändernde Spannung am Fototransistor dient als Eingangsspannung für den Empfängerverstärker. Das Eingangssignal für den Senderverstärker wird in dem Kreis aus Spannungsquelle (4,5 V) und Sprechkapsel (Kohlekörnermikrofon) gebildet und über einen Übertrager (1:4,5) induktiv auf den Verstärkereingang übertragen. Der Ausgang des Senderverstärkers wird über einen 12 Ω-Widerstand mit Masse verbunden. Über einen Koppelkondensator (25 μF) wird das Wechselspannungssignal auf den optischen Sender übertragen, der durch die Reihenschaltung einer Spannungsquelle (4,5 V), eines Widerstandes (47 Ω) und einer Leuchtdiode (LD 30 II) gebildet wird. Als Lichtleiter kann z. B. ein zweiadriges Kabel vom Typ PCS 2R verwendet werden[20]). Leuchtdiode und Fototransistor müssen optisch voneinander isoliert sein. Das läßt sich erreichen, indem man das lichtempfindliche Ende des Fototransistors mit einer Umhüllung aus z. B. einem Stück Kabelisolierung versieht und diese ein wenig vorstehen läßt. Wird diese Schutzmaßnahme nicht beachtet, so wird auch das eigene Sprechsignal vom Fototransistor erfaßt und in der Empfängerschaltung verstärkt. Man hört dann auch seine eigene Sprache — zusätzlich zu der des Gesprächspartners — über die Hörkapsel und es kann durch die Schallübertragung auf die Sprechkapsel zu einer Rückkopplung zwischen Senderausgang und Sendereingang mit störenden und u. U. sogar schmerzhaften Pfeiftönen kommen. Ebenfalls zur Vermeidung von Rückkopplungen werden die drei als Spannungsquelle dienenden Flachbatterien folgendermaßen geschaltet: Batterie 1 liefert die Spannung für den optischen Sender (LD 30 II), Batterie 2 die Spannung für den Mikrofonkreis und Batterie 3 die Spannung für den Fototransistor (BPY 61 III). Die Reihenschaltung der Batterien 2 und 3 ergibt die Versorgungsspannung (9 V) für Empfängerverstärker und Senderverstärker.

Sender, Empfänger und die Batterien für die Spannungsversorgung sind in einen Plexiglaskasten[21]) eingebaut (vgl. Abb. 4.25).

Der Anschluß des Telefonhörers erfolgt über vier Bananenstecker und die entsprechenden Buchsen. In den Plexiglaskasten ist ein undurchsichtiger Zwischenboden

---

[19]) Ein Schalter zur Unterbrechung der Spannungszufuhr zu den einzelnen Schaltungsteilen wurde zwar eingebaut aber nicht mit eingezeichnet.

[20]) Zur genauen Beschreibung vgl. Fußnote 16.

[21]) Wegen der besonders guten Übersichtlichkeit wurde ein Plexiglaskasten gewählt, der sich leicht aus einzelnen Streifen zusammenkleben läßt. Bei entsprechender Einbuße an Übersichtlichkeit kann natürlich auch ein Holzkasten verwendet werden.

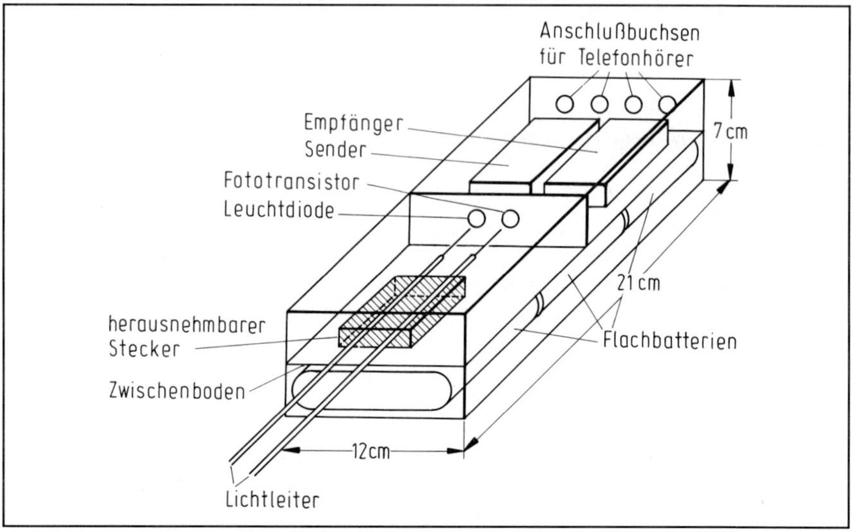

Abb. 4.25: Konstruktionsskizze zum Gehäuse für das Lichtleitertelefon

aus Trovidur und ein Steg mit entsprechenden Bohrungen für die Aufnahme von Fototransistor und Leuchtdiode eingesetzt. Im unteren Teil werden die Batterien untergebracht. Der obere Teil nimmt die Schaltungen für Sender und Empfänger und die Zuführung der Lichtleiter auf. Die Lichtleiter werden durch einen zweifach durchbohrten Quader gesteckt (in Abb. 4.25 schraffiert gezeichnet), der durch eine Öffnung in der Frontplatte hindurchgeführt und mit Hilfe einer Führung und einer Feststellschraube fixiert werden kann. Wenn der bisher beschriebene Aufbau zweimal ausgeführt wird, also je einmal für jeden Gesprächsteilnehmer, so hat man ein komplettes Lichtleitertelefon mit Gegensprechmöglichkeit.

Abb. 4.26: Leuchtdiode mit angekoppeltem Lichtleiter als Steckelement für Elektronik-Stecksystem

Abb. 4.27: Fototransistor mit angekoppeltem Lichtleiter als Steckelement für Elektronik-Stecksystem

4.6 Aufbau eines Lichtleitertelefons mit Hilfe eines erweiterten Elektronik-Stecksystems

Wenn man über ein Elektronik-Stecksystem verfügt, läßt sich ein Lichtleitertelefon ohne nennenswerten Aufwand mit einigen wenigen Handgriffen aufbauen. Auch hier ist der vorgeschlagene Versuch wieder so konzipiert, daß gewöhnliche Telefonhörer aus ausrangierten Telefonen für die Ein- und Ausgabe des Signals verwendet werden können. Das im folgenden benutzte Leybold-Stecksystem muß allerdings um eine Leuchtdiode (CQV 11-8) und einen Fototransistor (BPY 61 III) erweitert werden. Man kann diese Bauelemente in zu dem Stecksystem lieferbare Leergehäuse selbst einlöten. Zur Ankopplung des Lichtleiters an Leuchtdiode und Fototransistor kann man jeweils den Gehäusedeckel durchbohren und in die Bohrungen je einen axial durchbohrten Plexiglaszylinder (∅ ca. 1 cm, Länge ca. 3 cm) als Führung für den Lichtleiter einkleben (vgl. Abb. 4.26 und 4.27).
Wenn man den Versuchsaufbau so gestaltet, daß keine nennenswerte Zugbelastung

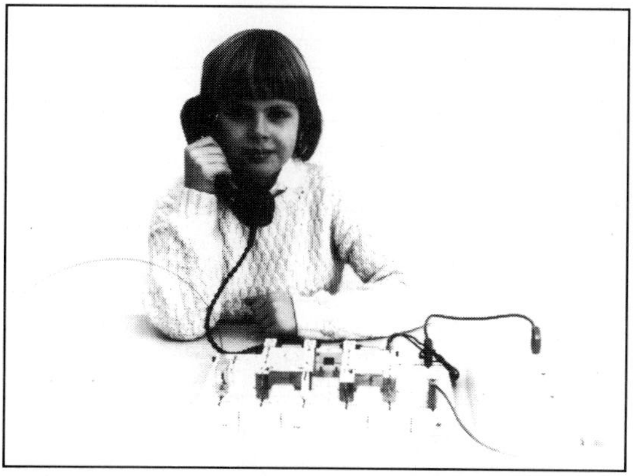

Abb. 4.28: Lichtleitertelefon mit Stecksystem

Abb. 4.29: Schaltung des Lichtleitertelefons mit Stecksystem, Sender

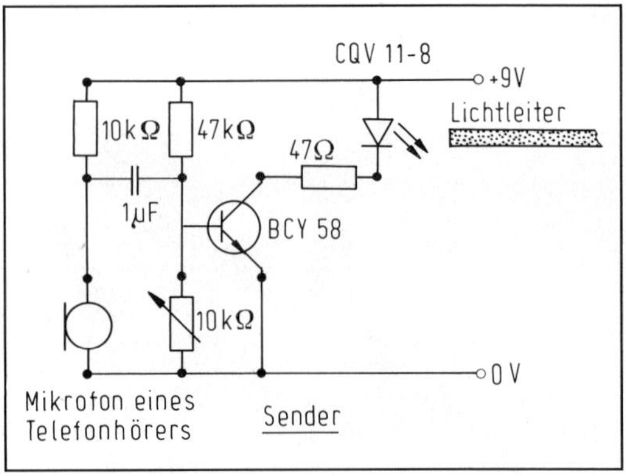

des Lichteiters auftritt, reicht als Fixierung bereits das einfache Hindurchführen des Lichtleiters durch die möglichst enge Zylinderbohrung. Abb. 4.28 zeigt den Einsatz des Lichtleitertelefons und die Abb. 4.29 und 4.30 zeigen mögliche Schaltungen für Sender und Empfänger.

4.7 Mehrkanalübertragung über eine einzige Lichtleitfaser — Schulversuch zur Zweikanal-NF-Übertragung nach dem Frequenzmultiplex-Verfahren

In diesem Abschnitt wird ein Versuchsaufbau vorgestellt, mit dem sich unter Anwendung des Frequenzmultiplexverfahrens zwei NF-Signale — z. B. zwei Telefongespräche in eine Richtung oder zwei verschiedene Rundfunksendungen oder Schallplattensignale — über eine einzige Lichtleitfaser übertragen und anschließend wieder getrennt wiedergeben lassen. Die Vorführung des Versuchs versetzt die meisten Schüler in großes Erstaunen. Der Versuch zeigt — und das ist seine didaktisch-erschließende Bedeutung — das Grundelement für die mit Hilfe der Lichtleitertechnologie mögliche Breitbandkommunikation.

Da eine eingehende Behandlung aller zum Versuch gehörenden elektronischen Komponenten den Rahmen des in dieser Reihe vornehmlich angesprochenen SI-

Abb. 4.30: Schaltung des Lichtleitertelefons mit Stecksystem, Empfänger

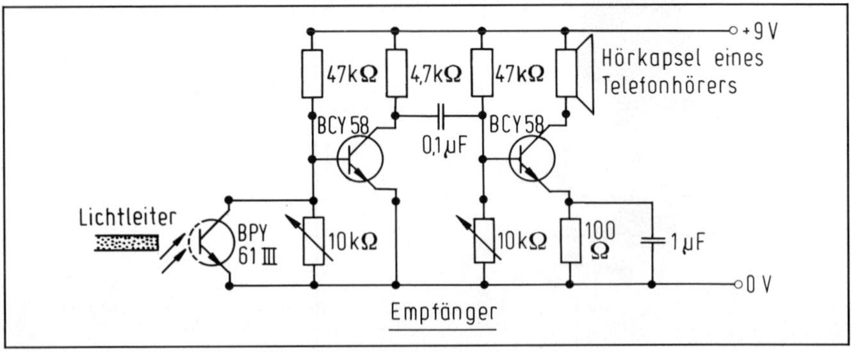

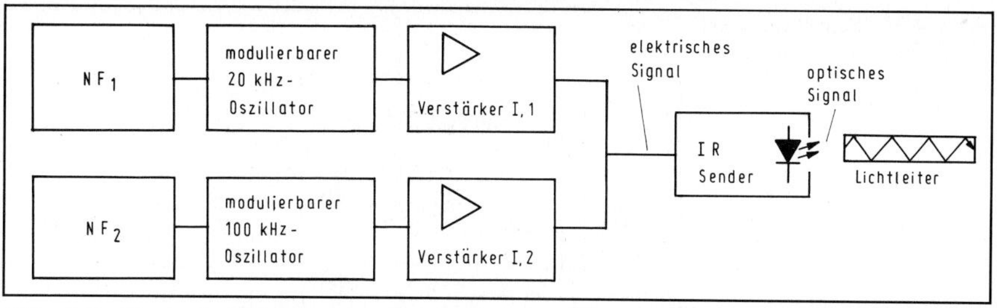

Abb. 4.31: Blockschaltbild zur optischen 2-Kanal-NF-Übertragung, Senderseite

Unterrichts sprengen würde, wird im folgenden lediglich eine erprobte Schaltung vorgestellt und auf eine bis in letzte Einzelheiten reichende Kommentierung verzichtet.

Wie weit im Unterricht auf Einzelelemente der Schaltung eingegangen werden soll, muß im Einzelfall entschieden werden. Denkbar wäre z. B. die Untersuchung des Eingangs-Ausgangsverhaltens der Verstärker, Filter, Modulatoren, Demodulatoren etc. und die Besprechung eines Blockschaltbildes nach Art der Abbildungen 4.31 und 4.32, aus denen der prinzipielle Ablauf der Übertragung zu ersehen ist.

Ein Versuch zur 2-Kanal-NF-Übertragung nach dem Frequenzmultiplexverfahren läßt sich durchführen, wenn folgende Geräte zur Verfügung stehen:

2 NF-Signalquellen (z. B. 2 Radioempfänger)
2 modulierbare Oszillatoren für z. B. 20 kHz und 100 kHz (z. B. Funktionsgeneratoren vom Typ FG 4 der Firma Weidner, Braunschweig, Krögerstr. 69)
2 Verstärker für Frequenzen bis 100 kHz (Verstärker I,1 und I,2 in Abbildung 4.31 können nach dem in Abbildung 4.33 angegebenen Schaltplan selbst gebaut werden)
1 IR-Sender (Eigenbau, Schaltung und Abbildung 4.34)
1 Einadriges Lichtleitkabel (vgl. Fußnote 16)
1 IR-Empfänger (Eigenbau, Schaltung nach Abbildung 4.35)
1 Verstärker für Frequenzen bis 100 kHz (Verstärker II in Abbildung 4.32, z. B. Leybold 580 01)
2 Bandpaßfilter (20 kHz und 100 kHz, Eigenbau, Schaltung nach Abbildung 4.36 bzw. Abbildung 4.37)

Abb. 4.32: Blockschaltbild zur optischen 2-Kanal-NF-Übertragung, Empfängerseite

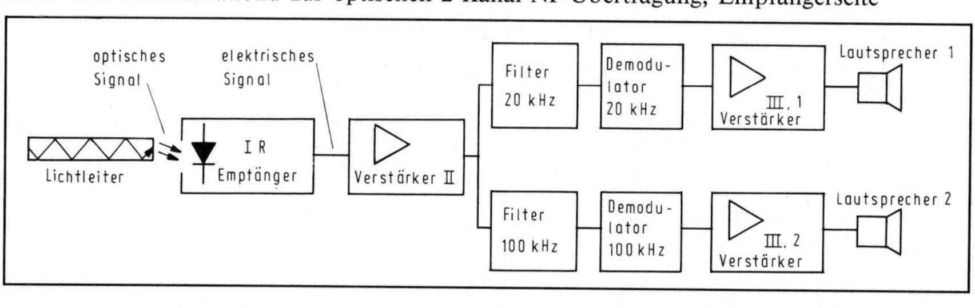

Abb. 4.33: Schaltung der Verstärker I,1 und I,2

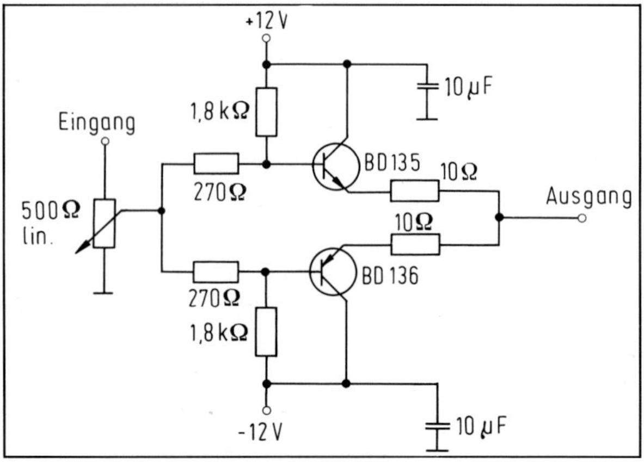

2 Demodulatoren (für 20 kHz- und 100 kHz-Träger, Eigenbau, Schaltung nach Abbildung 4.38 bzw. Abbildung 4.39)
2 NF-Verstärker (Verstärker III,1 und III,2 in Abb. 4.32, z. B. Leybold 580 01)
2 Lautsprecher

In Abb. 4.41 ist in Ermangelung eines zusätzlichen Verstärkers nur an den Demodulatorausgang des 100 kHz-Trägers ein Verstärker mit Lautsprecher angeschlossen und nicht auch an den Ausgang des Demodulators für den 20 kHz-Träger, wie es eigentlich erforderlich wäre (vgl. Abb. 4.32), um beide Signale getrennt, d. h. jedes nur auf einem der Lautsprecher, aber trotzdem gleichzeitig abhören zu können. Bei dem Versuchsaufbau in Abb. 4.41 können die beiden NF-Signale nur zeitlich nacheinander abgehört werden. Da aber beliebig von dem einen Kanal auf den anderen umgeschaltet werden kann (wahlweises Anschließen des Verstärkers an den Ausgang des Demodulators für den 20 bzw. 100 kHz-Träger), wird auch so der Nachweis einer ungestörten Zweikanal-Übertragung erbracht, obwohl natürlich eine Versuchsanordnung mit einem zweiten Endverstärker wegen der Unmittelbarkeit des akustischen Eindrucks sicherlich vorzuziehen wäre.

Abb. 4.34: Infrarotsender (einschließlich Leistungsverstärker der beiden Oszillatoren)

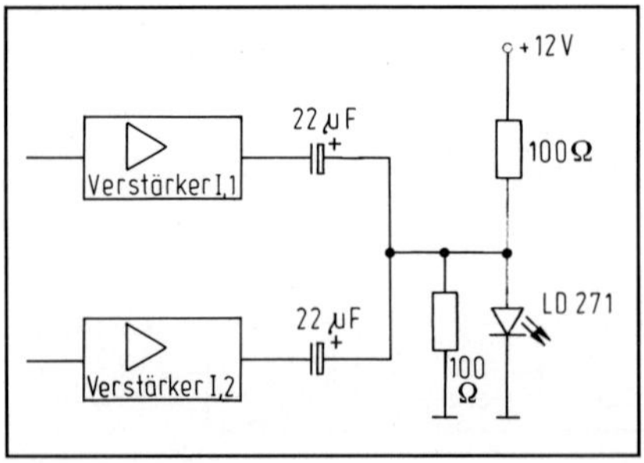

Abb. 4.35: Infrarotempfänger

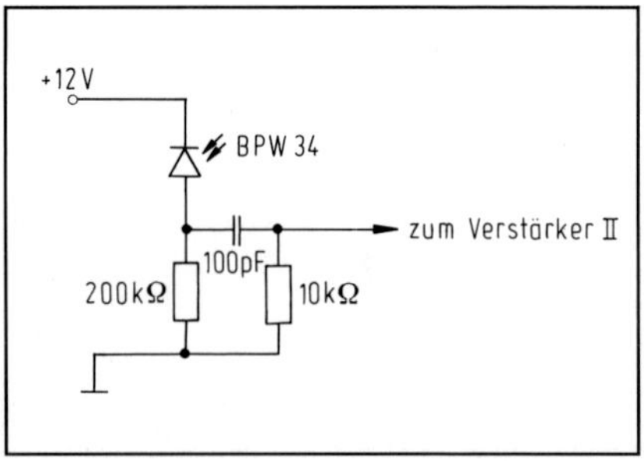

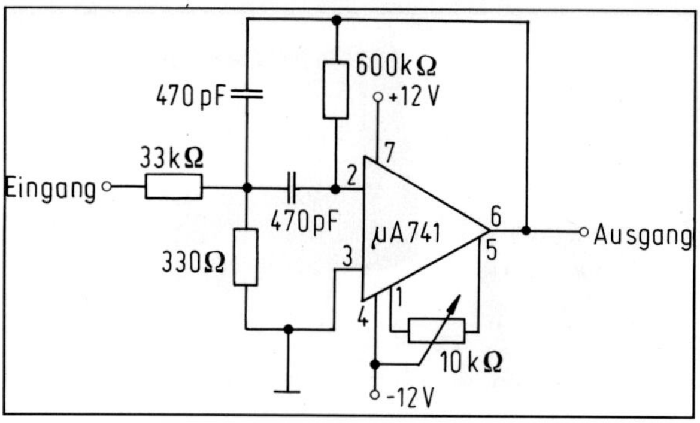

Abb. 4.36: 20 kHz-Bandpaß-Filter

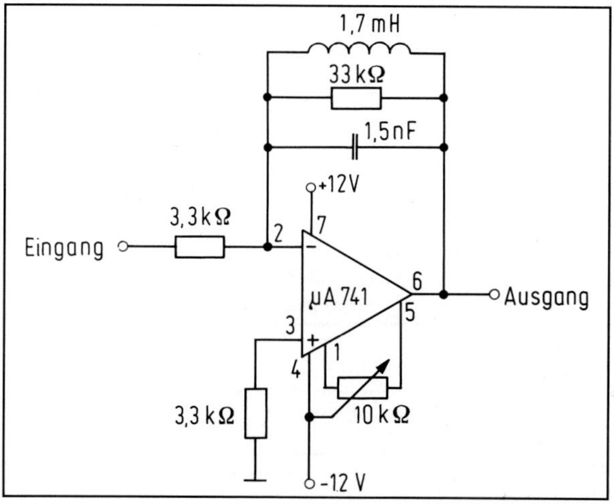

Abb. 4.37: 100 kHz-Bandpaß-Filter

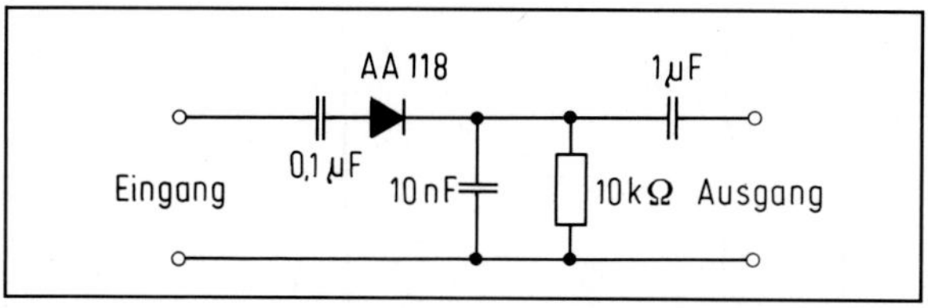

Abb. 4.38: Demodulator für 20 kHz-Träger

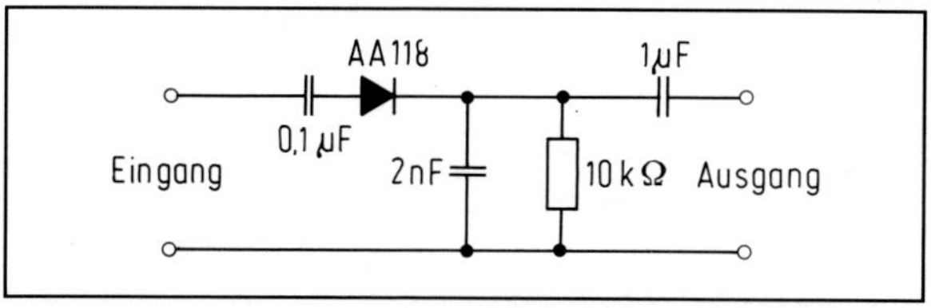

Abb. 4.39: Demodulator für 100 kHz-Träger

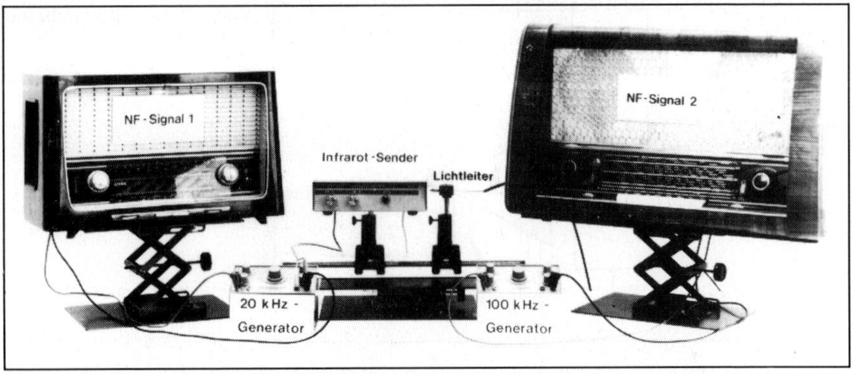

Abb. 4.40: Versuchsaufbau zur optischen 2-Kanal-NF-Übertragung, Senderseite

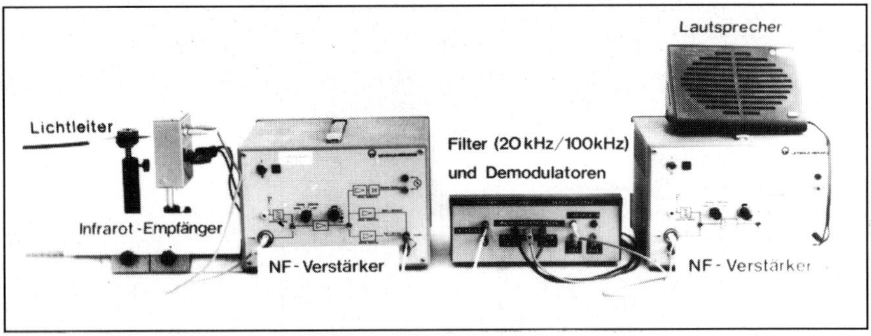

Abb. 4.41: Versuchsaufbau zur optischen 2-Kanal-NF-Übertragung, Empfängerseite

Abb. 4.42: Charakteristik des 100 kHz-Bandpaßfilters (U_A = Ausgangsspannung, U_E = Eingangsspannung)

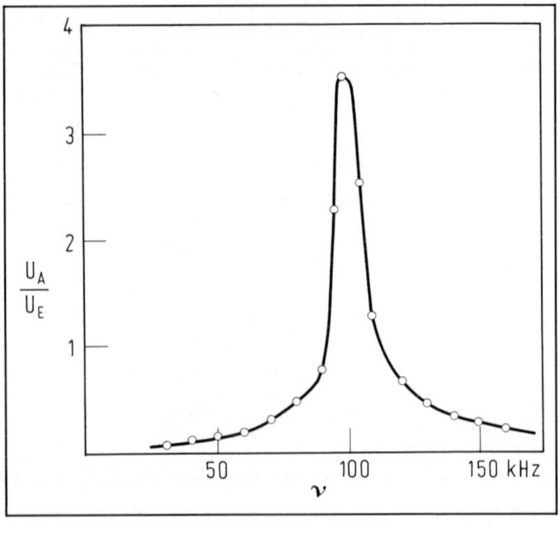

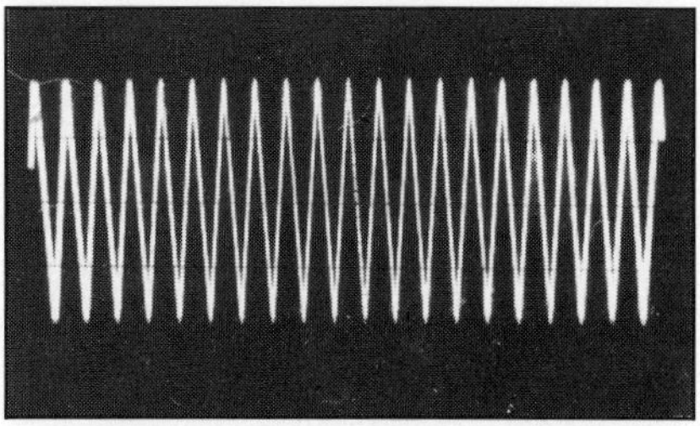

a) Trägerschwingung 20 kHz (aufgenommen am Ausgang des 20 kHz-Oszillators)

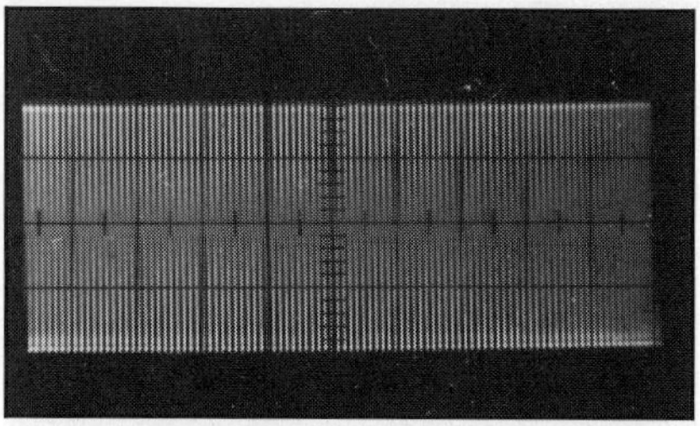

b) Trägerschwingung 100 kHz (aufgenommen am Ausgang des 100 kHz-Oszillators)

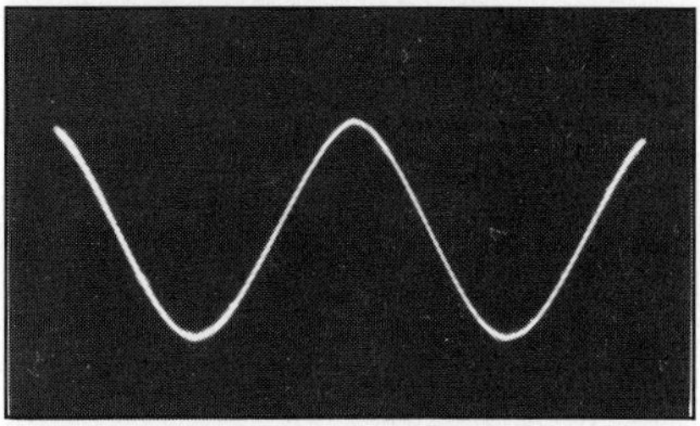

c) NF-Nutzsignal 2 kHz (aufgenommen am Ausgang des Frequenzgenerators)

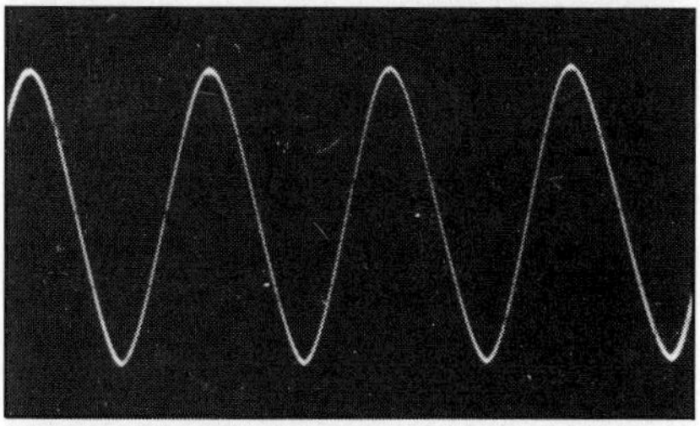

d) NF-Nutzsignal 4 kHz (aufgenommen am Ausgang des Frequenzgenerators)

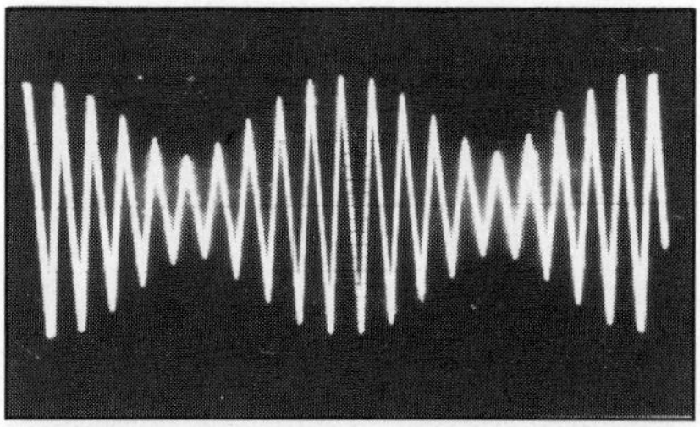

e) 20 kHz-Träger moduliert mit 2 kHz (aufgenommen am Ausgang des modulierbaren 20 kHz-Oszillators)

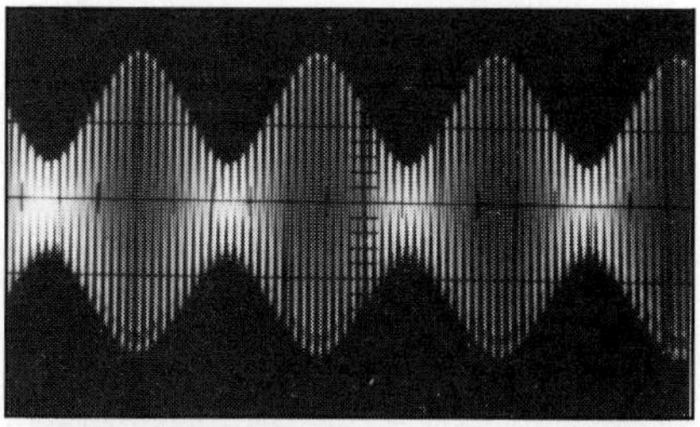

f) 100 kHz-Träger moduliert mit 4 kHz (aufgenommen am Ausgang des modulierbaren 100 kHz-Oszillators)

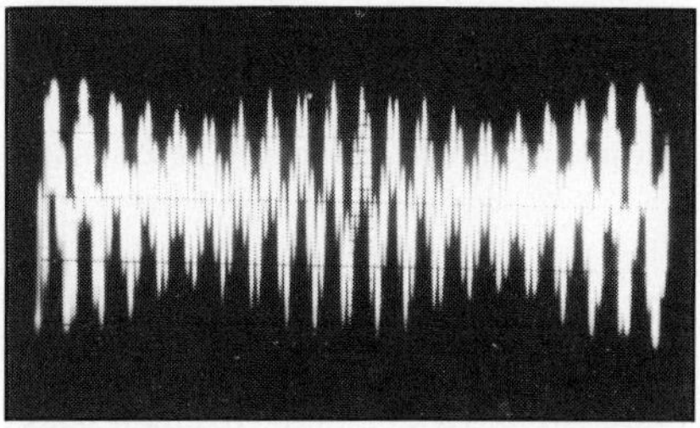

g) Überlagerungssignal der beiden modulierten Trägerschwingungen (aufgenommen an der IR-Leuchtdiode)

Abb. 4.43: Signalverlauf bei der Zweikanal-NF-Übertragung, Senderseite (Der 20 kHz-Träger ist mit 2 kHz moduliert, der 100 kHz-Träger mit 4 kHz, bei allen Aufnahmen beträgt die Zeitablenkung 0,1 ms/Skt.)

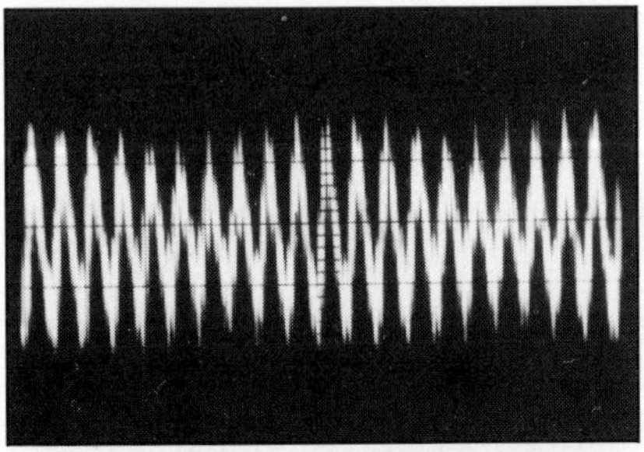

a) Überlagerungssignal der beiden modulierten Trägerschwingungen nach der Übertragung durch den Lichtleiter (aufgenommen am Ausgang des dem IR-Empfängers nachgeschalteten Verstärkers)

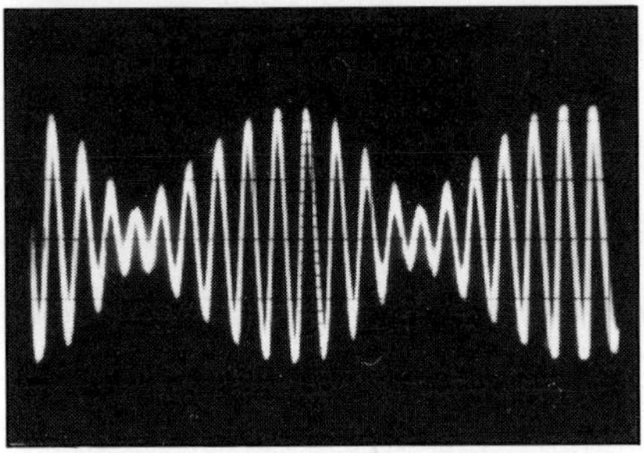

b) 20 kHz-Träger moduliert mit 2 kHz (aufgenommen am Ausgang des 20 kHz-Filters)

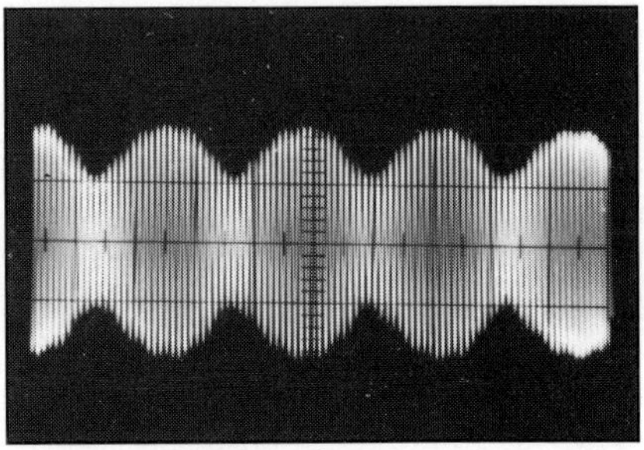

c) 100 kHz-Träger moduliert mit 4 kHz (aufgenommen am Ausgang des 100 kHz-Filters)

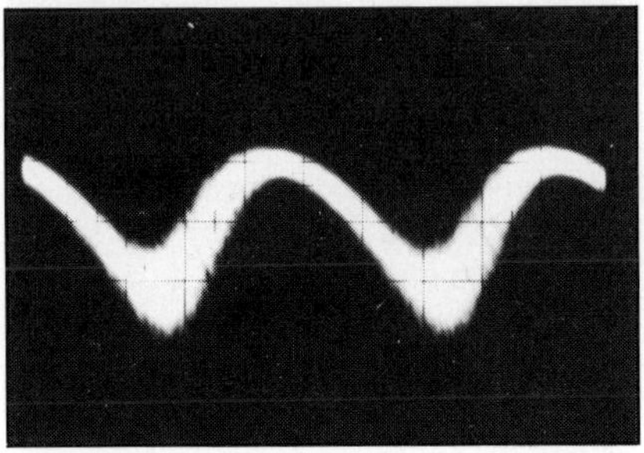

d) 2 kHz-Nutzsignal (aufgenommen am Ausgang des Demodulators für die 20 kHz-Schwingung)

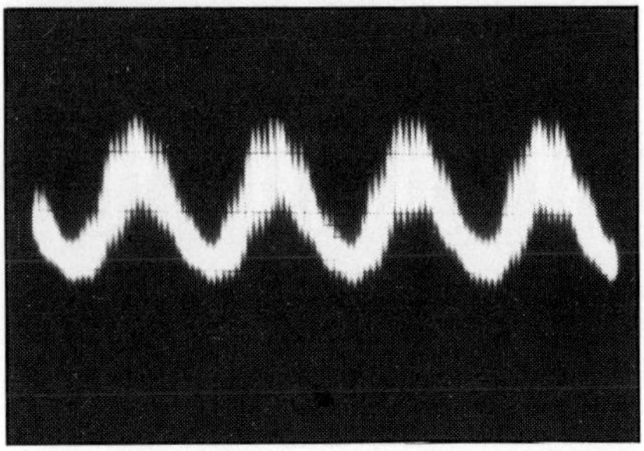

e) 4 kHz-Nutzsignal (aufgenommen am Ausgang des Demodulators für die 100 kHz-Schwingung)

Abb. 4.44: Signalverlauf bei der Zweikanal-NF-Übertragung, Empfängerseite. (Die Zeitablenkung beträgt bei allen Aufnahmen 0,1 ms/Skt.)

Ein Beispiel für die auf S. 115 vorgeschlagene Untersuchung des Eingangs-Ausgangsverhaltens der Einzelkomponenten der Übertragungskette zeigt Abb. 4.42. An das 100 kHz-Bandpaßfilter — es handelt sich um ein aktives Filter, d. h. einen selektiven Verstärker — wird ein Eingangssignal von konstanter Amplitude (U_E = 0,8 V_{SS}) aber variabler Frequenz angelegt und die jeweils am Filterausgang vorhan-

dene Ausgangsspannung U_A als Funktion der Frequenz gemessen. Der Quotient $\frac{U_A}{U_E}$ ist in Abb. 4.42 als Funktion der Frequenz aufgetragen. Die Grafik zeigt, daß Signale, deren Frequenz nahe bei 100 kHz liegt, verstärkt durchgelassen werden, während stärker abweichende Frequenzen unterdrückt werden.
Ein sehr informativer Überblick über den Signalverlauf und die Signalverarbeitung bei der Zweikanal-Übertragung läßt sich gewinnen, wenn man als NF-Signalquelle statt der Radios (Abb. 4.40) zwei Frequenzgeneratoren (eingestellt z. B. auf 2 kHz und 4 kHz) verwendet und die Signale entsprechend der in Abb. 4.43 und 4.44 dargestellten Bildfolge mit einem Oszilloskop verfolgt. Abb. 4.43c und d zeigen die beiden Nutzsignale vor der Übertragung und Abb. 4.44d und e am Ende der Übertragungskette. Auch wenn die Ausgangssignale etwas verrauscht sind, so sind dennoch die 2 kHz- und die 4 kHz-Schwingungen deutlich wiederzuerkennen.

5. Das Prinzip der digitalen Informationsübertragung

Bei der digitalen Signalübertragung wird die Lichtintensität nicht dem Nutzsignal entsprechend kontinuierlich variiert, sondern die Information wird in verschlüsselter Form als Folge von Lichtimpulsen übertragen. Bei dieser Übertragung unterscheidet man also nur die beiden Informationen „Licht“ oder „kein Licht“ (entsprechend den Informationen „Spannung“ bzw. „keine Spannung“ bei elektrischen Übertragungssystemen). Diese kleinste Informationseinheit nennt man ein bit (binary digit). Das Verfahren der Digitalisierung wird in Abbildung 4.45 modellhaft dargestellt. Das zu digitalisierende Analogsignal wird einer Zeit- und Amplitudenquantisierung unterworfen, d. h. das Signal wird zeitlich periodisch abgetastet (gemessen) und der in einem bestimmten Amplitudenintervall liegende Amplitudenwert — die Intervalleinteilung wird vorher festgelegt — wird durch den Mittelwert des Intervalls ersetzt. In Abbildung 4.45 werden z. B. Amplitudenwerte zwischen $-0{,}5$ und $0{,}5$ ersetzt durch 0, Amplitudenwerte zwischen 0,5 und 1,5 durch 1 usw., auf diese Weise ergeben sich 8 mögliche quantisierte Amplitudenwerte. Diese werden als Dualzahlen dargestellt, d. h. binär codiert und gemeinsam mit weiteren Signalen für die Synchronisation zwischen Sender und Empfänger als Impulsfolge übertragen. Man nennt dieses Verfahren Pulscodemodulation (PCM). Im Empfänger wird in einem Digital-Analog-Wandler (D/A-Wandler) aus der Impulsfolge wieder das Analogsignal aufgebaut. Damit ein Signal wieder verzerrungsfrei regeneriert werden kann, muß die Abtastfrequenz mindestens doppelt so groß wie die höchste zu übertragende Signalfrequenz sein (Abtasttheorem). Bei Telefongesprächen (300 bis 3400 Hz) ist die Abtastfrequenz international auf 8000 Hz festgelegt.
Zur Übermittlung eines Abtastwertes stehen beim Telefon 8 bit zur Verfügung (im Gegensatz dazu sind es in dem Modell der Abbildung 4.45 nur 3 bit je Abtastwert). Da sich mit einer Folge von n bit 2^n verschiedene Werte darstellen lassen, ergeben sich für die Telefonübertragung $2^8 = 256$ und für das Modell in Abbildung 4.45 $2^3 = 8$ verschiedene mögliche Amplitudenwerte.
Für die digitale Übertragung eines Fernsprechkanals benötigt man eine Bitrate von $8000 \cdot 8$ bit/s = 64 kbit/s. Da mit Lichtleitern wesentlich höhere Bitraten übertragen werden können — Systeme mit 565 Mbit/s sind bereits in der Produktion und mit

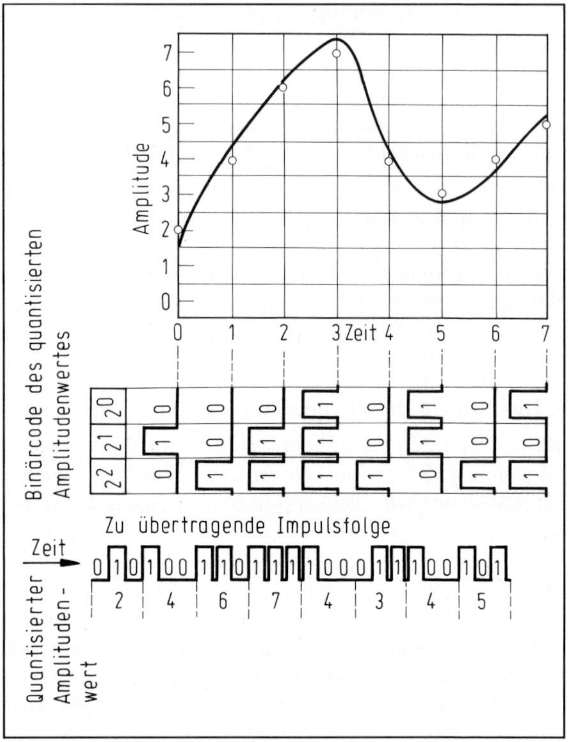

Abb. 4.45: Prinzip der Digitalisierung eines zeitkontinuierlichen Analogsignals (Die Rasterung legt die Amplituden- und Zeitquantisierung fest, die Punkte stellen den quantisierten Amplitudenwert dar.)

mehr als 2 Gbit/s in Laborversuchen in Erprobung — können mehrere Fernsprechsignale nach dem sogenannten Zeitmultiplex-Verfahren in einer bestimmten Reihenfolge abgetastet und über eine einzige Faser übertragen werden (nach dem augenblicklichen Entwicklungsstand bis zu ca. 30 000 Fernsprechkanäle über eine Faser). Einen Einblick in die Funktionsweise des Zeitmultiplex-Verfahrens vermittelt Abbildung 4.46. Die Abtastwerte werden in Form von 8 bit-Wörtern binär codiert und nacheinander übertragen. Die ersten 4 Amplitudenwerte von S_1 sind im 1., 4., 7. und 10. Wort der Impulsfolge enthalten, die ersten 4 Amplitudenwerte von S_2 im

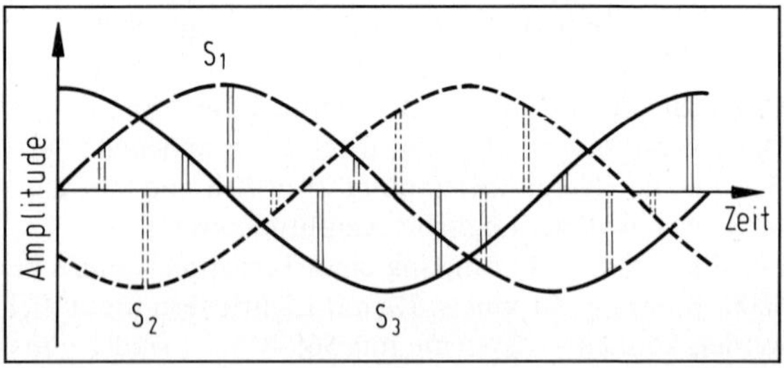

Abb. 4.46: Prinzip des Zeitmultiplex-Verfahrens am Beispiel von 3 verschiedenen Signalen (Die Balken symbolisieren die Abtastwerte.)

2., 5., 8. und 11. Wort usw. Auf diese Weise lassen sich auf der Empfängerseite durch ein geeignetes Zählverfahren die einzelnen Signale wieder aus der Impulsfolge isolieren und durch einen D/A-Wandler wieder in ein Analogsignal zurückverwandeln.

6. Derzeitige Verbreitung der Lichtleitertechnologie und Zukunftsperspektiven

6.1 Einsatz der Lichtleiter zu Beleuchtungszwecken und zur optischen Bildübertragung

In Abschnitt 1 wurde bereits eine Reihe von Einsatzmöglichkeiten für Licht- und Bildleiter genannt. Es zeigt sich, daß in Industrie, Technik und Wissenschaft die Vorteile und Möglichkeiten der Lichtleiter in stetig zunehmendem Maße genutzt werden. Im Automobilbau werden Lichtleiter vor allem zur Beleuchtung von Symbol- und Schriftzeichen für Bedienungs- und Anzeigeinstrumente — z. B. zum Bedienen der Heizung oder im Bordcomputer (BMW) — sowie zur Instrumentenbeleuchtung verwendet.
Ein neuer Einsatzbereich für Lichtleiter hat sich in den letzten Jahren entwickelt: Die Sensortechnik. Es sind bereits Sensoren, d. h. Meßfühler, für die verschiedensten Meßgrößen wie z. B. Füllstand, Druck, Temperatur etc. erprobt und im Einsatz. Auf die Funktionsweise der einzelnen, auf Lichtleiterbasis arbeitenden Sensoren kann hier nicht näher eingegangen werden, statt dessen wird auf die Spezialliteratur verwiesen, z. B. [21].
Auch in Fotokopiergeräten (z. B. Minolta) werden neuerdings Licht- bzw. Bildleiter eingesetzt. Die Abtastung der Schwarz-Weiß-Werte der Kopiervorlage sowie ihre Übertragung auf die Fotohalbleiterschicht erfolgt bei diesen Geräten über ca. 500 in einer Doppelreihe versetzt angeordnete Glasfaserstäbchen, das sog. Glasfaser-Objektiv. Beim Kopieren wird das Original streifend am Glasfaser-Objektiv vorbeigezogen, dabei werden die Helligkeitswerte Punkt für Punkt und Zeile für Zeile auf den Fotohalbleiter übertragen.

6.2 Lichtleiter-Informationsübertragung in innerbetrieblichen und öffentlichen Nachrichtennetzen

Neben dem Einsatz in betriebsinternen Systemen, wie z. B.

- ○ Datenübertragung im industriellen Bereich (Buchführungs- und Lagerhaltungsdaten, rechnergesteuerte Maschinen, Überwachungssysteme etc.)
- ○ Informationsübertragung in der Flugzeug-, Schiffs- und Fahrzeugtechnik
- ○ Nachrichtenübertragung im Bereich der Elektrizitätsversorgungsunternehmen (Verlegung von z. T. metallfreien Lichtleiterkabeln gemeinsam mit Hochspannungsleitungen)

liegt der eigentliche Hauptanwendungsbereich der Lichtwellenleiter im öffentlichen Nachrichtennetz. Die folgende Zeittafel gibt einen Überblick über bereits bestehende bzw. fest projektierte Systeme[22]).

---

[22]) Die Aufstellung soll nur einen Einblick vermitteln und erhebt keinen Anspruch auf Vollständigkeit.

1978: Erster Einsatz von Lichtwellenleitern bei der Deutschen Bundespost. Über ein 4,3 km langes Lichtleitkabel mit 8 Fasern wurden in Berlin zwei Ortsvermittlungsstellen miteinander verbunden (Ortsverbindungskabel). Über jede Faser können gleichzeitig 480 Telefongespräche geführt werden.
1979: Verbindung von Frankfurt mit Oberursel durch ein 15,4 km langes Lichtleitkabel (Fernverbindungskabel).
1979: Erste Teilnehmeranschlüsse in Lichtwellenleitertechnik (77 Fernsprechanschlüsse wurden über Lichtwellenleiter mit der Ortsvermittlungsstelle verbunden)
1980: Verbindung von Herford und Bünde durch ein 13 km langes Lichtleitkabel im Bereich des regionalen Fernnetzes
1983—1986: Einrichtung und Erprobung von 10 Bigfon-Inseln (Bigfon = **B**reitbandiges **I**ntegriertes **G**lasfaser-**F**ernmelde-**O**rts-**N**etz)[23])
1984: Beginn der Arbeiten an einem überregionalen Fernnetz zur Verbindung der Bigfon-Inseln
1986: Von diesem Zeitpunkt an sollen nach den Plänen der Deutschen Bundespost jährlich ca. 200000 km Lichtleitkabel verlegt werden[24])
1987: Beabsichtigte Inbetriebnahme eines Glasfaser-Overlaynetzes für 14 Städte mit Möglichkeiten für Bildtelefon, Videokonferenzen und schnelle Datenübertragung[25])

6.3 Von der Schmalband- zur Breitbandkommunikation

Neben den leitungsungebundenen Funksystemen, die auch weiterhin ihre Bedeutung für die Nachrichtentechnik behalten werden, ist in Zukunft — bedingt durch ihre enormen Vorzüge — ein verstärkter bzw. in der Endausbaustufe fast ausschließlicher Einsatz von Lichtleitern zu erwarten. Dieser Übergang wird für den Benutzer eine Reihe von Veränderungen mit sich bringen.
Diese liegen im wesentlichen begründet in der Möglichkeit der *Breitbandkommunikation* in einem sternförmigen Verteilernetz: d. h. jeder Teilnehmer kann über eine Vermittlungszentrale mit jedem anderen breitbandig Informationen austauschen. Zur Veranschaulichung dieser Zukunftsaussichten dient die folgende Tabelle, in der die möglichen Dienstleistungen und die erforderlichen bit-Raten aufgeführt sind.
Vor allem das Bildtelefon und die sich daraus ergebende Möglichkeit zu Videokonferenzschaltungen dürfte in Zukunft viele Reisen zu Besprechungsterminen und Konferenzen überflüssig machen. Die Gesprächsteilnehmer können sich gegenseitig auf dem Bildschirm sehen, und benötigte Unterlagen (Daten, Zeichnungen, Schriftstücke) können über Datenleitungen bzw. das Telefax-System gleichzeitig zu allen Konferenzteilnehmern übertragen werden.

6.4 Der Systemversuch Bigfon und die Bestrebungen zur Integration der Informations-Übertragungsdienste

Um Erfahrungen mit den neuen Kommunikationssystemen zu sammeln und um einen Überblick über die Akzeptanz der zukünftig möglichen Dienste seitens ihrer

[23]) Nähere Erläuterungen zu Bigfon finden sich im folgenden Text.
[24]) Der Spiegel Nr. 4/1985, S. 39
[25]) Rhein-Sieg Rundschau vom 9. 1. 1985

Tabelle 2: Informationsdienste der Deutschen Bundespost. (Die angegebenen bit-Raten beziehen sich jeweils auf einen Übertragungskanal, d. h., ein Telefongespräch bzw. ein Rundfunkprogramm etc.)

Bezeichnung	Übertragungsrate	Bemerkungen
Fernsprechen	64 kbit/s	
Stereorundfunk	1 Mbit/s	
Farbfernsehen	34—135 Mbit/s	Die Übertragungsrate variiert je nach dem verwendeten Codierungsverfahren
Bildtelefon	34 Mbit/s	Farbiges und bewegtes Bild des Gesprächspartners einschließlich Tonübertragung
Bildschirmtext (Btx)	1,2 kbit/s	Informationen wie Wetterbericht, Versandhauskataloge, Kino-, Theaterangebote, Kontostände etc. können über eine herkömmliche Telefonleitung abgefragt und auf einem gewöhnlichen Fernsehschirm dargestellt werden. Als Zusatzgeräte sind ein Decoder (Verarbeitung der elektronischen Signale zu Fernsehbildern) und ein Modem (Modulator/Demodulator) für die Umwandlung der analogen Telefonsignale erforderlich. Über ein Eingabegerät kann der Benutzer sofort Buchungen und Bestellungen vornehmen.
Videotext	64 kbit/s	Textinformationen wie Untertitel (für Hörgeschädigte oder Ausländer) bzw. Kurzinformationen über Meldungen, Börsenkurse, Programmhinweise werden in der sog. Austastlücke mit dem Fernsehsignal über Funk übertragen. Zusätzlich erforderlich ist ein Videotext-Decoder, der in neuere Fernsehempfänger bereits eingebaut ist
Telex	50 bit/s	Herkömmlicher Fernschreiber mit 32 verschiedenen Zeichen und geringer Übertragungsgeschwindigkeit
Teletex	2,4 kbit/s	Komfortables Fernschreibsystem mit 256 Zeichen und hoher Übertragungsgeschwindigkeit
Datex	0,3—48 kbit/s	Datenübertragung z. B. zwischen Banken, Versicherungen etc. Die Übertragungsrate variiert je nach System
Telefax	64 kbit/s	Fernkopierer

potentiellen Benutzer zu gewinnen, hat die Deutsche Bundespost 1983 den Versuch Bigfon gestartet. In den Städten Hamburg, Berlin, Hannover, Düsseldorf, Nürnberg, Stuttgart und München wurden insgesamt 10 Bigfon-Inseln mit insgesamt 324 Teilnehmern eingerichtet. Die wesentlichen Eigenschaften des Bigfon-Systems sind seine Breitbandigkeit (ca. 200 Mbit/s) und die Integration. Während bei herkömmlichen Systemen die einzelnen Dienstleistungen der Post (vgl. Tabelle 2) auf getrennten Wegen und mit jeweils eigenen Verteilersystemen arbeiten bzw. nur teilweise inte-

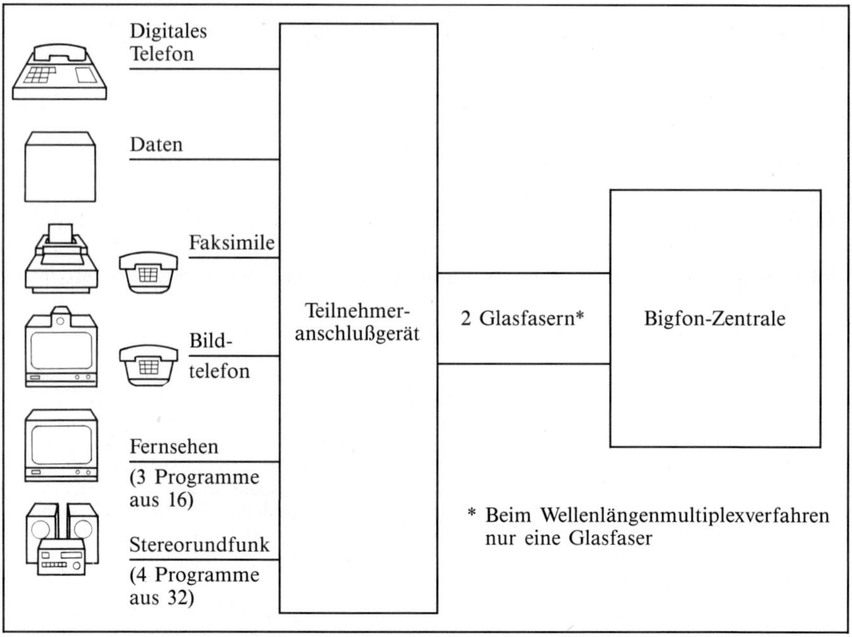

Abb. 4.47: Der Systemversuch Bigfon der Deutschen Bundespost

griert sind[26]), sind im Bigfon-Versuch alle Informationsdienste integriert und werden gemeinsam über eine einzige Leitung mit nur einem Glasfaserpaar übertragen. Der Bigfon-Teilnehmer kann telefonieren, Daten übertragen, fernkopieren, mit Bildübertragung telefonieren, 3 Fernsehprogramme (ausgewählt aus 16 möglichen) und 4 Stereo-Rundfunkprogramme (ausgewählt aus 32 möglichen) empfangen. Alle diese Dienste stehen gleichzeitig nebeneinander zur Verfügung und die anfallenden Informationen werden sämtlich über ein einziges Glasfaserpaar übertragen, das den Benutzer mit der Bigfon-Zentrale verbindet. Die zwei Fasern sind notwendig, weil auf der einen Faser die Informationen von der Zentrale zum Teilnehmer und auf der anderen gleichzeitig Informationen vom Teilnehmer zur Zentrale übertragen werden.

6.5 Das Wellenlängenmultiplex-Verfahren

Einige Teilnehmer des Bigfon-Versuchs sind im Gegensatz zur oben beschriebenen Version nur über eine einzige Faser mit der Zentrale verbunden und das ohne jegliche Einschränkung der oben beschriebenen Leistungen. Diese Reduzierung auf eine einzige Glasfaser ist möglich geworden durch das sogn. Wellenlängenmultiplex-Verfahren. Durch Verwendung von Sendern mit unterschiedlicher Wellenlänge, z. B. 1300 nm für die Richtung A→B und 880 nm für die Richtung B→A, können mit

[26]) Es existiert bereits ein integriertes Fernschreib- und Datennetz (IDN).

Hilfe von Filterverzweigern über eine einzige Faser ohne gegenseitige Störung gleichzeitig Informationen in beide Richtungen übertragen werden. Dadurch verdoppelt sich die Übertragungskapazität der Lichtleitfaser. Statt des hier beschriebenen bidirektionalen Wellenlängenmultipex können mit einer entsprechenden Anordnung natürlich auch Informationen auf zwei verschiedenen Wellenlängen in einer Richtung über eine Faser übertragen werden. Das Wellenlängenmultiplex-Verfahren ist auch nicht auf zwei Wellenlängen beschränkt. Es können durchaus mehrere Wellenlängen benutzt werden, wodurch sich die Übertragungskapazität vervielfacht. Das Wellenlängenmultiplex-Verfahren steht jedoch erst am Anfang seiner Entwicklung und eröffnet voraussichtlich die Möglichkeit zu praktisch unbegrenzter Informationsübertragung.

7. Literatur

[1] *D. Rosenberger:* Physik in unserer Zeit 8/1977, S. 3
[2] *R. Jahn:* Feinwerktechnik *74* (1970), S. 524
[3] *W. Leupolz:* Faseroptik, Ingenieurarbeit, Staatl. Ingenieurschule Ulm 1965
[4] *H. Schmidt:* Der Physikunterricht 4/1983, S. 28
[5] *K. Arnolds:* NiU-P/C *26* (1978), S. 257
[6] *K. Arnolds:* NiU-P/C *28* (1980), S. 177
[7] *H.G. Unger:* Physikalische Blätter *34* (1978), S. 631
[8] : Informationsschrift der Firma Siemens: telcom report, 6. Jahrgang, April 1983, Beiheft „Nachrichtenübertragung mit Licht“
[9] : Informationsschrift der Firma Siemens: „Kommunikationstechnik“ Best.Nr. N-100/5277
[10] *J. Kanzow:* Zeitschrift für das Post-und Fernmeldewesen 11/1981, S. 2
[11] *A. Naab:* Zeitschrift für das Post-und Fernmeldewesen 11/1981, S. 7
[12] *U. Deker/W.Knapp:* Bild der Wissenschaft 7/1984, S. 52
[13] *R. Röhl:* Bild der Wissenschaft 7/1984, S. 58
[14] *K. Zintz:* Bild der Wissenschaft 7/1984, S. 72
[15] *H.G. Unger:* Optische Nachrichtentechnik, Berlin 1976
[16] *D. Rosenberger u. a.:* Optische Informationsübertragung mit Lichtwellenleitern, Grafenau 1982
[17] *S. W. Best:* Nachrichtenübertragung mit Lichtwellenleitern
[18] Der Bundesminister für das Post- und Fernmeldewesen (Herausgeber): Konzept der Deutschen Bundespost zur Weiterentwicklung der Fernmeldeinfrastruktur, Bonn 1984
[19] *J. Glagla:* NiU-P/C 1981, S. 50
[20] *W. Kempkes:* NiU-P/C 1982, S. 323
[21] *R. Th. Kersten:* Physik in unserer Zeit 5/1984, S. 139

Kap. 5: Informationsübertragung durch moduliertes Licht*)

1. Vorbemerkungen

Das Verfahren, moduliertes Licht als Informationsträger zu benutzen, hat seinen Weg von den Titelseiten technischer Publikationen in den technischen Alltag heute bereits hinter sich. Es begegnet uns im Haushalt als Infrarot-Tonübertragung bei HiFi- und Videogeräten und in der Gestalt diverser Infrarot-Fernbedienungen vom TV-Gerät bis zum elektrischen Garagentor.

In der Kommunikationstechnik werden Glasfaserkabel seit einigen Jahren erfolgreich erprobt, während im Bereich der industriellen Prozeßsteuerungstechnik die Übertragung von Prozeßdaten und Steuersignalen über Glasfaserkabel besonders in Bereichen mit starken elektromagnetischen Störfeldern bereits Standard ist.

Dem Schüler der Sek.-I bietet der Physikunterricht dieser Schulstufe in der Regel wenig Möglichkeiten, diesen komplexen technischen Bereich, mit dem er in seinem Alltag auf Schritt und Tritt konfrontiert ist, in sein physikalisches Grundwissen einzuordnen. Ziel der folgenden Darstellung ist deshalb der Versuch, Möglichkeiten einer experimentellen Erschließung dieses Themenbereiches aufzuzeigen. Darüber hinaus werden die physikalischen Grundlagen dieser Technologie als Orientierung für den Lehrer insoweit erläutert, als sie für die Planung und Durchführung einer entsprechenden Unterrichtseinheit von Bedeutung sind.

2. Die Versuchsreihe im Überblick

Im Mittelpunkt dieses Beitrages steht eine Reihe von „vorführbereiten" Experimenten, deren apparativer Aufwand sich an den technischen Möglichkeiten einer Schule der Sek.-I orientiert, deren Ergebnisse aber hinreichend interessant und motivierend sind, um Schülern den Zugang zu dieser Thematik zu ermöglichen.

Es werden die folgenden Experimente vorgestellt:

— Eine Versuchsanordnung, um Helligkeitsänderungen einer Glühlampe hörbar zu machen.

— Modulation des Lichtes einer Glühlampe durch Tonsignale.

— Eine einfache Übertragungsstrecke für Tonsignale mit Hilfe von sichtbarem Licht.

— Modellversuch zur Tonübertragung mit Infrarot-Licht.

— Modellversuch zur Tonübertragung mit Hilfe eines Lasers.

*) Autor dieses Kapitels: *G. Müller*

Die Experimente sind weitgehend mit Hilfe von Geräten aus dem Standard-Repertoire einer gut ausgerüsteten Physik-Sammlung realisierbar. So wurden Sender- und Empfängerschaltungen mit Hilfe des verbreiteten Elektronik-Stecksystems der Firma LEYBOLD (Kat.-Nr. 59390) erstellt, können aber auch leicht mit Experimentiersystemen anderer Hersteller (z. B. PHYWE) aufgebaut werden. Spezielle Bauteile wie Infrarot-LEDs und Fotowiderstände sind für wenig Geld im örtlichen Elektronikhandel zu beschaffen.

3. Didaktische Überlegungen:

Der Informationsübertragung mit Hilfe von moduliertem Licht kann im Physikunterricht der Sek.-I sicherlich nicht der Charakter eines autonomen Themenbereiches zuerkannt werden, der den bereits bestehenden additiv hinzuzufügen wäre. Die im naturwissenschaftlichen Unterricht bereits zu beklagende Stoffülle würde ein solches Vorgehen verbieten.
Sinnvoller erscheint eine Integration dieser Inhalte in den Themenbereich Elektrik/Elektronik, wobei im einzelnen zu prüfen ist, ob überholte Inhalte, die in der technischen Umwelt des Schülers kaum noch eine Bedeutung haben, durch die unterrichtliche Erschließung derartiger neuer Inhalte abgelöst oder in ihrem Umfang eingeschränkt werden können.
Die unterrichtliche Bedeutung der vorgeschlagenen Thematik ergibt sich aus der Tatsache, daß es am Beispiel der Informationsübertragung durch moduliertes Licht nicht nur möglich ist, spezielle technische Varianten dieses Verfahrens aus der Umwelt des Schülers durchschaubar zu machen, sondern darüber hinaus die elementare Struktur aller technischen Verfahren zur drahtlosen Informationsübertragung exemplarisch aufgezeigt und experimentell erarbeitet werden kann.
Das als Trägerenergie benutzte Licht ist dem Schüler der Sek.-I hinsichtlich seiner Erzeugung (z. B. durch eine Glühlampe), Ausbreitung (Strahlenoptik) und Wahrnehmung (Auge, Fotohalbleiter) wesentlich vertrauter und faßbarer als andere Trägermedien und deshalb für eine exemplarische Erarbeitung der drahtlosen Informationsübertragung gut geeignet.
Damit ist es möglich, unter Rückgriff auf physikalische Phänomene, die ohnehin schon Inhalt des Sek.-I-Unterrichtes sind, dem Schüler ein gedankliches Raster zu vermitteln, welches das Verständnis der komlexeren funktechnischen Verfahrensweisen auf dem Wege des Anlagogieschlusses und Transfers erlaubt.

3.1 Voraussetzungen und Ziele

Für die Gestaltung einer Unterrichtseinheit zur vorgeschlagenen Thematik bieten sich inhaltlich folgende Zugangsmöglichkeiten:
— Telefon
— Transistor als Verstärker
— Fotohalbleiter
Obwohl die genannten Inhalte als Verständigungsgrundlage zu betrachten sind, erscheint es möglich, evtl. fehlende Kenntnisse anhand der vorgegebenen Problemstellung zu erarbeiten oder zu vertiefen.

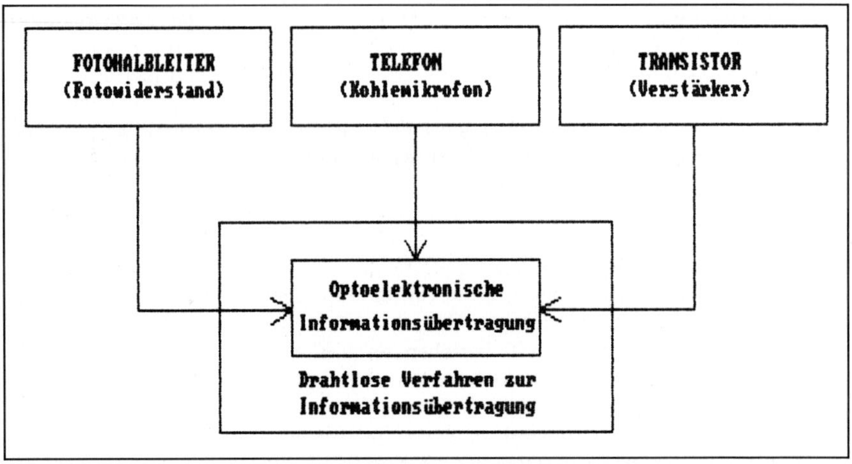

Abb. 5.1: Inhaltliche Einordnung der Informationsübertragung durch moduliertes Licht.

Eine Unterrichtseinheit mit der gegebenen Themenstellung sollte dem Schüler die Möglichkeit bieten, die Struktur und das Funktionsprinzip opto-elektronischer Nachrichtenübertragungsverfahren zu erkennen, zu erklären und auf die Ihm bekannten Wirkungsprinzipien von Fotowiderstand, Transistor und Telefon zurückzuführen.

Folgende Lernzielkomponenten sind unterscheidbar:

— Methoden beschreiben, mit denen es möglich ist, dem Licht Informationen aufzuprägen; (Begriff: Modulation)
— Methoden beschreiben, mit denen es möglich ist, dem modulierten Licht Informationen zu entnehmen und hörbar zu machen; (Begriff: Demodulation)
— Modulation und Demodulation des Lichtes im Experiment realisieren;
— Die Rolle des Lichtes in der Übertragungskette in der adäquaten Begrifflichkeit beschreiben und mit der Rolle des elektrischen Stromes beim Telefon vergleichen.

Ausschlaggebend für die Planung und Gestaltung einer Unterrichtseinheit ist letztlich immer die konkrete unterrichtliche Situation der Adressatengruppe. Deshalb können die hier gegebenen Hinweise auch nur die Qualität von Vorschlägen besitzen, den den jeweiligen Gegebenheiten anzupassen sind.

4. Die physikalischen Grundlagen

Das Prinzip aller technischen Informationsübertragungsverfahren ist im Grunde eine Übertragung von Energie, der die zu übermittelnde Information in irgendeiner Weise aufgeprägt wurde.

Im Falle der opto-elektronischen Übertragungsverfahren ist es die Energie des Lichtes, die als Träger der Information benutzt wird. Soll mit Hilfe dieser Energieform Information übertragen werden, ist es notwendig, mindestens eine ihrer konstituierenden physikalischen Größen im Takt der Information zu verändern. Dies geschieht

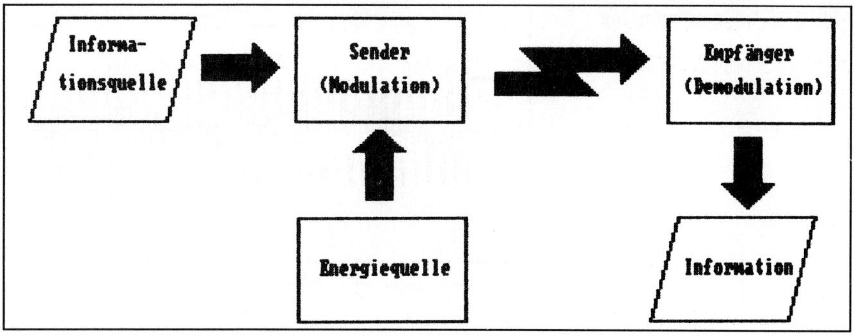

Abb. 5.2: Das technische Prinzip der Informationsübertragung

durch die Modulation des Lichtes innerhalb der als Sender dienenden Anordnung. Im Empfänger wird aus dem Momentanwert der modulierten physikalischen Größe die übertragene Information zurückgewonnen (Demodulation).

Betrachtet man das Licht als elektromagnetische Schwinung — im vorliegenden Fall reicht diese Betrachtungsweise aus — stehen theoretisch alle „klassischen", bereits aus der Funktechnik bekannten Modulationsverfahren wie: Amplituden-, Frequenz- und Phasenmodulation zur Verfügung. Technische Bedeutung hat jedoch gegewärtig nur die Amplitudenmodulation optischer Frequenzen erlangt, weil die Demodulation von frequenz- und phasenmodulierten Lichtsignalen zur Zeit noch nicht mit einem wirtschaftlich vertretbaren technischen Aufwand durchführbar ist.

4.1 Die Amplitudenmodulation

Geht man von einer optischen Frequenz f aus, so gilt — unter der vereinfachenden Annahme, daß es sich dabei um eine harmonische Schwinung handelt — für deren Feldstärke zum Zeitpunkt t:

(1) $$E = E_0 \cdot \sin 2\pi f t.$$

Diese Funktion beschreibt das zeitliche Verhalten einer unmodulierten Trägerschwingung.

Mit Hilfe dieser Trägerschwingung soll nun eine zweite Schwingung der Frequenz f' (z. B. ein Schallereignis) als Information übertragen werden. Das bedeutet im Fall der Amplitudenmodulation, daß der jeweilige Momentanwert der Modulationsschwingung E' zur Amplitude der Trägerschwingung E_0 addiert wird:

(2) $$E'' = (E_0 + E') \cdot \sin 2\pi f t.$$

Für den Momentanwert der Modulationsschwingung gilt:

(3) $$E' = E_0' \cdot \sin 2\pi f' t.$$

Abb. 5.3: Trägerschwingung

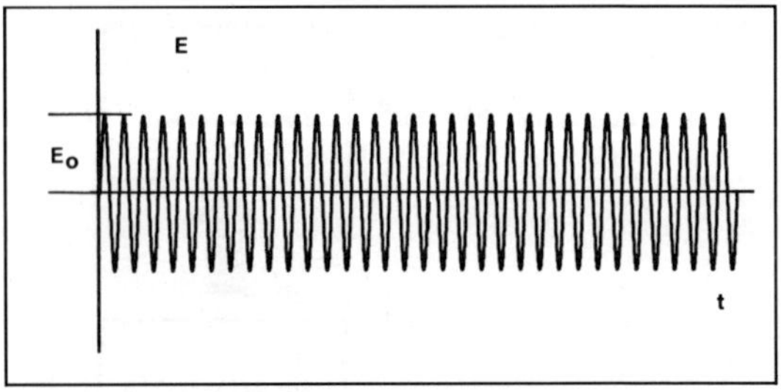

Abb. 5.4: Modulationsschwingung

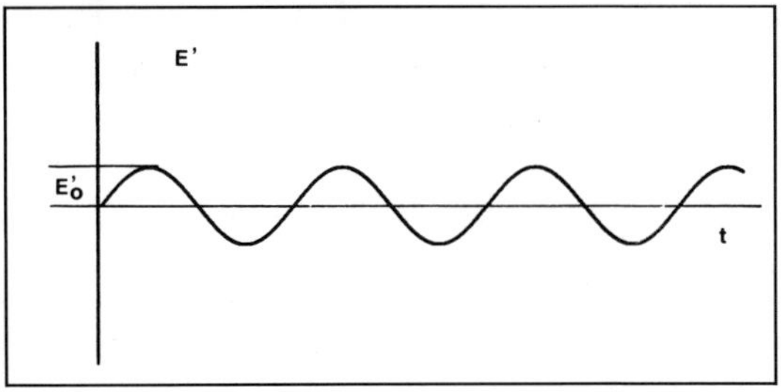

Abb. 5.5: Modulierte Schwingung

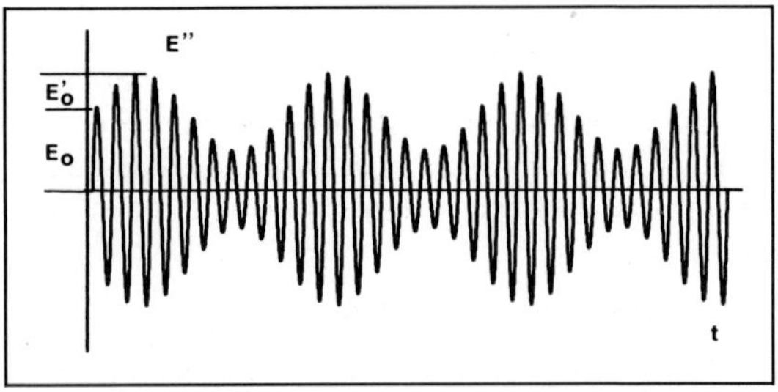

Somit ergibt sich für die modulierte Schwingung:

(4) $$E'' = (E_0 + E'_0 \cdot \sin 2\pi f't) \sin 2\pi ft.$$

Das Verhältnis E'_0/E_0 wird als Modulationsgrad m bezeichnet. Damit läßt sich Gleichung 3 vereinfachen:

(5) $$E'' = E_0 \, (1 + m \cdot \sin 2\pi f't) \sin 2\pi ft.$$

Eine geometrische Umformung der Gleichung 5 ergibt folgenden Ausdruck:

(6) $$E'' = E_0 \cdot \sin 2\pi ft + \frac{m}{2} E_0 \cdot \cos 2\pi (f - f')t - \frac{m}{2} E_0 \cdot \cos 2\pi (f + f')t.$$

Diese Gleichung zeigt nun, daß außer der Trägerfrequenz f zwei weitere Frequenzen $f + f'$ und $f - f'$ entstanden sind. Aus dem Abstand dieser „Seitenbänder" $(f+f') - (f-f') = 2f'$ ergibt sich die von der Information belegte Bandbreite, die gleichbedeutend ist mit dem „Platz", den eine Information innerhalb des Trägerfrequenzbereiches beansprucht. Durch den technischen Kunstgriff der Einseitenbandmodulation,

auf deren Erörterung hier verzichtet werden kann, läßt sich die von der Information okkupierte Bandbreite zwar noch einmal halbieren; eine weitere Beschränkung der Bandbreite ist jedoch ohne Informationsverlust nicht möglich.
Damit wird nun ein zentrales Problem der Nachrichtentechnik offenbar: je höher die Dichte und damit die Frequenz der übertragenen Information ist, desto mehr Platz wird von ihr innerhalb einen Übertragungskanales beansprucht. Daraus erklärt sich auch der nachrichtentechnische Trend zu immer höheren Trägerfrequenzen und der Vorteil, den eine Nachrichtenübertragung im optischen Frequenzbereich bietet: das Licht besitzt bei einer Frequenz von bis zu 10^{15} Hz einfach 10^5 mal mehr Platz für Informationen als die heute noch gebräuchlichen Mikrowellen mit einer Frequenz von ca. 10^{10} Hz.
Auch wenn damit zu rechnen ist, daß die Bandbreite der für nachrichtentechnische Zwecke verfügbaren Lichtsender (Laser) nur zu etwa einem Drittel ausgenutzt werden kann, wäre die gleichzeitige Übertragung von $3 \cdot 10^9$ Telefongesprächen (Bandbreite je 3 kHz) oder 10^6 Fernsehprogrammen (Bandbreite je 6 MHz) zumindest theoretische möglich.
Dennoch bietet der Aufbau von Übertragungsstrecken mit derart gigantischen Informationskapazitäten auch heute noch eine Reihe von technischen und wirtschaftlichen Problemen, so daß die ausgenutzte Bandbreite der zum gegenwärtigen Zeitpunkt existierenden Übertragungsstrecken noch weit unter dem theoretisch erreichbaren Maximum liegt.

4.2 Der Laserstrahl als Informationsträger

Um die Intensität und damit die Amplitude optischer Trägerschwingungen zu modulieren, werden unterschiedliche Verfahren praktiziert. Die Wahl der Methode ist dabei unabhängig vom jeweiligen Einsatzgebiet des Übertragungsverfahrens und der dadurch vorgegebenen Art der Lichtquelle.
Die in der Nachrichtentechnik übliche hohe Informationsdichte und die daraus resultierende hohe Bandbreitenausnutzung der Trägerfrequenz schließt die Verwendung „gewöhnlicher" inkohärenter Lichtquellen als Lichtsender aus. Da das Licht inkohärenter Quellen (z. B. Glühlampenlicht) keine einheitliche Frequenz besitzt, wäre eine Modulation dieses Lichtes gleichbedeutend mit der Modulation einer Vielzahl von Sendern mit unterschiedlichen Sendefrequenzen, deren Seitenbänder sich beim Empfang störend überlagern und zu einer nicht vertretbaren Erhöhung des Rauschpegels führen würden. Deshalb kommt als Lichtsender für nachrichtentechnische Anwendungen in erster Linie der Laser in Betracht, dessen Lichtemission nur einen schmalen Frequenzbereich umfaßt. Darüber hinaus ist ein Laserstrahl sehr stark gerichtet und die Energie des Strahles bleibt über weite Entfernungen auf einen kleinen Querschnitt konzentriert, so daß Energieverluste auf dem Übertragungsweg — abgesehen von Absorptionsverlusten — weitgehend vermieden werden können.
Zur Modulation des Laserstrahles bietet sich zunächst die Steuerung der Anregungsenergie an. Soll z. B. mit einem für nachrichtentechnische Zwecke häufig benutzten Gas-Laser ein Tonsignal übertragen werden, müßte der durch die zur Anregung benutzte Gasentladungsröhre fließende Strom im Takt der Tonfrequenz gesteuert werden, um als Ergebnis einen amplitudenmodulierten Laserstrahl zu erhalten.

Dieses Verfahren wird auch bei den meisten modulierten HeNe-Lasern praktiziert, die für den experimentellen Einsatz in Schulen angeboten werden. Allerdings ist diesem Verfahren bei Modulationsfrequenzen > 27 MHz schon eine praktische Grenze gesetzt, die durch die Verweilzeit der Gas-Atome in den angeregten Energieniveaus vorgegeben ist.

Deshalb ist eine Modulation des Lasers über eine Steuerung der Anregungsenergie für nachrichtentechnische Zwecke weitgehend unbrauchbar. Wesentlich bessere Ergebnisse werden durch die äußere Amplitudenmodulation einen kontinuierlichen Laserstrahles erzielt, wobei man sich den liniaren elektro-optischen Effekt (Pockels-Effekt) zunutze macht.

Bestimmte Kristalle, z. B. Kaliumdihydrogenphosphat (KDP), besitzen die Eigenschaft, unter Einwirkung eines elektrischen Feldes optisch anisotrop zu werden. Das bedeutet, daß die Fortpflanzugsgeschwindigkeit einer Lichtwelle im Kristall abhängig wird von der räumlichen Lage ihrer Polarisationsebene. Im betrachteten Fall wird dieses Phänomen zur Amplitudenmodulation eines linear polarisierten Laserstrahles verwendet:

Der Laserstrahl tritt in den Kristall derart ein, daß seine Polarisationsebene im Winkel von 45° gegen die hier mit x und y bezeichneten optischen Achsen des Kristalles geneigt ist. Wirkt auf den Kristall ein elektrisches Feld in der Weise ein, daß der Feldvektor parallel zur x- oder y-Achse verläuft, pflanzen sich die x- und y-Komponenten der Schwingung mit unterschiedlicher Geschwindigkeit fort, so daß sie nach Verlassen des Kristalls eine Phasenverschiebung $\Delta\varphi$ besitzen, deren Betrag proportinal zu Umod ist. Dadurch wird das austretende Licht zirkular bzw. elliptisch polarisiert (je nach Größe der Phasenverschiebung). Das nachgeschaltete Polarisationsfilter, dessen Durchlaßebene um 90° gegen die ursprüngliche Polarisationsebene des Strahles geneigt ist, läßt nur jene Komponenten der Lichtwelle passieren,

Abb. 5.6: Modulation eines Laserstrahles mit Hilfe des linearen elektro-optischen Effektes

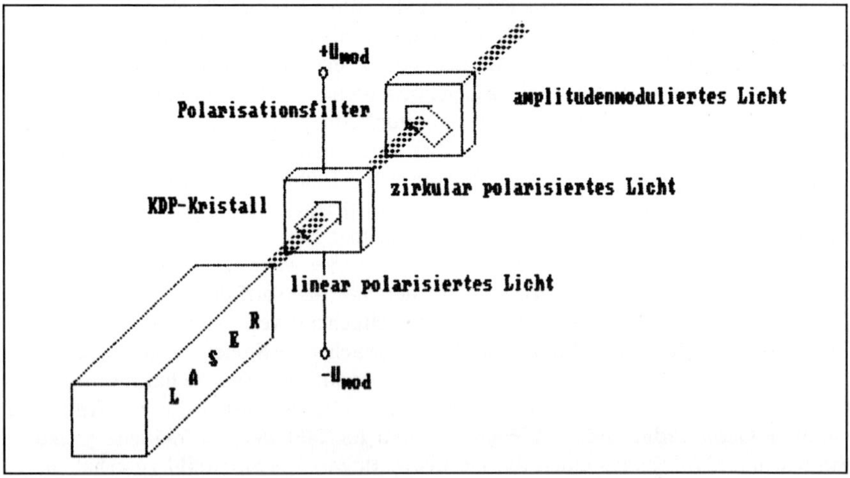

deren Schwingungsebene sich mit der Durchlaßebene des Filters deckt. Liegt nun an den Elektroden des Kristalls eine tonfrequente Wechselspannung, so ist die Amplitude der aus dem Filter austretenden Lichtwelle im Takt der Tonfrequenz moduliert. Auf ähnliche Weise läßt sich auch der quadratische-elektrooptische Effekt (Kerr-Effekt) und der magneto-optische Effekt (Faraday-Effekt) zur Amplitudenmodulation eines Laserstrahls benutzen. Beide Verfahren sind jedoch im betrachteten Zusammenhang von untergeordneter Bedeutung, deshalb wird hier auf deren Darstellung verzichtet.

4.3 Die Halbleiter-Diode als modulierter Lichtsender

Nicht alle Problemstellungen der Nachrichtentechnik erfordern so hohe Sendeleistungen, wie sie ein Laser zu bieten hat. Im Bereich der Unterhaltungselektronik (Infrarot-Kopfhörer, Fernbedienungen) und für viele Problembereiche der industriellen Prozeßsteuerung genügen Sender-Reichweiten von wenigen Metern. Außerdem liegen die zu übertragenden Informationen im Bereich der Tonfrequeenz mit einer vergleichsweise geringen Bandbreite von 10—15 kHz. Für Anwendungen dieser Art genügen daher auch inkohärente Lichtquellen mit geringen Emissionsleistungen. Dies gilt insbesondere dann, wenn zur Übertragung — auch für größere Entfernung — Lichtleiter benutzt werden, die eine Streuung des als Trägerenergie benutzen Lichtes vermeiden und den transportierten Lichtwellen nur eine relativ geringe Dämpfung entgegensetzen.

Mit der Licht-emittierenden Diode (LED) steht für diesen Anwendungsbereich ein Lichtsender zur Verfügung, dessen Strahlungsleistung sich problemlos modulieren läßt:

Licht-emittierende Dioden — auch Luminiszenzdioden genannt — werden aus Galliumphosphid (GaP), Lalliumarsenphosphid (GaAsP) oder Galliumarsenid (GaAs)

Abb. 5.7: Wirkungsprinzip der Licht-emittierenden Diode

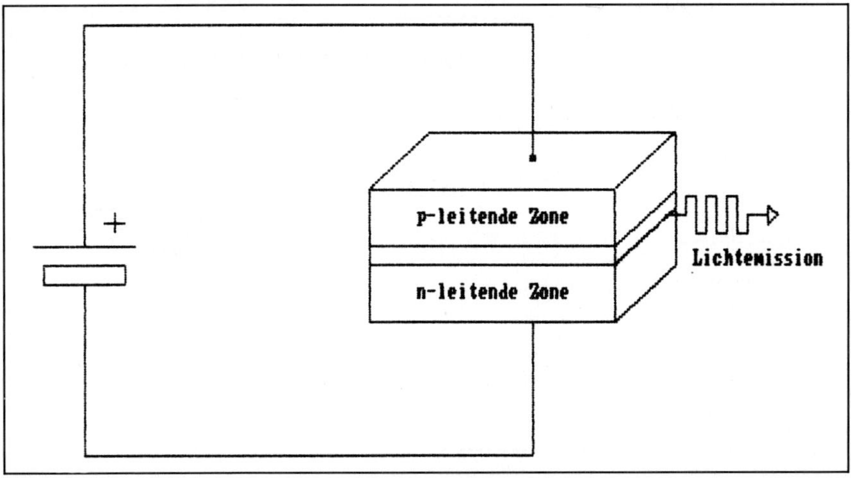

hergestellt. Durch entsprechende Dotierung dieser Halbleitermaterialien entstehen p- und n-leitende Zonen mit einem Pn- Übergang. Wird die Diffusionsspannung des pn-Überganges durch eine äußere Spannung überwunden, stellt sich ein Stromfluß in Durchlaßrichtung ein und des kommt zu einer Rekomination von Elektronen und Defektelektronen im Bereich des pn-Überganges. Diese Rekombination von Ladungsträgern läßt sich im Energie-Bändermodell des Halbleiters als Zurückfallen der Elektronen im Leitungsband zum Valenzband deuten. Die dabei freigesetzte Energie wird als Licht abgestrahlt.

Die Wellenlänge des emittierten Lichtes ist abhängig vom energetischen Abstand zwischen Leitungs- und Valenzband der verwendeten Halbleitermaterialien:

Halbleiter	Lichtfarbe	Wellenlänge
GaP	gelb/grün	550 nm
GaAsP	rot	650 nm
GaAs	infrarot	900 nm

Zwischen der Intensität des abgestrahlten Lichtes und der Größe des Durchlaßstromes besteht ein linearer Zusammenhang, der sich schon in relativ einfachen Schaltungsanordnungen zur Amplitudenmodulation nutzen läßt.

Die Luminiszenzdiode wird in Durchlaßrichtung durch die Gleichspannungsquelle Ug vorgespannt. Die in Reihe mit Ug geschaltete Modulationsspannungsquelle Um (im einfachsten Fall ein Tongenerator) bewirkt eine Schwankung des Ruhestromes If und damit auch eine im Takt der Modulationsspannung veränderliche Amplitude des abgestrahlten Lichtes. Die Reaktionszeiten (Anstiegs- und Abfallzeiten) von

Abb. 5.8: Moduliertes Licht aus einer Luminiszenzdiode

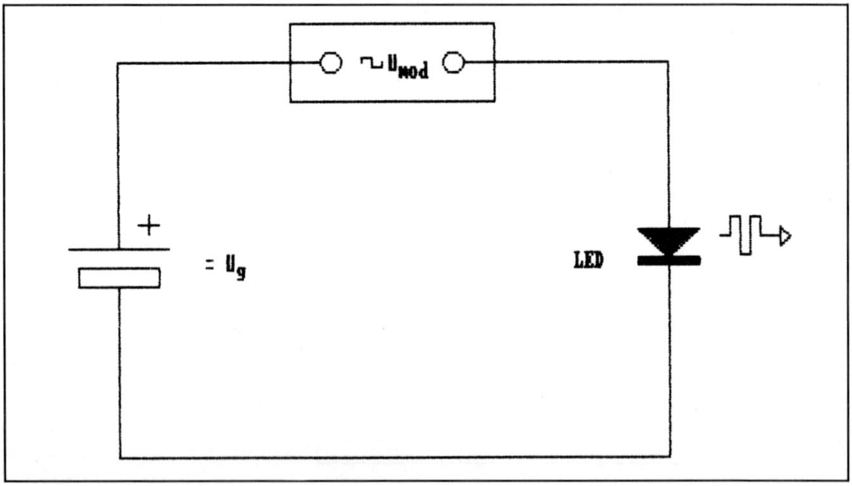

Luminiszenzioden liegen bei etwa 2,5 · 10^{-7} s, so daß Modulationsfrequenzen im MHz- Bereich möglich sind.

4.4 Demodulation von Lichtsignalen

Zur Rückgewinnung der dem Licht aufgeprägten Information ist es notwendig, den Lichtstrom zu demolieren und in ein elektrisches Signal zurückzuverwandeln. Die in der Technik verwendeten Lichtempfänger benutzen zu diesem Zweck den inneren bzw. äußeren Fotoeffekt.

Als Empfangselemente haben sich insbesondere Fothalbleiter wie Fotodioden, Fototransistoren und Fotoelemente bewährt. Daneben werden im Bereich der Nachrichtentechnik — besonders für den Empfang sehr schwacher Lichtsignale — auch Foto-Sekundärelektronen-Vervielfacher und Foto-Wanderfeldröhren eingesetzt. Gemeinsam ist allen genannten Lichtempfängern, daß sie ein elektrisches Signal erzeugen, welches nicht etwa dem zeitlichen Feldstärkeverlauf der Lichtquelle, wohl aber ihrer Intensität analog ist. Die Umwandlung des Lichtsignals in ein elektrisches Signal ist daher gleichbedeutend mit der Demodulation des empfangenen Signals. Empfangsordnungen für moduliertes Licht lassen sich somit recht einfach gestalten.

Die spektrale Empfindlichkeit der verwendeten Fotohalbleiter ist vom gewählten Halbleitermaterial abhängig. Für Zwecke der Unterhaltungselektronik kombiniert man oft eine Infrarot-emittierende GaAs-Diode als Lichtsende mit einem Silizium-Fotohalbleiter als Empfänger, weil dessen Empfindlichkeitsmaximum ebenfalls im nahen Infrarot-Bereich liegt.

5. Einführende Experimente

Die im folgenden beschriebenen Experimente 5.1 bis 5.3 dienen zur Erarbeitung der Grundlagen und sind daher hinsichtlich der verwendeten Materialien und der Komplexität ihres Aufbaues als Schülerversuche konzipiert. Darüber hinaus werden im Abschnitt 6 zwei weiterführende Experimente beschrieben, deren Hauptakzent auf dem experimentellen Nachvollzug spezieller technischer Anwendungsbereiche der opto-elektronischen Informationsübertragung liegt. Diese sind — bedingt durch den

Abb. 5.9: Blockschaltbild eines Lichtempfängers

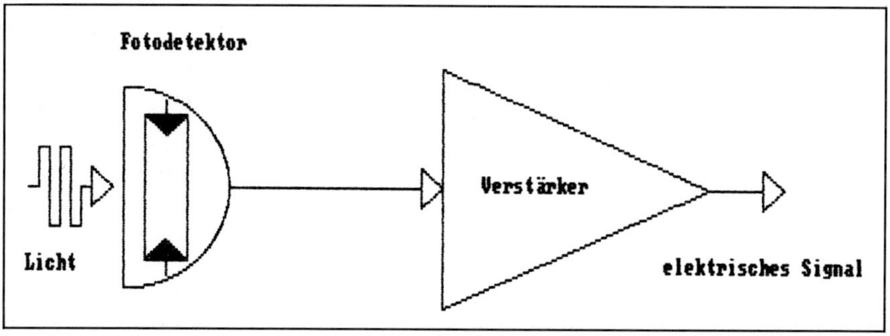

apparativen Aufwand — eher als Demonstrationsexperimente oder zur Durchführung in Arbeitsgruppen geeignet.

5.1 Helligkeitsänderungen einer Lichtquelle, hörbar gemacht

Versuchsziel:
Es soll eine Versuchsanordnung erstellt werden, mit der es möglich ist, moduliertes Licht akustisch wahrnehmbar zu machen. Diese Versuchsanordnung soll unter Anwendung der bekannten Wirkungsprinzipien von Fotowiderstand und Transistorverstärker realisiert werden. Das dabei entstandene Funktionsmodell eines Empfängers für modulierte Lichtsignale wird zunächst benutzt, um verschiedene Lichtquellen des Umweltbereiches zu untersuchen. Dabei läßt sich feststellen, daß wechselstromgespeiste Lichtquellen amplitudenmoduliertes Licht emittieren, das als 100-Hz-Brummton wahrgenommen wird. Die Ursache dieser Amplitudendemodulation, der zeitlich veränderliche Betriebsstrom, liefert dabei einen wichtigen Hinweis zur Erarbeitung von Verfahrensweisen, die eine gezielte Modulation — etwa durch eine Tonfrequenz — erlauben.

Versuchsaufbau:
Am Eingang eines NF-Verstärkers liegt der aus einem LDR und einem 1-kΩ-Widerstand bestehende Spannungsteiler. Wird der LDR durch eine Lichtquelle mit zeitlich veränderlicher Intensität beleuchtet, ändert sich das Spannungs-Teilungsverhältnis in Abhängigkeit von der Amplitude der Lichtintensität. Der an R entstehende Spannungsabfall wird verstärkt und durch einen Kopfhörer akustisch wahrnehmbar gemacht.
Der verwendete Verstärker sollte eine Eingangsempfindlichkeit von etwa 100 mVss für Vollaussteuerung besitzen. Neben fertigen Experimentierverstärkern aus dem

Abb. 5.10: Wirkungsprinzip des Licht-Empfängers

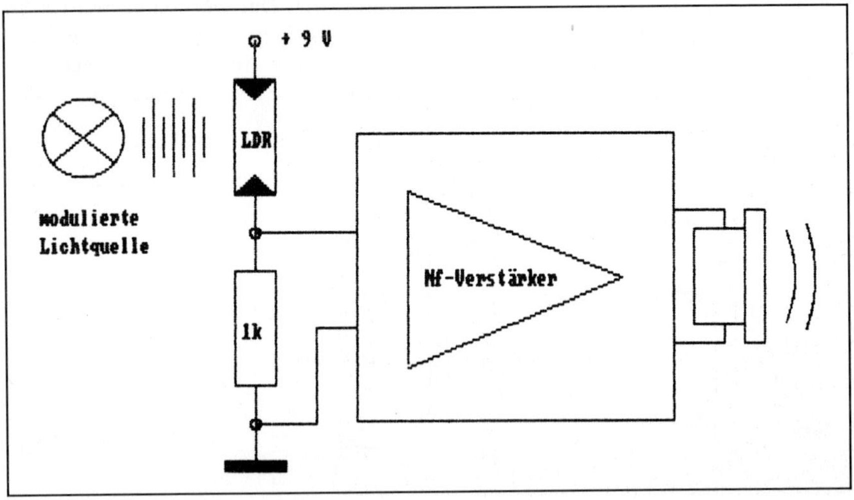

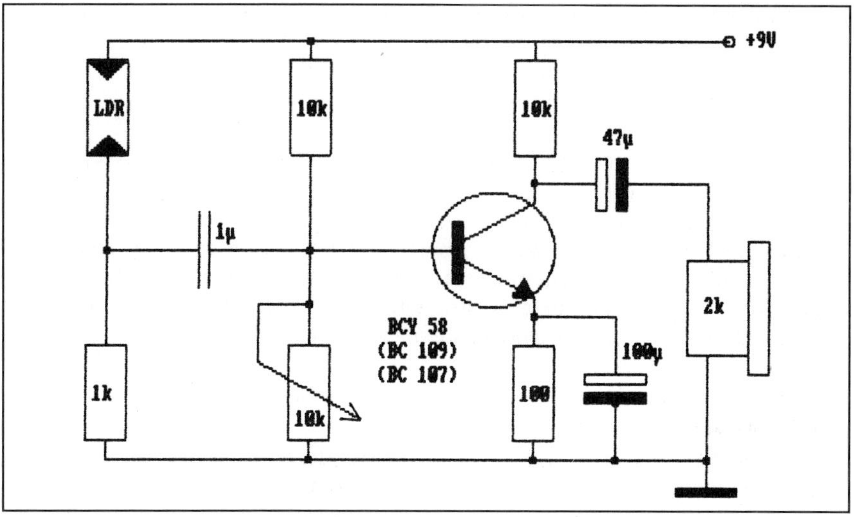

Abb. 5.11: Schaltbild eines selbst erstellten Licht-Empfängers

Angebot der Lehrmittelfirmen können auch die über den Phonoanschluß zugänglichen NF-Verstärker von Rundfunkgeräten benutzt werden. Im Interesse der Durchschaubarkeit des Versuchsaufbaues und einer Durchführung als Schülerversuch sollte der gesamte Lichtempfänger allerdings nach Möglichkeit aus Bauelementen schulüblicher Elektronik-Experimentiersysteme selbst erstellt werden. Bei diesen Experiment gelangt ein Lichtempfänger zur Anwendung, der aus Bauelementen des Leybold-Elektronik-Lehrsystems (Kat.-Nr. 59390) zusammengefügt und auch bei allen folgenden Experimenten verwendet wurde.

Benötigte Geräte:

— Elektronik-Experimentiersystem zum Aufbau eines Lichtempfängers
  oder ersatzweise:
— Cds-Fotowiderstand (z. B. LDR 03 oder 05)

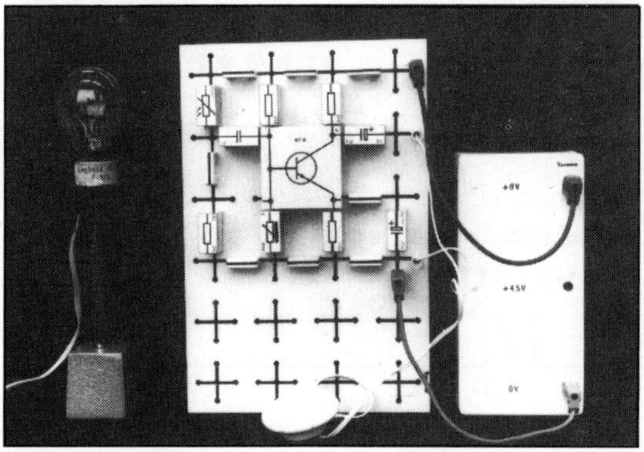

Abb. 5.12: Versuchsaufbau, realisiert mit dem Leybold Stecksystem

— 9V-Batterie
— Widerstand lk
— fertiger NF-Verstärker in kommerzieller Ausführung
— oder Rundfunkgerät mit Phono-Eingang,

außerdem:
— verschiedene elektrische Lichtquellen (Schreibtischlampen, Deckenbeleuchtung, Taschenlampen u. ä.)

Hinweise zur Durchführung:
Verschiedene Lichtquellen werden untersucht und nach „hörbaren“ und „nicht hörbaren“ Lichtquellen geordnet. In einem weiteren Schritt können Hypothesen über die Ursache der wahrgenommenen Schallinformation gebildet und durch gezielte Experimente bestätigt oder widerlegt werden.

5.2 Das Licht einer Glühlampe wird tonfrequent moduliert

Versuchsziel:
Der in Versuch 5.1 erarbeitete Sachverhalt, daß sich die Stahlungsintensität einer von Wechselstrom durchflossenen Glühlampe im Rhythmus des Wechselstromes ändert, soll nun benutzt werden, um das Licht einer Glühlampe tonfrequent zu modulieren. Zum Nachweis des modulierten Lichtes soll die Versuchsanordnung aus 5.1 verwendet werden.

Versuchsaufbau:
Ein Kohlemikrofon steuert den Strom und damit die Helligkeit einer Glühlampe im Rhythmus der auftretenden Schallwellen. Das von der Glühlampe abgestrahlte modulierte Licht wird mit der Versuchsanordnung 5.1 demoduliert und hörbar gemacht.

Abb. 5.13: Modulation mit Kohlemikrofon

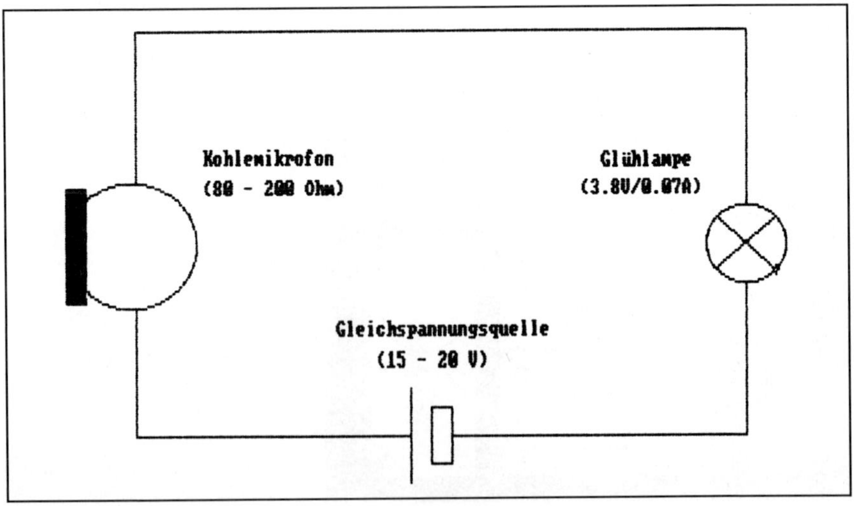

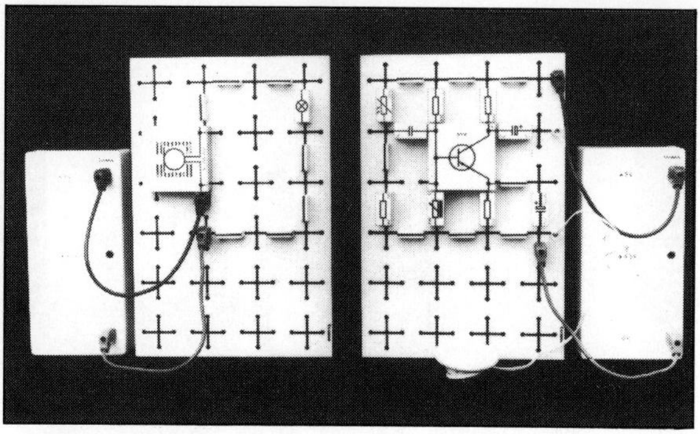

Abb. 5.14: Die Versuchsanordnung 5.2

Benötigte Geräte:
— Lichtempfänger gem. Versuch 5.1
— Kohlemikrofon (ca. 80-200 Ohm, z. B. Telefon-Sprechkapsel)
— Glühlampe 3.8V/0.07 mit Fassung
— geglättete Gleichspannungsquelle 15-20V (z. B. 2 Batterien 9V)
— Verbindungskabel, Krokodilklemmen u. ä.
— Geräuschquellen wie Wecker, Stimmgabel o. ä.

Hinweise zur Durchführung:
Die Übertragungsreichweite dieser Versuchsanordnung ist gering (ca. 50 cm); deshalb wird als Schallquelle ein leise tickender Wecker oder eine Stimmgabel ohne Resonanzkörper benutzt um, eine deutliche Unterscheidung zwischen Original-Schall und übertragenem Signal treffen zu können. Ein Unterbrechen des Strahlenganges mit der Hand oder mit einem Stück Karton läßt den Empfänger verstummen und beweist damit, daß das Schallsignal durch das Licht übertragen wurde. Die geringe Reichweite diese Versuchsanordnung kann als Anlaß zu Überlegungen dienen, wie sich die Reichweite vergrößern läßt.

Abb. 5.15: Das Analogiemodell einer optischen Richtfunkstrecke

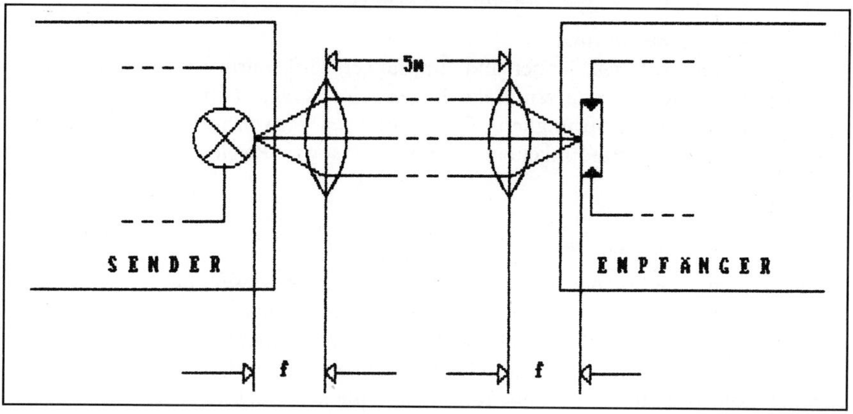

Abb. 5.16: Die Versuchsanordnung 5.3

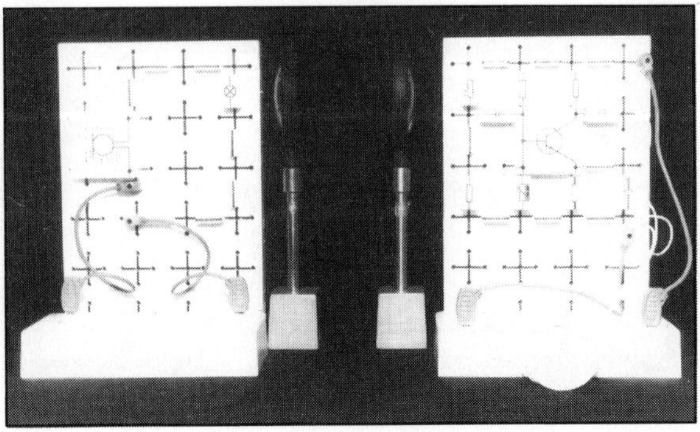

5.3 Das Licht des Senders wird gebündelt

Versuchsziel:
Mit Hilfe der Strahlenoptik läßt sich zeigen, daß in der Versuchsanordnung 5.2 nur ein geringer Teil des vom Sender emittierten Lichtes zum Empfänger gelangt. Mit Hilfe vom Sammellinsen soll nun das Licht des Senders gebündelt werden, um den Wirkungsgrad der Übertragungsstrecke zu erhöhen. Dieser Versuch kann u. a. dazu dienen, die Wirkungsweise einer Richtfunk-Strecke am optischen Analogie-Modell zu erarbeiten.

Versuchsaufbau:
Die Glühlampe des Senders und der Fotowiderstand des Empfängers werden jeweils im Brennpunkt einer Sammellinse angeordnet. Der Versuchsaufbau wird so justiert, daß eine Abbildung der Glühwendel auf der Lichtempfindlichen Fläche des Fotowiderstandes erfolgt. Im übrigen entspricht der Aufbau dem Versuch 5.2.

Benötigte Geräte:
— Lichtsender und -empfänger gem. Versuch 5.2
— 2 Sammellinsen f = 150 mm mit Halterung.

Hinweise zur Durchführung:
Die Entfernung zwischen Sender und Empfänger wird schrittweise vergrößert, um die maximale Reichweite zu ermitteln. Dabei zeigt es sich, daß sich die Reichweite der Anordnung von ursprünglich 50 cm auf etwa 5 m erhöht. (Bei sorgfältiger Justage und leicht abgedunkeltem Raum sind sogar Reichweiten bis zu 10 m möglich.)

6. Ergänzende Experimente

Die folgenden Experimente verdeutlichen die technische Anwendung in der vorangegangenen Versuchsreihe erarbeiteter Inhalte, erfordern jedoch zu ihrer Durchführung Geräte wie Kassettenrecorder und Laser. Darüber hinaus erfordert ihr Aufbau ein gewisses Mindestmaß an technischem Geschick und Sorgfalt, so daß diese Experimente wohl primär als Demonstrationsexperimente geeignet sind. Eine Ausfüh-

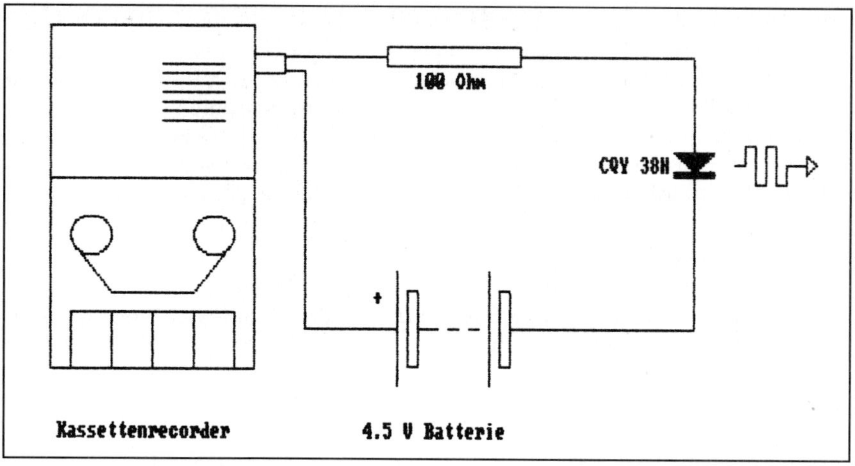

Abb. 5.17: Schaltschema zu Versuch 6.1

rung durch eine gut eingearbeitete Gruppe von Schülern der Sek.-I erscheint hingegen möglich.

6.1 Modellversuch zur Infrarot-Tonübertragung

Versuchsziel:
Das Funktionsprinzip des „Infarot-Kopfhörers“ als technischer Anwendungsbereich der Tonübertragung durch Licht wird in einem Modellversuch demonstriert und auf die in den Versuchen 5.1 bis 5.3 erarbeiteten Inhalte zurückgeführt. Dabei kann gezeigt werden, daß eine Informationsübertragung auch mit dem „unsichtbaren“ Infrarot-Licht möglich ist. Darüber hinaus ist der Versuch als Einstieg zur Behandlung des Wirkungsprinzips der Luminiszenzdiode als moderne Halbleiter-Lichtquelle geeignet.

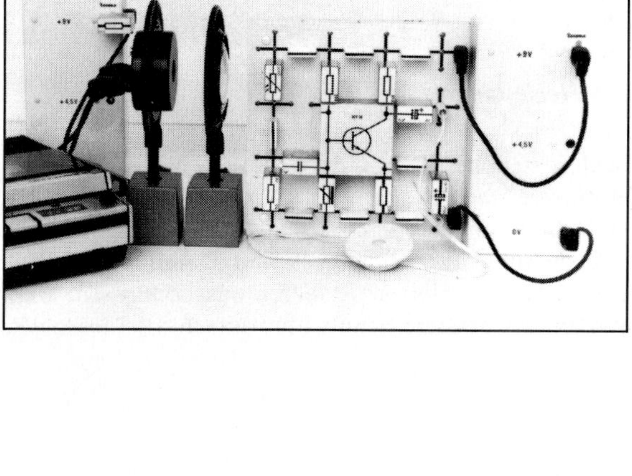

Abb. 5.18: Versuchsaufbau zu 6.1

Versuchsaufbau:
Die GaAs-Diode wird durch die Spannung Ug der Taschenlampenbatterie in Durchlaßrichtung vorgespannt (Polarität beachten!). Dabei fließt ein Ruhestrom, der vom Widerstand R auf ca 50mA begrenzt wird. Die Ausgangsspannung des Kassettenrecorders (Lautsprecher-Ausgang), die in Serie mit Ug liegt, bewirkt eine Modulation des Ruhestromes und damit der Strahlintensität der GaAs-Diode. Das modulierte Infrarot-Licht wird mit dem Lichtempfänger gem. Versuch 5.3 demoduliert und hörbar gemacht.

Benötigte Geräte:
— Lichtempfänger gem. Versuch 5.3
— Kassettenrecorder mit Anschluß für externen Lautsprecher: Geeignet sind in dieser Schaltungsordnung nur Geräte, die über einen eingebauten Ausgangstransformator verfügen, was für nahezu alle Geräte der unteren bis mittleren Preisklasse zutrifft. Im Zweifelsfall hilft ein Blick in den Schaltplan des betreffenden Gerätes.
— GaAs-Lumininszenzdiode (z. B. CQY38H von Telefunken o. ä..)
— Widerstand 100 Ohm/0.5W
— Taschenlampenbatterie 4.5V
— Verbindungskabel, Steckermaterial etc.
gegebenenfalls:
— SW-Videokamera mit Monitor

Hinweise zur Durchführung:
Das Justieren des Versuchsaufbaues kann erleichtert werden, indem man die GaAs-Diode bei leicht abgedunkeltem Raum mit einer Taschenlampe beleuchtet und mit der Sammellinse auf dem Fotowiderstand abbildet. Die Entfernung zwischen Sender und Empfänger sollte etwa 1—2 m betragen. Bei dem in der Abbildung dargestellten Versuchsaufbau wurde die Diode zur besseren Handhabung in eine Halterung eingelötet, die ursprünglich für eine Fotodiode vorgesehen war.
Die unsichtbare IR-Emission der GaAs-Diode läßt sich auf verblüffende Weise sichtbar machen, wenn eine Videokamera mit Monitor verfügbar ist: Die Halbleiterschicht der in einfacheren Videokameras verwendeten Vidicon-Aufnahmeröhren besitzen im nahen IR-Bereich noch eine ausreichende Empfindlichkeit, um das von der GaAs-Diode emittierte Licht zu registrieren. Wird eine solche Videokamera auf den Lichtsender gerichtet, zeigt das Monitorbild eine „leuchtende“ GaAs-Diode, deren Helligkeit im Rhythmus der Lautstärke des Tonsignals schwankt.

6.2 Optische Modulation eines HeNe-Lasers:

Versuchsziel:
Das Funktionsprinzip der Nachrichtenübertragung durch Laserlicht soll in einem einfachen Modellversuch demonstriet werden. Bei der Gestaltung des Versuches wurde davon ausgegangen, daß die physikalischen Wirkungsprinzipien des Lasers einer Behandlung auf Sek.-I-Ebene wohl kaum zugänglich sind. Damit ist auch eine Erarbeitung der gebräuchlichen Lasermodulationsverfahren ausgeschlossen. Dennoch wird der Laser im Physikunterricht diese Schulstufe vielfach als Lichtquelle

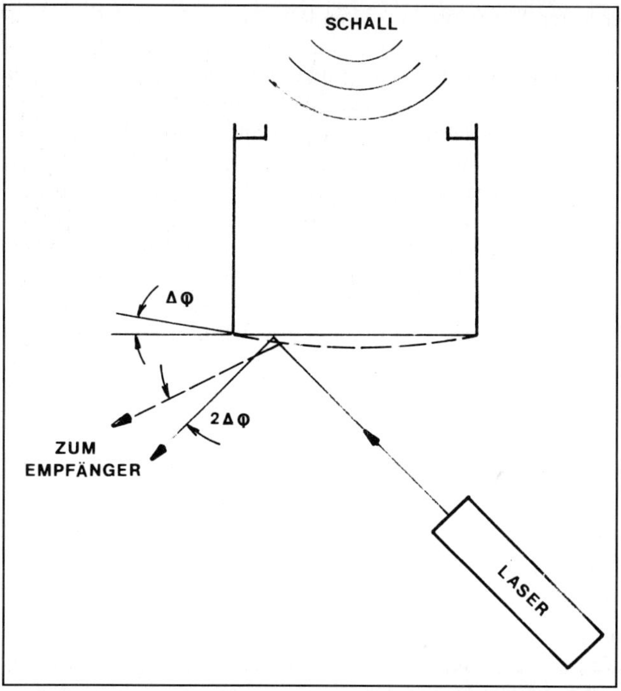

Abb. 5.19: Strahlengang am optischen Mikrofon

mit annähernd parallelem monochromatischem Licht hoher Intensität als „black-box“ eingeführt und erfolgreich zur Erarbeitung strahlenoptischer Gesetzmäßigkeiten experimentell genutzt. Bei dem im folgenden dargestellten Modulationsverfahren wird auf das Reflexionsgesetz zurückgegriffen, so daß der Modulationsvorgang als solcher für den Schüler überschaubar bleibt.

Versuchsaufbau:

Die Modulation des Laserstrahles geschieht durch ein „optisches Mikrophon“, das

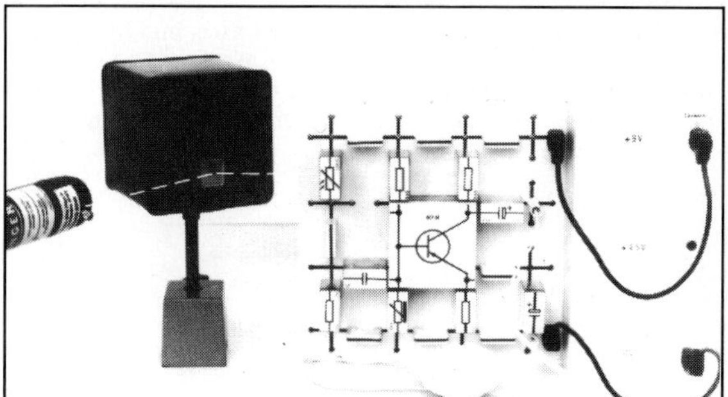

Abb. 5.20: Die vollständige Versuchsanordnung zu 6.2

sich sehr leicht aus einer leeren Blechdose herstellen läßt, auf deren Boden ein kleines Stück Spiegelglas von außen aufgeklebt wird. Dieses optische Mikrofon wird so angeordnet, daß der Laserstrahl unter flachem Winkel auf den Spiegel trifft. Der reflektierte Strahl gelangt auf den Fotowiderstand des Lichtempfängers gem. Versuch 5.1. Wirkt nun ein Schallereignis auf den als Membrane dienenden Boden der Dose ein, verändert sich der Winkel zwischen einfallenden Strahl und der Spiegeloberfläche rhythmisch um den Betragg df; dementsprechend bewegt sich der ausfallende Strahl um den Winkel 2df. Obwohl die Winkeländerungen sehr klein sind, genügt die dadurch hervorgerufene Verschiebung des Laserstrahles, um auf der mäanderförmigen CdS-Schicht des Fotowiderstandes eine geringfügige Änderung der beleuchteten Fläche und damit der Leitfähigkeit zu bewirken, die dann in bekannter Weise zu einem elektrischen Signal umgeformt wird. Es handelt sich in diesem Fall also eigentlich im eine Modulation der Strahlrichtung, die erst von der strukturierten Oberfläche des Fotowiderstandes in eine Amplitudenmodulation umgewandelt wird.

Benötigte Geräte:
— Licht-Empfänger gem. Versuch 5.1
— Experimentierlaser (HeNe-Laser)
— leere Blechdose, (z. B. Teebüchse)
— Spiegelglas-Scherbe, 10 mm × 10 mm
— Unterlegeklötze, Befestigungsmaterial

Hinweise zur Durchführung:
Mit diesem Versuchsaufbau ist es möglich, selbst geflüsterte Sprache über Entfernungen von 50m und mehr zur übertragen. Dabei müssen Sender und Empfänger nicht im gleichen Raum stehen; eine Übertragung ist auch zwischen getrennt stehenden Gebäuden durch die Scheiben geschlossener Fenster möglich. In den Strahlengang gebrachter Rauch (z. B. durch Verbrennen von geringen Mengen roten Phosphors) läßt den Weg des Laserstrahles sichtbar werden.

7. Literatur zu Kap. 5

[1] *Gürs, K.:* Laser, Grundlagen, Eigenschaften und Anwendungen in Wissenschaft und Technik, Frankfurt 1970.
[2] *Tradowsky, K.:* Laser — kurz und bündig, Würzburg 1968
[3] *Unger, H.-G.:* Quantenelektronik, Einführung in die Grundlagen der Laser- und Masertechnik, Braunschweig, 1968
[4] *Harrais, H.:* zur Bedeutung des pn-Überganges im Rahmen einer exemplarischen Berücksichtigung der Halbleiterphysik im Physikunterricht, in: Physik und Didaktik 1/75, Bayrischer Schulbuchverlag.

Kap. 6: Fernsehen mit Nipkow-Scheiben — ein Funktionsmodell zu einem historischen Übertragungsverfahren von Fernsehbildern*)

1. Vorbemerkung

Im folgenden Kapitel soll der Aufbau eines Funktionsmodells vorgestellt werden, mit dessen Hilfe die Wirkungsweise des Nipkowschen „Fernseh-Systems“ anschaulich dargestellt werden kann.
In gewissen Grenzen lassen sich mit diesem Modell auch einige grundlegende Funktionsprinzipien des modernen Fernsehens veranschaulichen (z. B. die zeilenweise Zerlegung des Bildes).
Um die Verwendung des Funktionsmodells in der Schule zu erleichtern, werden einerseits nur Bauteile und Geräte benutzt, die entweder ohnehin in den meisten Schulen vorhanden oder im Selbstbau relativ leicht herzustellen sind (z. B. Nipkow-Scheiben aus Aluminiumblech).
Anderseits ist, um einem hohen Maß an Durchschaubarkeit gerecht zu werden, die gesamte Versuchsanordnung möglichst elementar gehalten. D.h. es werden außer den zur Spannungsversorgung nötigen Netzgeräten keine weiteren vorgefertigten Geräte verwendet.
Die benötigten elektronischen Schaltungen sind weitestgehend vereinfacht und zur besseren Überschaubarkeit mit einem Elektronik-Stecksystem aufgebaut.
Moderne, aber den Schülern in der Regel bekannte Bauelemente (z. B. die Leuchtdiode) sind immer dort eingesetzt, wo dies zur Vereinfachung oder im Sinne einer schulischen Realisierungsmöglichkeit sinnvoller erscheint, als das Erreichen einer möglichst hohen historischen Originalität.

2. Didaktische Anmerkungen

Ohne Zweifel ist das Fernsehen heutzutage eine der wichtigsten technischen Einrichtungen überhaupt. Dabei erstreckt sich sein Einfluß nicht nur auf den privaten Bereich (z. B. Informationsvermittlung, Unterhaltung), sondern auch auf den wirtschaftlichen und öffentlichen Bereich. Hier ist vor allem die elektronische Datenverarbeitung zu nennen, die ohne das Fernsehen (Monitor) als Kommunikationsmittel zwischen Mensch und Computer kaum denkbar wäre.
Die Bedeutung des Fernsehens wird angesichts neuer Technologien wie Bildschirmtext oder Kabelfernsehen sicherlich noch weiter zunehmen.
Es wird daher wohl auch niemand die Notwendigkeit bestreiten, daß das Fernsehen und seine Auswirkungen auf verschiedene menschliche Bereiche unter den jeweils fachspezifischen Gesichtspunkten im Unterricht behandelt werden müssen.

---

*) Autor dieses Kapitels: *W. Weber*

Dem Physikunterricht kommt dabei die Aufgabe zu, den Schülern die physikalisch-technischen Aspekte des Fernsehens, zumindest was die prinzipielle Funktionsweise angeht, zu vermitteln.

Diese Aufgabe stellt sich um so mehr angesichts der Tatsache, daß das Mißverhältnis zwischen ausgiebiger Nutzung einerseits und mangeldem Verständnis andererseits bei kaum einer anderen Technologie so ausgeprägt ist, wie beim Fernsehen. Daß dies auch für viele Schüler zutrifft, ist nicht verwunderlich:
Das Thema Fernsehen (Fernsehkamera, Bild- und Synchronsignal, Empfangsgerät) wird bislang im Unterricht nahezu ausschließlich theoretisch behandelt. Lediglich im Zusammenhang mit der Braunschen Röhre werden mitunter einige Experimente durchgeführt.

Dies liegt aber nicht nur daran, daß die Lehrmittelfirmen bisher kaum Geräte zur Veranschaulichung der elektrischen Bildübertragung anbieten. Vielmehr täuschen der hohe Entwicklungsstand und der große technische Aufwand beim realen Fernsehen allzuleicht darüber hinweg, daß es mit relativ einfachen, in der Schule bereits vorhandenen oder leicht herzustellenden Mitteln möglich ist, eine elektrische Bildübertragung zu realisieren.

Diese Möglichkeit bietet das Nipkowsche Bildabtast- und Wiedergabeverfahren, welches sich mit relativ bescheidenen Mitteln, dafür aber um so mehr Phantasie verwirklichen läßt. Schließlich standen den Pionieren des Fernsehens ja auch keine hochentwickelten Bauteile bzw. Geräte zur Verfügung.

Trotz der großen technischen Unterschiede zwischen dem Nipkowschen und dem heutigen Fernsehsystem sind doch die Grundprinzipien im wesentlichen gleich:
— Umwandlung der Helligkeit eines Bildpunktes in eine elektrische Größe (elektrisches Signal)
— zeilenweise Abtastung des Bildes
— geeignete Aufbereitung des Bildsignals (Bildsignalverstärker)
— Rückumwandlung der Bildsignale in entsprechende optische Signale
— zeilenweise Zusammensetzung des Bildes gemäß der Bildabtastung
— Synchronisation von Bildaufnahme- und Bildwiedergabegerät

Das primäre Lernziel bei einem Einsatz des Funktionsmodells im Physikunterricht ist das Erkennen bzw. Verstehen dieser Grundprinzipien.

Selbstverständlich sollte auch die begrenzte zeitliche und räumliche Auflösung des menschlichen Gesichtssinnes behandelt werden, denn hierauf beruht ja die Möglichkeit der zeilenweisen Bildabtastung und -zusammensetzung.

Zu den Vorkenntnissen ist zu sagen, daß es zwar hilfreich ist, wenn die Schüler/-innen die Funktionsweise der verwendeten Bauelemente (z. B. Fotoelement, Transistor, Leuchtdiode, Wirbelstrombremse) bereits kennen. Zwingend notwendig ist dies aber für das Verständnis der Funktionsabläufe nicht.

So würde z. B. die Erklärung, daß die Leuchtdiode eine nahezu trägheitslose steuerbare Lichtquelle ist, zunächst einmal vollkommen genügen.

Für einen sinnvollen Einsatz des Funktionsmodells bei der Behandlung des Themas Fernsehen ist es allerdings unerläßlich, die Unterschiede zwischen der Realisierung der Bildübertragung bei Modell und beim realen Fernsehen klar herauszustellen.

Hierzu könnte die folgende Tabelle aufgestellt werden:

	Funktionsmodell	reales Fernsehen
1. Bildaufnahme	Nipkowscheibe/Fotoelement	elektronische Aufnahmekameras
2. Zeilenzahl	maximal 18	625
3. Bildfrequenz	ca. 12,5 Hz	25 Hz
4. Zeilenfrequenz	ca. 225 Hz	15 625 Hz
5. Bildsignalfrequenz	ca. 3,375 kHz	5 MHz
6. Signalarten	Helligkeit	Helligkeit Farbart Farbsättigung (FBAS-Signal)
7. Übertragungsweg	Kabel	Modulation elektromagnet. Wellen (VHF/UHF)
8. Bildwiedergabe	Nipkow-Scheibe / Leuchtdiode	Braunsche Röhre mit geeigneter Elektronenstrahlablenkung
9. Synchronisation	spezielle Drehzahlsynchronisation	elektronische Synchronisation mit Hilfe der Zeilen- und Bildsynchronsignale

3. Beispiele für Bildübertragungen mit dem Funktionsmodell

An Hand eines Beispiels (Abb. 6.1) soll zunächst einmal ein Eindruck davon vermittelt werden, welche Resultate bei der Übertragung schwarz-weißer Schattenbilder mit Hilfe des erstellten Funktionsmodells zu erzielen sind.

Als Bildvorlagen sind hier Diagläser verwendet worden, die der Einfachheit halber mit einem schwarzen Folienschreiber beschriftet wurden (eine Übertragung von Diapositiven ist auf Grund des geringen Auflösungsvermögens leider kaum möglich). Ebenso könnten aber auch Bilder einfacher bewegter Objekte (z. B. aus Pappe ausgeschnittende Figuren) übertragen werden. Es ist dabei zu beachten, daß das Bildformat maximal 3,6 cm $\times$6 cm beträgt.

In den folgenden Abschnitten werden nun Funktionsweise und Herstellung des Modells ausführlich beschrieben sowie Hinweise auf mögliche Abänderungen des Funktionsmodellaufbaus gegeben.

4. Das Funktionsprinzip der Nipkowschen Bildübertragung

Im Jahre 1884 wurde dem deutschen Ingenieur *Paul Nipkow* (1860—1940) vom kaiserlichen Patentamt in Berlin ein Verfahren patentiert, mit dessen Hilfe es möglich

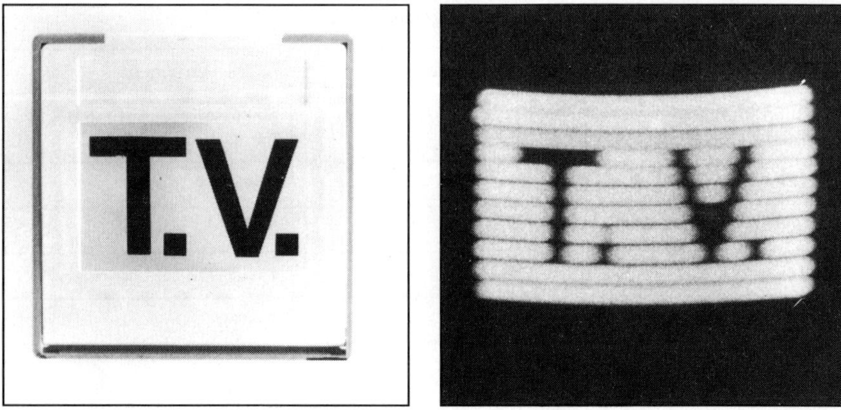

Abb. 6.1: (a) Bildvorlage (beschriftetes Diaglas); (b) Übertragenes Bild)

sein sollte, ein am Orte A befindliches Objekt an einem beliebigen Orte B sichtbar zu machen.

Selbstverständlich ist das Nipkowsche Verfahren nicht mit unserem heutigen Fernsehen zu vergleichen. Vielmehr hat *Nipkow*, den man auch den „Vater des Fernsehens" nennt, mit seinem Patent den Grundstein zur Entwicklung der modernen Fernsehtechnik gelegt.

Im folgenden soll das Prinzip seines Bildübertragungsverfahrens erläutert werden. Die Hauptschwierigkeit bei der elektrischen Bildübertragung liegt in der Fülle von Informationen, die nötig sind, um ein Bild bzw. die zweidimensionale Abbildung eines räumlichen Objekts möglichst naturgetreu wiederzugeben (Lage der Bildpunkte bzw. kleiner Bildflächenelemente und die dazugehörigen Helligkeitswerte sowie die jeweilige Farbart und Farbsättigung). Selbst bei einer Beschränkung auf kleine schwarzweiße Schattenbilder (z. B. ein Schwarzweißdia) wäre eine gleichzeitige Übertragung der gesamten Bildinformationen auch bei nur geringem Auflösungsvermögen kaum möglich. Dies möge folgendes Beispiel verdeutlichen:

Als Bildvorlage diene ein gewöhnliches Schwarzweißdia (24 mm × 36 mm). Damit die Bildstruktur einigermaßen erkennbar bleibt, sollte die Unterscheidung zweier Bildpunkte mit einem Abstand von zwei Millimetern noch gerade möglich sein. Dann ergäbe sich eine Rasterung des Bildes in $12 \times 18 = 216$ Bildpunkte. Es müßte also möglich sein, 216 Werte (Helligkeitswerte der einzelnen Bildpunkte) zu übermitteln. Bei einer Verdoppelung des Auflösungsvermögens wären bereits $24 \times 36 = 864$ Werte zu übertragen.

Es ist leicht einzusehen, daß man insbesondere bei einer weiteren Steigerung des Auflösungsvermögens auf kaum zu überwindende technische Schwierigkeiten stoßen würde.

Nipkow beschrieb nun ein Verfahren, mit dessen Hilfe dieses Problem umgangen werden konnte:

Ihm war bekannt, daß das menschliche Auge nur eine sehr begrenzte zeitliche Auflösung besitzt. So werden z. B. zwei Lichtblitze nur dann zeitlich getrennt wahrgenommen, wenn die Zeitspanne zwischen den beiden Blitzen nicht kürzer als ca. 0,1 s ist. Von dieser Tatsache ging nun Nipkows Grundidee für eine elektrische Bildübertragung aus. Es sollten nicht mehr sämtliche Bildinformationen gleichzeitig übermittelt, sondern das Bild konnte zeilenweise abgetastet werden, wobei die jeweiligen Helligkeitswerte nacheinander mit Hilfe eines optoelektrischen Bauelements in geeignete elektrische Signale „umgewandelt" wurden. Diese konnten nun z. B. per Kabel an den Empfangsort übertragen werden. Hier mußte dann synchron zu der Bildabtastung wiederum zeilenweise die Bildzusammensetzung erfolgen. Eine geeignete Lichtquelle hatte für die „Rückumwandlung" der elektrischen in entsprechende optische Signale zu sorgen.

Der entscheidende Faktor war dabei die Zeit für die Abtastung des gesamten Bildes. Diese mußte so kurz sein, daß das Auge die Zusammensetzung auf Grund seiner Trägheit nicht mehr verfolgen und somit das Bild als Ganzes wahrnehmen konnte.

In seiner Patentschrift mit dem Titel „Elektrisches Teleskop" beschrieb *Nipkow* nun eine Apparatur, mit der seine Grundidee der zeilenweisen Bildabtastung und -zusammensetzung verwirklicht werden sollte.

Auf eine nähere Beschreibung des „Elektrischen Telekops" soll hier nun allerdings verzichtet werden. Zwar basiert das erstellte Funktionsmodell auf dem gleichen Verfahren. Es wurden jedoch gegenüber der Nipkowschen Apparatur, die ohnehin nie exakt auf die im Patent angegebene Weise realisiert wurde, einige wesentliche Veränderungen vorgenommen[1]). Es erscheint daher sinnvoller, das Funktionsprinzip an Hand des Modells zu erläutern: In Abb. 6.3 ist der Aufbau des Funktionsmodells schematisch dargestellt. Hierin sind zwei Kreisscheiben zu erkennen, die mit spiral-

---

[1]) *Nipkows* Patenschrift ist vollständig abgedruckt in: W. Keller: „100 Jahre Fernsehen", VDE Verlag, Berlin 1983[1] S. 33—37

Abb. 6.3: Schematischer Aufbau des Funktionsmodells:
S_A und S_B: Synchron laufende Nipkow-Scheiben
$L_1/L_2/L_3$: Konvexlinsen
G: Glühlampe
Bv: Bildvorlage
F: Fotoelement
Led: Leuchtdiode
Bsv: Bildsignalverstärker
A: Auge

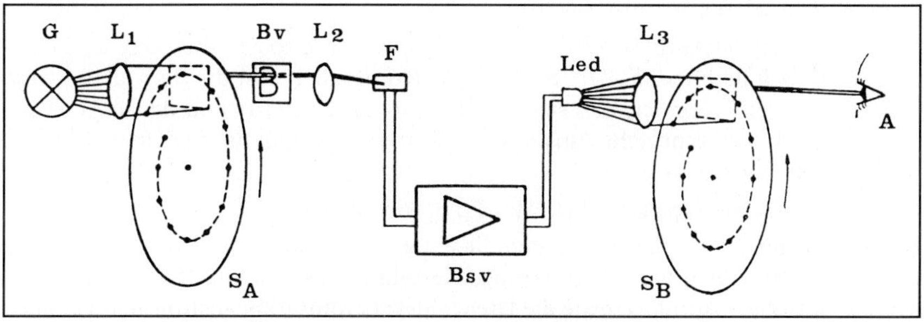

förmig angeordneten Öffnungen versehen sind. Diese Scheiben — nach ihrem Erfinder werden sie als „Nipkow-Scheiben“ bezeichnet — spielen die zentrale Rolle bei der Bildzerlegung:
Die Bildvorlage wird zunächst mit Hilfe einer Glühlampe und der Linse L1 gleichmäßig ausgeleuchtet. Dahinter befindet sich nun die Nipkow-Scheibe N1. Diese ist so plaziert, daß jeweils nur durch eine Öffnung ein schmales Lichtbündel auf die andere Seite gelangt. Mit Hilfe der Linse L2 wird dann die Glühlampe auf ein Fotoelement abgebildet, wobei es allerdings nicht auf eine möglichst scharfe Abbildung ankommt. Je nachdem an welcher Stelle der Bildvorlage sich gerade eine Scheibenöffnung befindet, ist die Intensität des auf dem Fotoelement auftreffenden Lichts größer oder kleiner (bei einem schwarzen Bildpunkt wäre die Intensität theoretisch gleich Null). In dem Fotoelement wird nun auf Grund des Lichteinfalls eine Spannung erzeugt, deren Höhe sich nach der jeweils auftretenden Strahlungsleistung richtet.
Sie ist somit ein Maß für die Helligkeit einer bestimmten Bildstelle bzw. eines Bildpunkts. Versetzt man die Nipkow-Scheibe N1 in Drehung, so wird das gesamte Bild zeilenweise (kreisbogenförmig) abgetastet. Verstärkt man die dabei entstehenden Fotospannungen („Video-Signale“) in geeigneter Weise und speist damit eine Lampe, so verändert sich die Lampenhelligkeit entsprechend der Bildabtastung. Für das Funktionsmodell wird hier eine Leuchtdiode verwendet, da andere Lichtquellen entweder zu träge reagieren oder aber für einen Einsatz in der Schule kaum geeignet sind.

Mit dieser „flackernden Leuchtdiode“ kann unser Auge natürlich noch nicht sehr viel anfangen. Man benötigt daher für die Bildwiedergabe eine zweite, ebenfalls rotierende Nipkow-Scheibe (N2). Diese besitzt die gleiche Lochblendenanordnung wie N1. Außerdem wird eine Linse L3 so vor der Leuchtdiode plaziert, daß sie einem Betrachter als leuchtende Fläche erscheint. Diese Fläche wird nun wiederum von der Nipkow-Scheibe N2 in Zeilen zerlegt. Dabei wird der Blick immer nur auf eine Stelle der Leuchtfläche freigegeben. Die Helligkeit dieser Stelle (aber natürlich auch der restlichen, aber zu diesem Zeitpunkt verdeckten Leuchtfläche) entspricht genau der Helligkeit des gerade abgetasteten Punkts der Bildvorlage. Unter der Voraussetzung, daß die beiden Scheiben N1 und N2 *exakt* synchron laufen, wird das Bild nun tatsächlich Zeile für Zeile zusammengesetzt!

5. Erstellung des Funktionsmodells

Der experimentelle Aufbau des Funktionsmodells wurde so gestaltet, daß ein Nachbau in der Schule ohne größere Schwierigkeiten möglich sein dürfte. Dabei wurde besonders darauf geachtet, daß sich die Bildqualität einerseits und der dazu umgekehrt proportinale technische Aufwand andererseits in einem für den Unterricht vertretbaren Rahmen bewegen.

Abb. 6.4 zeigt eine Gesamtansicht des Funktionsmodells.

In den folgenden Abschnitten werden die einzelnen Komponenten des Modells wie die Nipkow-Scheiben, die Bildabtastung, die Bildwiedergabe (mit Bildsignalverstärker und optischen Aufbau) sowie die Drehzahlsynchronisation ausführlich erläutert.

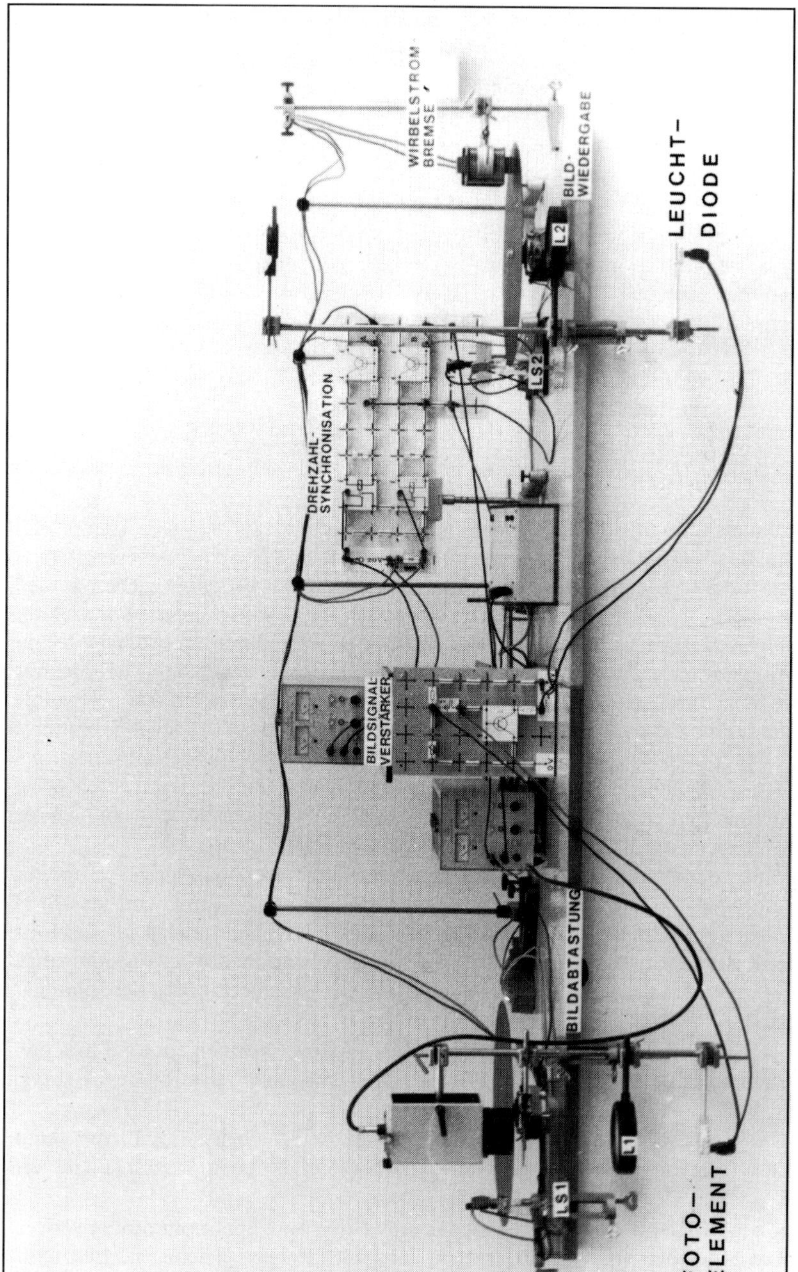

Abb. 6.4: Gesamtansicht des Funktionsmodells

5.1 Die Nipkow-Scheiben — Material, Dimensionierung und Antrieb

Aus Gründen, die in der speziellen Art der Synchronisation von Bildabtastung und Bildzusammensetzung liegen, kommt als Material für die Herstellung der Nipkow-Scheiben nur ein nicht ferromagnetisches Metall in Frage (vgl. Abschn. 5.4).

Hier bietet sich nun die Verwendung von etwa 1 mm starkem Aluminiumblech an: Es besitzt eine ausreichende Stabilität bei gleichzeitig geringer Dichte und läßt sich relativ leicht bearbeiten. So können die Nipkow-Scheiben z. B. mit einer Blechschere ausgeschnitten und anschließend mit Schleifpapier abgerundet werden.

Beim erstellten Funktionsmodell wurden die beiden identischen Scheiben folgendermaßen dimensioniert:

Scheibenradius: $R = 20$ cm
Anzahl der Öffnungen: $n = 18$
Abstand der ersten Öffnung
vom Mittelpunkt der Scheibe: $r_1 = 15{,}4$ cm
Durchmesser der Öffnungen: $d = 2$ mm ($\Rightarrow r_{18} = 19$ cm)

Hieraus ergibt sich eine durchschnittliche Bildbreite von 6 cm und eine Bildhöhe von 3,6 cm.

Diese Dimensionierung der Scheiben erfolgte im Hinblick auf den o. g. Kompromiß zwischen Realisierbarkeit einerseits und Bildqualität andererseits. Bei einem Nachbau des Modells kann aber durchaus von den genannten Maßen abgewichen werden. So könnte evtl. der Durchmesser d der Öffnungen verkleinert werden, wodurch das Auflösungsvermögen vergrößert würde. Allerdings wäre dann ein größerer technischer Aufwand erforderlich. So müßte z. B. die Bildsignalverstärkung erhöht werden, da der durch die Öffnungen hindurchgehende Lichtstrom kleiner würde. Außerdem nimmt die Helligkeit des übertragenen Bildes — bei gleicher Strahlungsleistung der für die Bildzusammensetzung verwendeten Leuchtdiode — proportional zum Öffungsdurchmesser ab. Diese Helligkeitsabnahme müßte dann durch geeignete Maßnahmen (z. B. Zusammenschalten mehrerer Leuchtdioden) kompensiert werden, um eine ausreichende Bildhelligkeit zu erzielen.

Zum Bohren der Öffnungen sollten die beiden Scheiben übereinander gelegt und fest miteinander verbunden werden (z. B. durch Verschrauben). Damit wird gewährleistet, daß die Anordnung der Öffnungen bei beiden Scheiben nahezu identisch ist. Außerdem ist darauf zu achten, daß die jeweiligen Abstände möglichst genau eingehalten werden, da schon geringe Abweichungen eine Verschlechterung der Bildqualität bewirken.

In Abb. 6.5 ist entlang des halben Umfangs der Nipkow-Scheiben ein ca. 3 mm breiter Streifen zu erkennen. Dieser wird für die Drehzahlsynchronisation benötigt (vgl. Abschn. 5.4).

Mit Hilfe einer schwarzen Lackierung der Nipkow-Scheiben — z. B. mit Auto-Sprühlack (seidenmatt) — werden störende Lichtreflektionen weitestgehend vermieden.

Für den Antrieb der beiden Nipkow-Scheiben werden zwei Spaltpolmotoren verwendet. Diese haben den Vorteil, daß sie recht konstante, nahezu gleiche Enddrehzahlen besitzen und außerdem relativ preiswert sind.

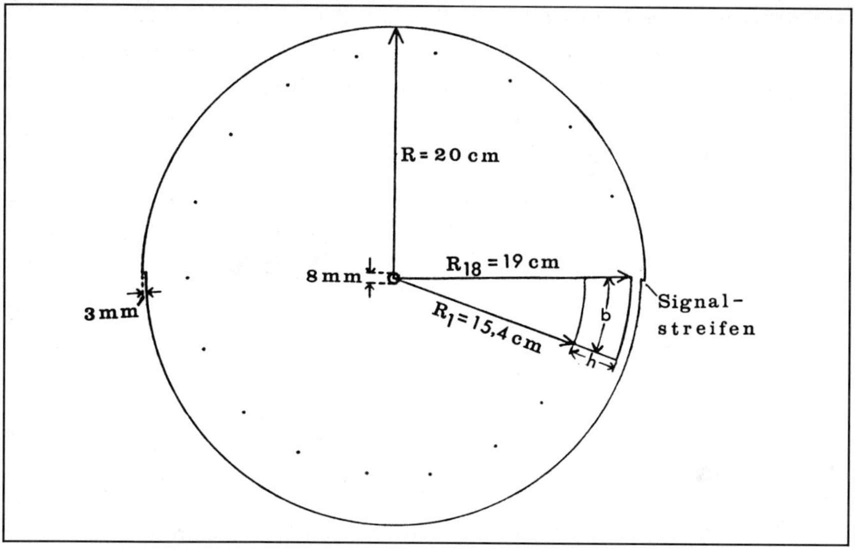

Abb. 6.5: Dimensionierung der Nipkow-Scheiben

Um ein einigermaßen flimmerfreies Bild zu erhalten, muß die Bildfrequenz mindestens 10Hz betragen. Für das Funktionsmodell eignen sich z. B.Spaltpolmotoren des Typs PE/SPM 15—4 (220 V / ca. 8 W). Diese besitzen eine Drehzahl von ca. 12,5 U/s, so daß die Nipkow-Scheiben direkt, d.h. ohne Übersetzung angetrieben werden können.

Hieraus ergeben sich folgende Werte für Zeilenfrequenz und maximale Bildsignalfrequenz:

$$\text{Zeilenfrequenz} = \text{Zeilenzahl} \cdot \text{Bildfrequenz} = 18 \cdot 12{,}5\ \text{Hz} = 225\ \text{Hz}$$

maximale Bildsignalfrequenz

$$= \frac{1}{2} \cdot \frac{\text{Zeilenlänge}}{\text{Lochblendendurchmesser}} \cdot \text{Zeilenfrequenz}$$

$$= \frac{1}{2} \cdot \frac{6\ \text{cm}}{2\ \text{mm}} \cdot 225\ \text{Hz} = 3{,}375\ \text{kHz}$$

(Diese maximale Bildsignalfrequenz wird erreicht, wenn abwechselnd schwarze und weiße Bildpunkte mit einem Durchmesser von 2 mm abgetastet werden. Hier liegt die Grenze des Auflösungsvermögens.)

Zur Befestigung der Nipkow-Scheiben kann auf jede Motorachse ein Zwischenstück mit Gewinde aufgepreßt werden. Auf dieses Zwischenstück werden dann die Scheiben aufgeschraubt.

Sollte die hierfür nötige Werkstattausrüstung nicht vorhanden sein, so können die Nipkow-Scheiben auch auf folgende Art und Weise befestigt werden:

Abb. 6.6: Nabe (Fischer-Technik)

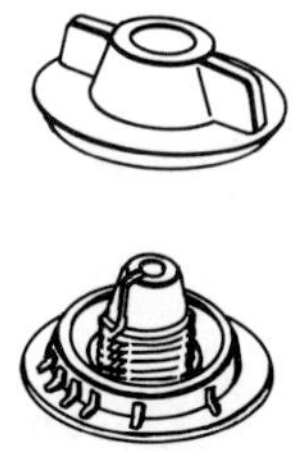

Man benötigt zunächst einmal zwei Naben aus einem Fischer-Technik Baukasten. Mit Hilfe einer Laubsäge oder eines scharfen Messers wird nun jeweils der mittlere Ring rundherum entfernt.

Mit den so präparierten Naben lassen sich die Nipkow-Scheiben (Mittellochdurchmesser = 10 mm) problemlos auf den Achsen befestigen. Hierbei ist allerdings zu beachten, daß der Durchmesser der Motorachsen nicht größer als 4 mm sein darf. Für den Aufbau des Funktionsmodells ist eine horizontale Anordnung der Nipkow-Scheiben vorzuziehen, um die Motorachsen durch das Eigengewicht der Scheiben in der Lagerung zu fixieren. Mit Tischklemmen können die Motoren dann leicht auf Experimentiertischen befestigt werden.

Abschließend ist darauf zu achten, daß für die Bildzusammensetzung diejenige Anordnung Motor/Nipkow-Scheibe zu verwenden ist, welche die höhere Enddrehzahl besitzt (der Vergleich der beiden Drehzahlen kann z. .B. mit Hilfe eines kalibrierten Stroboskops vorgenommen werden). Der Grund hierfür liegt in dem speziellen Verfahren zur Drehzahlsynchronisation (vgl. Abschn. 5.4).

5.2 Die Bildabtastung

Die Anordnung der Bauteile sowie der optische Strahlengang bei der Bildabtastung sind in Abb. 6.7 dargestellt:

Die Glühwendel G der Experimentierleuchte befindet sich in der Brennebene der Kondensorlinse L_K (f_K = 5 cm). Die von einem Punkt der Wendel ausgehenden Lichtstrahlen verlassen die Linse daher quasi parallel, und die Bildvorlage wird annähernd gleichmäßig ausgeleuchtet.

Mit Hilfe der Linse L_1 (f_1 = 15 cm) wird dann die Glühwendel auf die lichtempfindliche Fläche des Silizium-Fotoelements abgebildet.

Durch die Öffnungen der Nipkow-Scheibe S_A begrenzt, fällt nun jeweils nur ein feines Lichtbündel auf die Bildvorlage (in Abb. 6.7 ist der Strahlengang beispielhaft für eine Öffnung D eingezeichnet). Je nach der Bildstruktur wird ein Teil des Lichts absorbiert.

Infolge der Lichteinstrahlung wird in dem Fotoelement eine elektrische Spannung erzeugt, deren Größe von der jeweils auftreffenden Strahlungsleistung abhängt.

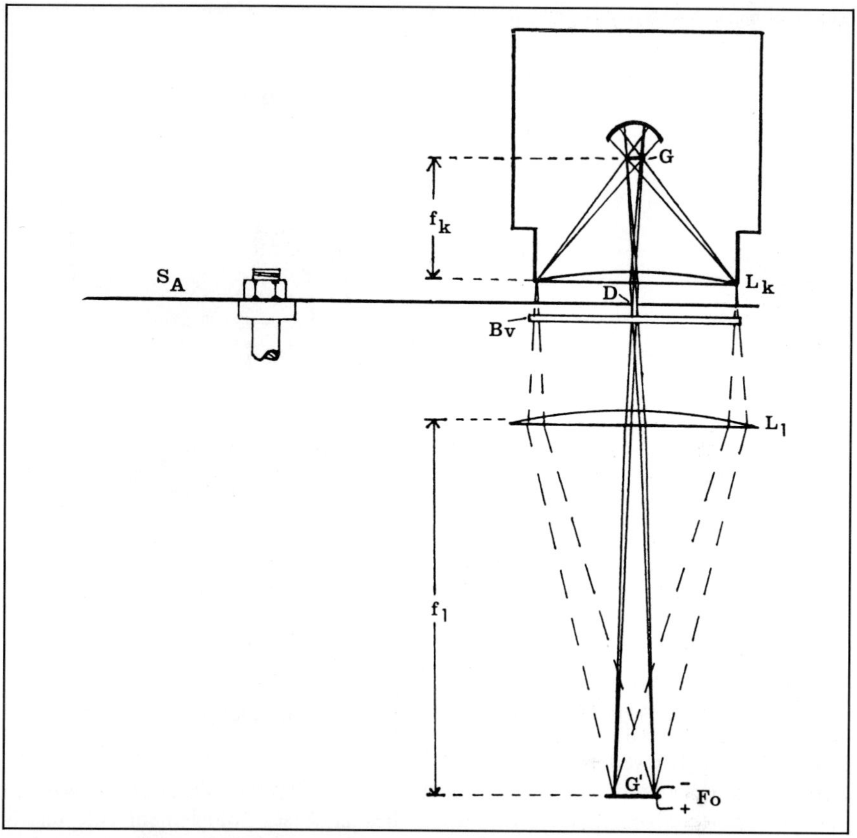

Abb. 6.7: Anordnung zur Bildabtastung
S_A: Nipkow-Scheibe
G: Glühwendel der Experimentierleuchte
L_K: Kondensorlinse
f_K: Kondensorbrennweite
D: Öffnung in der Nipkow-Scheibe
Bv: Bildvorlage (z. B. beschriftetes Diaglas)
L_1: Linse (plankonvex)
f_1: Brennweite der Linse L_1
G: Bild der Glühwendel G
Fo: Fotoelement

Diese Fotospannung stellt somit ein Maß für die Helligkeit des gerade abgetasteten Bildflächenelements dar. Während einer Drehung der Nipkow-Scheibe S_A wird die gesamte Bildvorlage abgetastet und die dabei entstehenden elektrischen Bildsignale (Fotospannungen) nacheinander per Kabel zum Empfangsgerät übertragen. Hier dienen sie nach entsprechender Verstärkung der Helligkeitssteuerung der für die Bildwiedergabe verwandten Leuchtdiode.

Abb. 6.8: Teilansicht des Funktionsmodells (Bildabtastung)

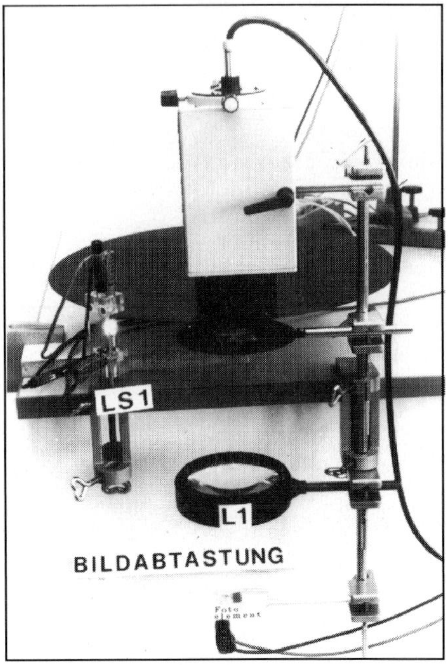

Abb. 6.8 zeigt ein Foto der kompletten Anordnung zur Bildabtastung.

Experimentelle Hinweise:
Als „Bildsignallieferant“ dient ein Fotoelement des Typ BPY47. Im Gegensatz zu anderen optoelektronischen Bauelementen besitzt dieses Fotoelement eine relativ große und homogene lichtempfindliche Fläche (ca. 2 cm^2). Dies ist aus folgendem Grunde von Bedeutung:
Bei der oben beschriebenen Abbildung treten sphärische Aberrationen auf (zur Verringerung dieser Aberrationen sollte übrigens bei der Verwendung plankonvexer Linsen die gewölbte Seite dem einfallenden Licht zugewandt sein). Dies führt bei der Abtastung der Randbereiche der Bildvorlage zu seitlich verschobenen und unscharfen Abbildungen. Die Unschärfe allein würde sich nicht störend auswirken, da es ja nur auf die einfallende Strahlungsleistung ankommt. Durch die Seitenverschiebung kann es aber bei einer zu kleinen lichtempfindlichen Fläche passieren, daß die Wendel nicht mehr vollständig darauf abgebildet wird. Dies wiederum hätte eine Verfälschung des Bildsignals zur Folge.

5.3 Die Bildwiedergabe

5.3.1 Der Bildsignalverstärker
Das bei der Bildabtastung eingesetzte Fotoelement stellt zwar selbst eine Spannungsquelle dar, die abgegebene Leistung ist jedoch für den direkten Betrieb der Leucht-

diode viel zu gering. Es muß also zunächst einmal eine elektronische Verstärkung der Bildsignale erfolgen.
Der zu diesem Zweck entworfene einstufige Transistorverstärker kann z. B. mit dem Elektronik-Stecksystem der Fa. Leybold aufgebaut werden. Dadurch werden zeitaufwendige Lötarbeiten überflüssig. Außerdem ist die Schaltung dann — im Gegensatz zu einer gelöteten Platine — sehr übersichtlich.
In Abb. 6.9 ist der Schaltplan für den Bildsignalverstärker dargestellt.

Funktionsweise der Schaltung:
Der positive Pol des Fotoelements (BPY 47) ist direkt an die Basis des NPN-Transistors T (BCY 58) angeschlossen. Wird das Fotoelement beleuchtet, so liegt an der Basis eine gegenüber dem Emitter positive Spannung an. Mit Hilfe des Spannungsteilers R_1/R_2 wird der Arbeitspunkt des Transistors so eingestellt, daß bei der Abtastung eines schwarzen Bildpunktes noch gerade kein nennenswerter Kollektorstrom fließt und somit die Leuchtdiode dunkelgesteuert wird. Die hierfür nötige Basisvorspannung ist abhängig vom Streulicht, das auf das Fotoelement fällt (zur Erzielung eines möglichst hohen Bildkontrasts sollte entweder der Raum abgedunkelt oder aber das Fotoelement z. B. mit Hilfe einer Pappröhre abgeschirmt werden).
Der Widerstand R_3 sorgt schließlich dafür, daß die für die Leuchtdiode (CQX 74) zulässige Maximalstromstärke nicht überschritten wird.
Abb. 6.10 zeigt den Aufbau des Bildsignalverstärkers mit Teilen des Elektronik-Stecksystems der Fa. Leybold.
Mit Hilfe eines gut triggerbaren Oszilloskops (z. B. HM 512 der Fa. Hameg) kann das bei der Drehung der Nipkow-Scheibe S_A entstehende Bildsignal sichtbar gemacht werden.
Hierzu schließt man den Y-Eingang des Oszilloskops an den Widerstand R_3 des Bildsignalverstärkers an. Die über R_3 abfallende Spannung ist proportional zur Kollektorstromstärke. Da wiederum die Lichtstärke der Leuchtdiode in etwa propor-

Abb. 6.9: Schaltung des Bildsignalverstärkers

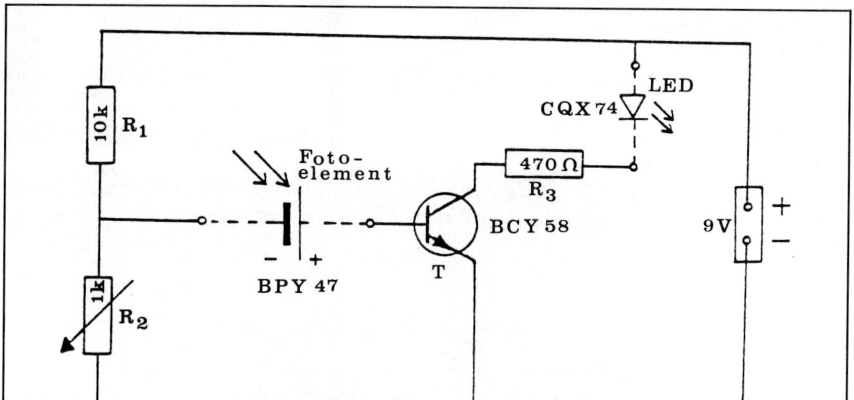

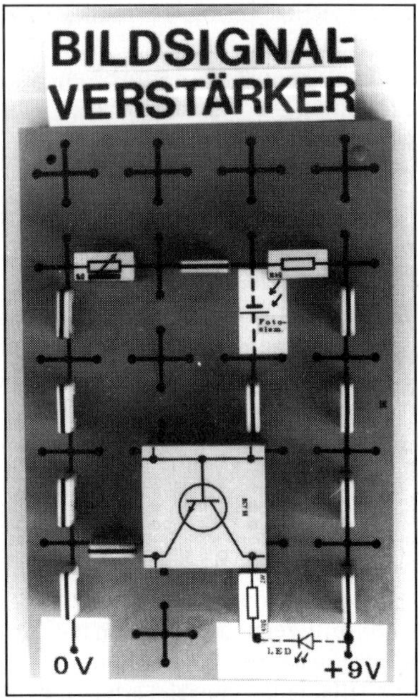

Abb. 6.10: Aufbau des Bildsignalverstärkers mit Teilen des Elektronik-Stecksystems der Fa. Leybold

tional zu dieser Stromstärke ist, zeigt die Kurve auf dem Oszilloskopbildschirm die tatsächliche Intensitätsverteilung bei den einzelnen Zeilen an.
Abb. 6.11b zeigt ein Beispiel für eine solche Bildsignalkurve:

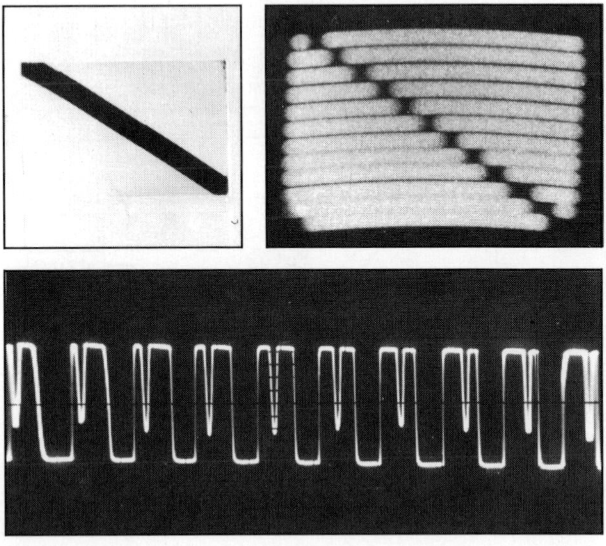

Abb. 6.11:
(a, oben links) Bildvorlage
(b, unten) Bildsignalkurve
(c, oben rechts) übertragenes Bild

5.3.2 Optischer Aufbau für die Bildzusammensetzung

Neben den Vorteilen, die eine Leuchtdiode beim Einsatz bei der Bildwiedergabe besitzt (einfache Helligkeitssteuerung), sind auch zwei nachteilige Eigenschaften zu nennen: Zum einen hat eine Leuchtdiode nur eine sehr geringe Lichtstärke, zum anderen ist die lichtaussendende Fläche sehr klein.

Mit Hilfe einer speziellen optischen Anordnung gelingt es aber, eine ausreichend helle und genügend große Leuchtfläche zu erzeugen.

Die Funktionsweise dieser Anordnung soll an Hand der Abb. 6.12a erläutert werden (auf eine maßstäbliche Darstellung wurde hier zugunsten eines deutlicheren Strahlenganges verzichtet).

Die Leuchtdiode bzw. ihre lichtaussendende Fläche ΔS (= Sperrschicht der LED) befindet sich im Abstand $g = 19$ cm vor der plankonvexen Linse L_2 ($f_2 = 15$ cm / 10 cm). Da g größer ist als f_2, entsteht auf der anderen Seite der Linse ein reelles Bild der Sperrschicht mit der Fläche $\Delta S'$.

Aus dem Abbildungsgesetz für Linsen

$$1/f = 1/g + 1/b$$

ergibt sich für die Bildweite b:

$$b = (g \cdot f) / (g - f) = 71{,}25 \text{ cm}$$

Das betrachtende Auge wird so plaziert, daß das reelle Bild in die Augenlinse fällt. In Abb. 6.12a ist zu erkennen, daß dann auf der Netzhaut insgesamt eine Fläche S1 bestrahlt wird und die Linse dem Betrachter (ohne Nipkow-Scheibe) als leuchtende Fläche erscheint (auf Grund der sphärischen Aberration gilt dies aber nur für den mittleren Bereich der Linse).

Bei einem Vergleich der entsprechenden Bestrahlungsstärken zeigt sich, daß die (scheinbare) Leuchtfläche bei der gewählten Gegenstandsweite von $g = 19$ cm etwa die gleiche Helligkeit besitzt, wie die mit bloßem Auge betrachtete Leuchtdiode.[2])

In diesem Zusammenhang sei noch darauf hingewiesen, daß die Lichtausbeute bei der verwendeten High-Efficiency-LED des Typs CQX 74 etwa zehnmal so groß ist wie bei den Standardtypen.

Die oben beschriebene Leuchtfläche wird nun mit Hilfe der rotierenden Nipkow-Scheibe S_B in Zeilen zerlegt. Unter der Voraussetzung, daß die Drehung der beiden Nipkow-Scheiben S_A und S_B exakt synchron verläuft — ein Verfahren zur Drehzahlsynchronisation wird in den folgenden Abschnitt beschrieben — und wird außerdem die Intensität der Leuchtdiode mit Hilfe des Bildsignals gesteuert, so wird das zusammengesetzte Bild sichtbar. Eine geeignet plazierte Irisblende ermöglicht dabei eine Fixierung des betrachtenden Auges.

Abbildung 6.13 zeigt noch einmal das Resultat einer Bildübertragung mit dem erstellten Funktionsmodell.

---

[2]) vgl. *W. Weber:* „Fernsehen mit Nipkow-Scheiben“, Examensarbeit (1. Staatsprüfung LA SI), Seminar für Physik und ihre Didaktik, Universität Bonn, SS 1984

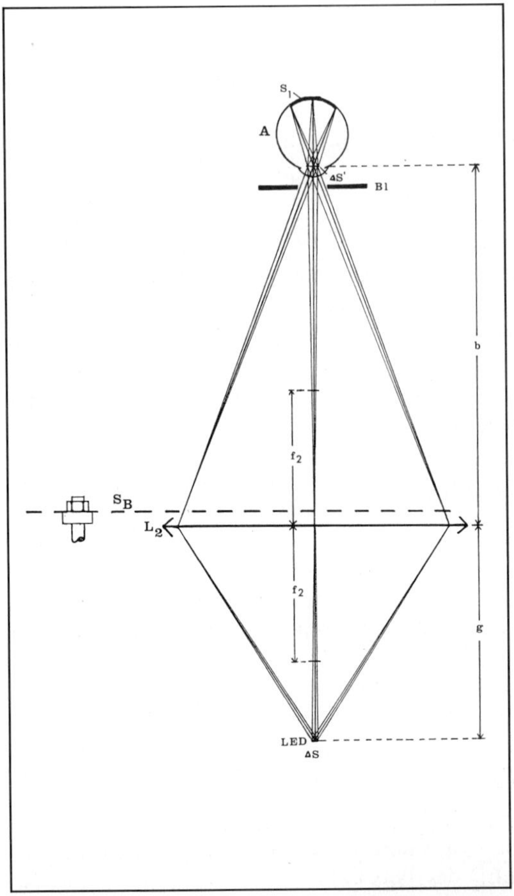

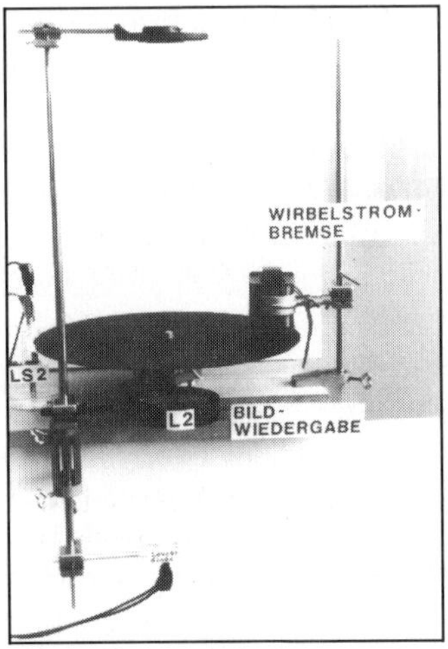

Abb. 6.12: Strahlengang bei der Bildzusammensetzung
S_B: Nipkow-Scheibe
L_2: Linse (plankonvex)
f_2: Brennweite der Linse L_2
LED: Leuchtdiode
ΔS: Leuchtfläche (= Sperrschicht) der LED
g: Gegenstandsweite
b: Bildweite
ΔS': Reelles Bild der Fläche ΔS
A: Auge
S_1: Bestrahlte Netzhautfläche
Bl: Irisblende
(b) Teilansicht des Funktionsmodells (Bildwiedergabe)

Abb. 6.13: Typisches Versuchsergebnis

5.4 Die Drehzahlsynchronisation [3])

Damit bei der Nipkowschen Bildübertragung kein „Bildsalat" entsteht, müssen die beiden Nipkow-Scheiben synchron laufen, d.h. ihre Drehzahlen müssen exakt übereinstimmen.
Die Drehzahlen der beiden Nipkow-Scheiben S_A und S_B weichen aber geringfügig voneinander ab. Die Gründe dafür liegen in einer produktionsbedingten Streuung der Motordrehzahlen sowie den kaum zu vermeidenden Konstruktionsungenauigkeiten bei den Nipkow-Scheiben, die eine unterschiedliche mechanische Belastung der Motorachsen bewirken. Aus diesem Grunde wurde nun ein Verfahren zur Drehzahlsynchronisation entwickelt, das mit Hilfe einfacher schulischer Mittel realisiert werden kann und eine zufriedenstellende Bildwiedergabe ermöglicht.
Zunächst einmal sei daran erinnert, daß diejenige Anordnung Motor/Nipkow-Scheibe für die Bildzusammensetzung verwendet wird, bei der sich eine höhere Enddrehzahl einstellt. Die Scheibe S_B muß also stets ein (bestimmtes) abbremsendes Drehmoment erfahren, damit eine Übereinstimmung der beiden Drehzahlen erreicht werden kann.
Eine Möglichkeit, ein solches Drehmoment verschleißfrei auszuüben, bietet folgende Anordnung:
Man installiert in geringem Abstand über der Scheibe eine Spule mit Eisenkern. Die Spulenachse muß dabei senkrecht auf der Scheibenebene stehen (vgl. Abb. 6.12b). Läßt man durch die Spule einen elektrischen Strom fließen, so wirkt diese Anordnung bei der Drehung der aus Aluminium hergestellten Scheibe als Wirbelstrombremse.
An dieser Stelle läßt sich auch erklären, warum die Nipkow-Scheiben nicht aus einem ferrogmagnetischen Material (z. B. Eisenblech) hergestellt sein dürfen: Die Scheibe würde dann in Richtung der Spulenachse angezogen und evtl. sogar den Eisenkern berühren, was bei der raschen Rotation zu einer Zerstörung der Scheibe führen kann.
Nun fehlt noch eine geeignete Einrichtung, mit deren Hilfe die Wirbelstrombremse automatisch so gesteuert wird, daß die beiden Scheiben S_A und S_B immer die gleiche Drehzahl besitzen. Zu diesem Zweck benötigt man zunächst einmal zwei Lichtschranken LS1 und LS2, die am Rand der Nipkow-Scheiben aufgestellt werden (vgl. Abb. 6.8 u. Abb.6.12b). LS1 und LS2 bestehen jeweils aus einer Glühlampe und einem Fotowiderstand (LDR 05).
Bei richtiger Plazierung werden die Fotowiderstände bei der Drehung der Nipkow-Scheiben abwechselnd beleuchtet und abgedunkelt, je nach momentaner Stellung der Signalstreifen.
Mit Hilfe der beiden Lichtschranken werden zwei Relais geschaltet, die dann die Steuerung der Wirbelstrombremse übernehmen. Die hierfür nötige Schaltung, die

---

[3]) Das in diesem Abschnitt beschriebene Verfahren zur automatischen, elektromechanisch wirkenden Drehzahlsynchronisation ist von Vorteil beim Vergleich von Funktionsmodell und öffentlichem Fernsehen. Es ist jedoch hierfür ein relativ hoher technischer Aufwand erforderlich. In Abschn. 6.1 werden daher noch einige Hinweise auf mögliche Vereinfachungen hinsichtlich der Drehzahlsynchronisation gegeben.

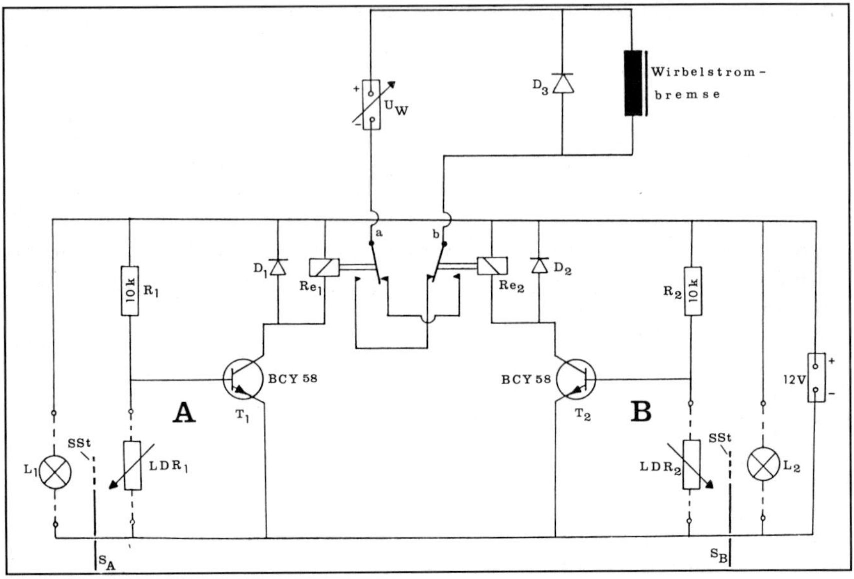

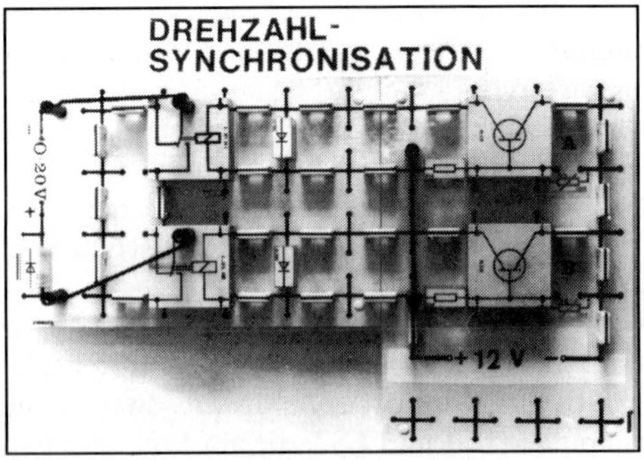

Abb. 6.14 (a): Schaltung zur Drehzahlsynchronisation
(b): Aufbau der Schaltung zur Drahzahlsynchronisation mit Teilen des Elektronik-Stecksystems der Fa. Leybold

wiederum mit dem Elektronik-System der Fa. Leybold aufgebaut werden kann, ist in Abb.6.14 dargestellt.

Funktionsweise der Schaltung:
Im Schaltungsteil A ist zu erkennen, daß der Fotowiderstand LDR1 zusammen mit dem Widerstand R1 einen Spannungsteiler bildet. Die über dem Fotowiderstand abfallende Spannung ist gleich der Basis-Ermitter-Spannung des NPN-Transistors T1 (BCY 58). Der Arbeitspunkt ist mit R1 = 10kΩ so eingestellt, daß T1 bei einer Betriebsspannung von 12V als Schalttransistor arbeitet:
Befindet sich der Signalstreifen (SSt) der Nipkow-Scheibe S_A zwischen Glühlampe L1 und LDR1, wird also der Fotowiderstand abgedunkelt (großer Widerstandswert), so schaltet T1 durch, und das Relais Re1 (4...20V/50 Ω) zieht an. Umgekehrt sperrt T1, wenn der Fotowiderstand beleuchtet wird (kleiner Widerstandswert), und Re1

geht in den Ausgangszustand zurück. Die Diode D1 (D1/1000) hat die Aufgabe, die Selbstinduktionsspannung kurzzuschließen, die beim schlagartigen Absinken des Kollektorstroms in der Relaisspule induziert wird.

Eine Erläuterung des Schaltungsteils B erübrigt sich, da dieser mit dem Schaltungsteil A identische ist.

Wichtig ist das Zusammenwirken der beiden Schaltungen A und B:
Bezeichnet man die möglichen Zustände der Relais sowie der Leitungsstrecke a—b (vgl. Abb.6.14) mit „0“ (nicht angezogene Relais / geöffnete Strecke a—b) bzw. „1“ (angezogenes Relais / geschlossene Strecke a—b), so gibt die folgende Tabelle die möglichen Kombinationen der Relaiszustände sowie der Strecke a—b wieder:

Re1	Re2	Leitungsstrecke a—b
0	0	0
0	1	1
1	0	1
1	1	0

(Es handelt sich also um eine „exor“-Schaltung.)
Die Wirbelstrombremse, bestehend aus einer Spule (600 Wdgn.) mit Eisenkern, ist über den Leitungsweg a-b an eine regelbare Spannungsquelle (z. B. stabilis. Netzgerät Nr.34k16R8 der Fa. Gossen / 0—16 V=) angeschlossen. Es kann immer nur dann Strom durch die Wirbelstrombremse fließen, wenn der Zustand der Strecke a-b gleich „1“ ist.

Die Diode D3 (D1/1000) sorgt dabei für ein Kurzschließen der beim Öffnen des Stromkreises induzierten Spannung, damit die Relaiskontakte nicht durch Funkenbildung zerstört werden.

Um nun erklären zu können, wie die eigentliche Drehzahlsynchronisation bewirkt wird, sollen einmal die zeitlichen Verläufe der einzelnen Zustände (im folgenden auch als Signale bezeichnet) untersucht werden:

Es sei T_A (T_B) die Zeit für eine volle Umdrehung der Scheibe S_A (S_B). Da ein Signalstreifen jeweils halb so lang ist wie der Umfang einer Nipkow-Scheibe, beträgt die Signaldauer bei den Relais jeweils $T_A/2$ bzw. $T_B/2$.

Ohne die angelegte Spannung U_W ergibt sich zunächst bei der Scheibe S_B eine höhere Enddrehzahl als bei der Scheibe S_A. Daher gilt: $T_B < T_A$

Über mehrere Drehungen hinweg ergeben sich dann folgende (nicht maßstäbliche) zeitliche Signalverläufe:

In Abb. 6.15 ist zu erkennen, daß das Zeitintervall für das die Strecke a—b geschlossen ist (Zustand „1“), zunächst größer wird, dann einen Maximalwert erreicht und schließlich wieder kleiner wird. Dieser Vorgang wiederholt sich periodisch und kann als eine Art Schwebung angesehen werden.

Die Schwebungsfrequenz ergibt sich aus $1/T_B - 1/T_A$ (Differenz der beiden Drehfrequenzen).

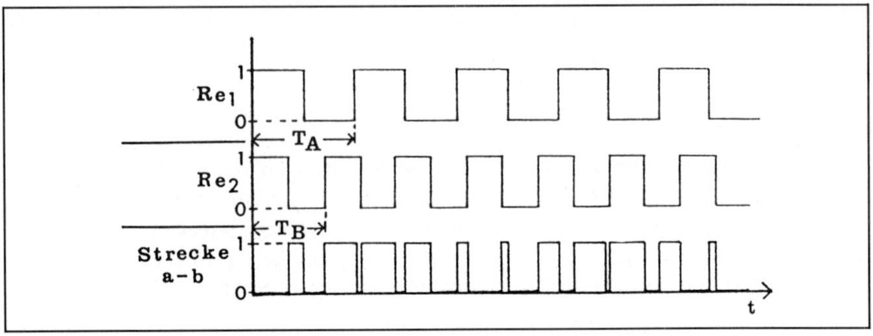

Abb. 6.15: Zeitlicher Verlauf der Signale bei der Drehzahlsynchronisation (U_W = OV)

Erhöht man nun langsam die Spannung U_W, so wird die Wirbelstrombremse jeweils für die Dauer des oben beschriebenen Zeitintervalls eingeschaltet und die Scheibe S_B in diesem Zeitraum abgebremst.

Allmählich nähert sich somit die Drehzahl dieser Scheibe der Drehzahl der Scheibe S_A an, die Schwebungsfrequenz wird kleiner. Schließlich sind die Signalverläufe bei den beiden Scheiben nahezu identisch, verschieben sich aber langsam gegeneinander (während einer Umdrehung um den sehr kleinen Betrag $T_A - T_B$).

Nun setzt die eigentliche Drehzahlsynchronisation ein:
In Abb. 6.16 sind die beiden Signalverläufe für eine kleine Phasenverschiebung Δt, die für wenige Umdrehungen nahezu konstant ist, dargestellt:
Es ist zu erkennen, daß die Wirbelstrombremse nur für einen kurzen Moment eingeschaltet wird. Die Folge davon ist eine zu kleine Abbremsung der Scheibe S_B. Ihre Drehzahl steigt geringfügig an, und T_B wird etwas kleiner. Damit nimmt aber die Phasenverschiebung zu, und die Scheibe S_B wird wieder stärker abgebremst.

Anders sieht es aus, wenn die Phasenverschiebung nahezu $T_A/2$ beträgt (Abb. 6.17):

Abb. 6.16: Zeitlicher Verlauf der Signale bei der Drehzahlsynchronisation bei kleiner Phasenverschiebung t ($T_A \approx T_B/U_W \geq 5$ V)

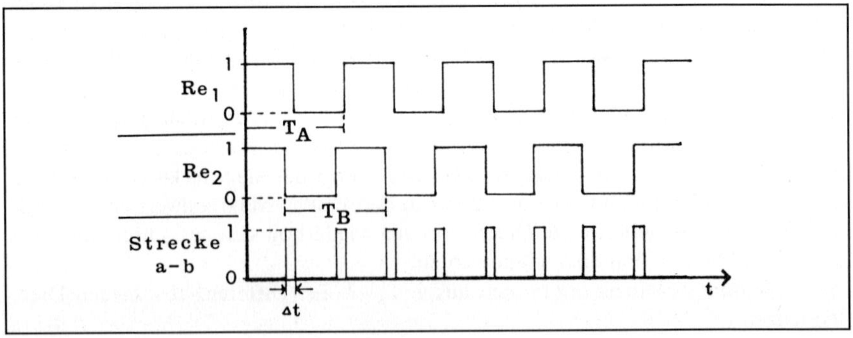

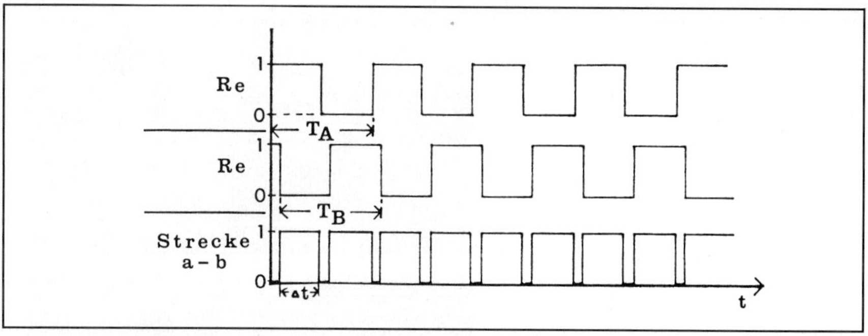

Abb. 6.17: Zeitlicher Verlauf der Signale bei der Drehzahlsynchronisation bei einer Phasenverschiebung von nahezu $T_A/2$ ($T_A \approx T_B/U_W \geq 5$ V)

Jetzt ist die Wirbelstrombremse nur noch kurzzeitig ausgeschaltet. Die im zeitlichen Mittel erfolgende Abbremsung ist dann so groß, daß sich die Drehzahl verringert. Voraussetzung hierfür ist allerdings, daß die angelegte Spannung groß genug ist. Ihr Mindestwert hängt von zahlreichen Faktoren ab (z. B. Abstand Nipkow-Scheibe — Spule, Magnetisierung des Eisenkerns usw.). Als Richtwert ergibt sich bei dem erstellten Funktionsmodell eine Spannung von etwa 5 bis 7 Volt.

Da sich T_B jetzt geringfügig vergrößert, weicht die Phasenverschiebung stärker von $T_A/2$ ab.

Damit werden aber die Zeitintervalle, in denen die Wirbelstrombremse eingeschaltet ist, wieder kürzer bis schließlich die mittlere Abbremsung so klein ist, daß die Scheibe wieder beschleunigt wird.

Zwischen den beschriebenen Zuständen (Abb. 6.16 u. 6.17) existiert ein von der Spannung U_W abhängiger Gleichgewichtszustand, bei dem sich dann abbremsendes Drehmoment und beschleunigendes Motordrehmoment während einer Umdrehung der Scheibe S_B aufheben. Die Phasenverschiebung pendelt sich mit der Zeit auf diesen Gleichgewichtszustand ein.

Die Drehzahlen der beiden Scheiben S_A und S_B sind dann exakt gleich.

Mit Hilfe zweier Oszilloskope (darunter ein Zweikanal-Oszilloskop) können übrigens die zeitlichen Signalverläufe direkt sichtbar gemacht werden.

Hierzu wird Kanal 1 des Zweikanal-Oszilloskops an das Relais Re_1, Kanal 2 an das Relais Re_2 und das zweite Oszilloskop an die Wirbelstrombremse angeschlossen. Die Abbildungen 6.18a und 6.18b zeigen die Oszilloskopschirmbilder, die sich bei einer Spannung von $U_W = 5$ V nach Erreichen des Synchronismus ergeben.

Allerdings muß für die Bildwiedergabe noch eine weitere Bedingung erfüllt sein: Zwei Scheibenöffnungen mit gleichen Indizies müssen sich bezgl. der Abtastfläche bei der Bildabtastung und der Leuchtfläche bei der Bildwiedergabe an jeweils gleichen Stellen befinden (dieser Zustand wird im folgenden als Phasengleichheit der beiden Nipkow-Scheiben bezeichnet).

Das Erreichen der Phasengleichheit stellt jedoch kein allzu großes Problem mehr dar. Man muß sich hierzu vergegenwärtigen, daß sich die Phasenverschiebung, wie sie z. B. in den Abbildungen 6.16 und 6.17 dargestellt ist, immer auf die beiden Licht-

Abb. 6.18: Sichtbarmachung der Signale bei der Drehzahlsynchronisation mit Hilfe zweier Oszilloskope

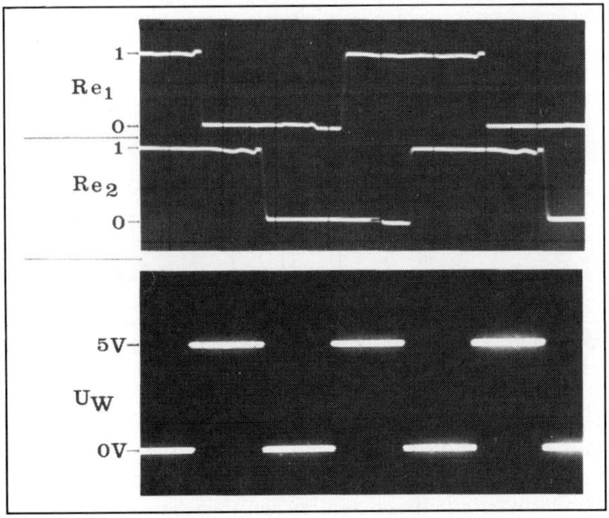

schranken LS1 und LS2 bezieht: Für den oben beschriebenen Gleichgewichtszustand hat die Phasenverschiebung einen konstanten Wert. Wird die Stellung der Lichtschranke LS2 verändert, indem sie langsam entlang des Umfangs der Scheibe S_B auf einem Kreisbogen mit dem zugehörigen Winkel α verschoben wird, so muß sich die Scheibe S_B in Bezug auf ein mitrotierendes Koordinatensystem (Koordinatenursprung = Mittelpunkt d. Scheibe) ebenfalls um den Winkel α drehen.

Man verschiebt einfach die Lichtschranke LS2 solange, bis die Phasengleichheit zwischen Bildabtastung und Bildzusammensetzung erreicht ist, d. h. bis das zusammengesetzte Bild sichtbar wird.

In gewissen Grenzen kann die Scheibe S_B auch dadurch gedreht werden — gemeint ist hier natürlich wieder die Drehung bezgl. des mitrotierenden Koordinatensystems —, daß die Spannung U_W verändert wird. Je höher nämlich diese Spannung ist, je größer also das abbremsende Drehmoment wird, um so kleiner müssen im Gleichgewichtszustand die Zeitintervalle sein, in denen die Wirbelstrombremse eingeschaltet ist. Bei einer Vergrößerung der Spannung wird somit die Phasenverschiebung kleiner, die Scheibe S_B um einen entsprechenden Betrag gedreht.

Abschließend sei noch darauf hingewiesen, daß das dargestellte Verfahren zur Drehzahlsynchronisation recht empfindlich auf Störeinflüsse elektrischer und mechanischer Art reagiert. Es garantiert daher kein vollkommen stehendes Bild.

6. Ergänzende experimentelle Hinweise

6.1 Mögliche Vereinfachungen des Funktionsmodellaufbaus

Sicherlich ist eine automatische Drehzahlsynchronisaton, wie sie im Abschn. 5.4 beschrieben wurde, wünschenswert. Allerdings ist der zu betreibende technische

Aufwand doch recht erheblich und könnte den einen oder anderen Leser von einem Nachbau des Funktionsmodells abhalten.
Deshalb sollen an dieser Stelle zwei Möglichkeiten zur Vereinfachung des Modells angedeutet werden, bei denen auf eine automatische Drehzahlsynchronisation verzichtet wird.
Hierbei muß dann aber ein entscheidender Nachteil in Kauf genommen werden: Eine Bildübertragung von einem Ort A an einen *beliebigen* Ort B ist dann nicht mehr möglich (bei dem beschriebenen Verfahren zur Drehzahlsynchronisation war dies zumindest prinzipiell der Fall).
Die erste Möglichkeit besteht darin, daß die beiden Nipkow-Scheiben S_A und S_B mechanisch miteinander verbunden werden. Dies kann entweder mit einem geeigneten Treibriemen oder aber auch durch die Verwendung einer gemeinsamen Drehachse, an deren Enden de Scheiben zu befestigen wären, realisiert werden. Für den Antrieb würde dann nur noch ein Motor benötigt.
Sollte auch diese Variante für zu aufwendig erachtet werden, so gibt es eine Möglichkeit, das Funktionsmodell noch einfacher zu gestalten.
Dabei werden sowohl die Bildabtastung als auch die Bildzusammensetzung von einer einzigen Nipkow-Scheibe vorgenommen:
Mann benötigt dazu eine Scheibe mit einer Lochblendenanordnung, wie sie in Abb.6.19 schematische dargestellt ist.
Es ist leicht einzusehen, daß bei der Drehung dieser Nipkow-Scheibe die Bildvorlage von den Öffnungen der einen Hälfte der Scheibe abgetastet wird, während die Öffnungen der jeweils anderen Hälfte für die Bildzusammensetzung sorgen. Bei gleicher

Abb. 6.19: Schematische Darstellung einer Nipkow-Scheibe, mit der sowohl die Bildabtastung als auch die Bildzusammensetzung vorgenommen werden kann

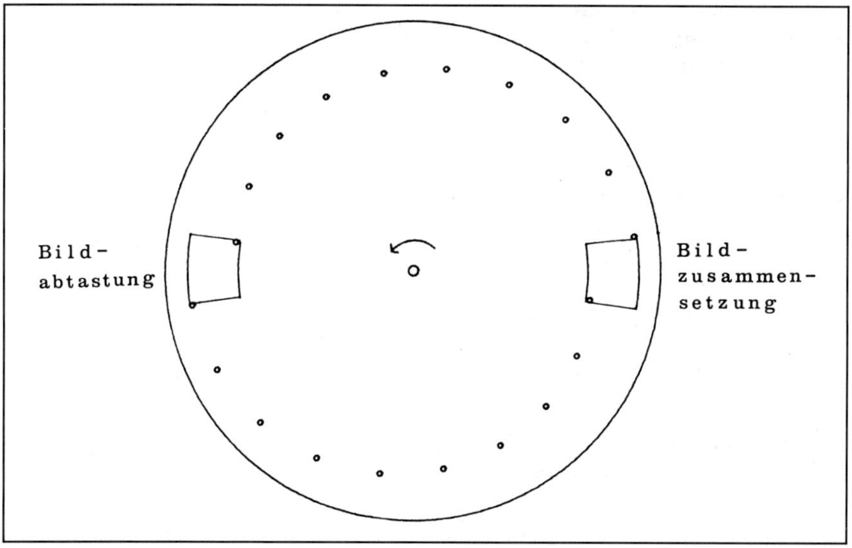

Motordrehzahl verdoppelt sich also die Bildfrequenz, da die Bildvorlage während einer Drehung der Nipkow-Scheibe zweimal abgetastet wird.

Allerdings ist die Bildbreite bei ansonsten gleicher Dimensionierung der Scheibe (gleicher Scheibenradius, gleiche Zeilenzahl sowie gleicher Lochblendendurchmesser) nur noch halb so groß.

Bei den oben genannten Möglichkeiten zur Vereinfachung des Funktionsmodellaufbaus kann dann für die Herstellung der Nipkow-Scheiben statt des Aluminiumblechs auch ein anderes, leichter zu bearbeitendes Material (z. B. 1—2 mm starker schwarzer Karton) verwendet werden.

6.2 Sicherheitsmaßnahmen

Durch die schnelle Rotation der Nipkow-Scheiben, die einem Betrachter angesichts des stehenden Bildes möglicherweise gar nicht bewußt ist, ergibt sich eine gewisse Verletzungsgefahr.

Beim Betrieb des Funktionsmodells sollte daher der Raum nur so weit abgedunkelt werden, wie dies für einen ausreichenden Bildkontrast nötig ist.
Für den Einsatz des Funktionsmodells in der Schule kann außerdem vor den Nipkow-Scheiben ein geeigneter Berühungsschutz installiert werden.

7. Liste der benötigten Geräte und Materialien

Nipkow-Scheiben (vgl. Abschn. 5.1):
— 2 Aluminiumbleche (jeweils 40 cm · 40 cm / 1 mm dick)
— Blechschere
— Schleifpapier
— Elektrobohrer
— 2 Spaltpolmotoren (220 V / 10—25 U/s), z. B. Motoren des Typs PE/SPM 15—4 (12,5 U/s)
— Autosprühlack (schwarz/seidenmatt)
sowie
— 2 Aluminium-Zylinder (ca. 15 mm ∅, 2,5 cm lang)
— Außengewindeschneider (M8)
— 2 Muttern M8 und passende Unterlegscheiben
oder
— 2 Naben aus einem Fischer-Technik Baukasten (vgl. Abb. 6)
— Laubsäge oder scharfes Schnitzmesser

Bildabtastung (vgl. Abschn. 5.2):
— 1 Experimentierleuchte mit Kondensor (der Durchmesser der Kondensorlinse sollte mind. 6 cm betragen); besonders gut geeignet ist die Experimentierleuchte Nr. 30123 der Fa. Spindler & Hoyer ($f_{Kond.}$ = 5 cm / 8 cm ∅)
— 1 Netzgerät mit einer gut geglätteten Gleichspannung, z. B. stabilis. Netzgerät Nr. 34K16R8 der Fa. Gossen (0—16 V)
— 1 Linse (f = 15 cm / 10 cm ∅ / plankonvex)
— 1 Fotoelement BPY 47 (vgl. Abschn. 5.3.1)

sowie
— einige Bildvorlagen (z. B. beschriftete Diagläser), eine Diahalterung und Stativ- und Befestigungsmaterial

Bildsignalverstärker (vgl. Abschn. 5.3.1):
— 1 Lochrasterplatte (ES)
— 1 Transistor BCY58 (ES)
— ohmsche Widerstände: 10 kΩ, 470 Ω und 1 kΩ (veränderlich), (ES)
— 1 Fotoelement BCY 47
— 1 Leuchtdiode CQX 74
— 1 Netzgerät (9 V Gleichspannung), z. B. Netzgerät Nr. 59461 der Fa. Leybold
— Experimentierschnüre
(ES = Elektronik-Stecksystem der Fa. Leybold)

Optischer Aufbau für die Bildwiedergabe
(vgl. Abschn. 5.3.2):
— 1 Linse (f = 15 cm / 10 cm ∅ / plankonvex)
— 1 Leuchtdiode CQX 74 (vgl. Abschn. 5.3.1)
— 1 Irisblende
sowie
— Stativ- und Befestigungsmaterial

Drehzahlsynchronisation (vgl. Abschn. 5.4):
— 1 Spule (600 Wdgn.) mit Eisenkern u. Halterung
— 1 Netzgerät mit regelbarer Gleichspannung, z. B. stabilis. Netzgerät Nr. 34K16R8 der Fa. Gossen (0—16 V)
— 2 lichtempfindliche Widerstände LDR 05
— 2 Glühlämpchen (12 V / 0,3 A)
— 2 Lochrasterplatten (ES)
— 2 Transistoren BCY 58 (ES)
— 2 Relais (4—20 V / 50 Ω) (ES)
— 3 Dioden D1/1000 (ES)
— 2 ohmsche Widerstände (10 kΩ)
sowie
— 1 Netzgerät mit einer Gleichspannung von 12 V
oder
— Anschluß der Verstärker-Schaltung an das für die Bildabtastung verwendete Netzgerät (vgl. Abschn. 5.2)
(ES = Elektronik-Stecksystem der Fa. Leybold)

8. Beschaffungshinweise

Abschließend sollen noch Hinweise auf Bezugsquellen für einige der für das Funktionsmodell benötigten Teile gegeben werden.

Geräte bzw. Bauteile, die hier nicht aufgeführt werden, sind i.d. Regel in einer durchschnittlich ausgerüsteten Schule vorhanden.

Antriebsmotoren:
Für den Antrieb der *Nipkow*-Scheiben werden Spaltmotoren mit einer Drehzahl von 12,5 U/s verwendet. Solche Motoren sind in Elektronikgechäften oder im Elektronik-Versand erhältlich. So bietet z. B. die Fa. Völkner sehr oft preiswerte Motoren (gelegentlich für weniger als 1 DM) aus Industrierestposten an (Anschrift: Völkner electronic, Marienberger Straße, PF 5320, 3300 Braunschweig). Evtl. finden sich aber auch geeignete Motoren in gebrauchten Plattenspielern oder ähnlichen Geräten.
Aluminiumblech:
Die Nipkow-Scheiben werden aus Aluminiumblech hergestellt. Man bekommt es z. B. in Eisenwarenhandlungen oder auch in Heimwerkergeschäften.

Fotoelement/Leuchtdiode:
Das Fotoelement BPY 47 sowie die Leuchtdiode CQX 74 können z. B. bei der Fa. Bürklin bestellt werden (Anschrift: Elektronik-Versand Bürklin, Kölner Str. 42, PF 2022, 4000 Düsseldorf).
Das Fotoelement BPY 47 ist aber auch als Bauelement für das Elektronik-Stecksystem der Fa. Leybold erhältlich.
Sollen andere Bautypen verwendet werden, so ist darauf zu achten, daß das Silizium-Fotoelement eine möglichst große und homogene lichtempfindliche Fläche (1—2 cm^2) und die Leuchtdiode eine möglichst hohe Lichtstärke besitzt.

Kap. 7: Fernsehen mit Oszilloskopen — ein Funktionsmodell zur elektronischen Bildübertragung*)

1. Vorbemerkung

Das im folgenden Kapitel beschriebene Funktionsmodell, das „Fernsehen mit Oszilloskopen“, hat im wesentlichen dieselbe Zielsetzung wie das „Fernsehen mit Nipkow-Scheiben“, welches in Kapitel 6 vorgestellt wurde: Es soll eine experimentelle Behandlung der elektrischen Bildübertragung (Fernsehen) im Physikunterricht ermöglichen.

Allerdings unterscheiden sich die beiden Funktionsmodelle hinsichtlich ihrer experimentellen Konzeption: Während beim „Fernsehen mit *Nipkow*-Scheiben“ vor allem die Elementarisierung der Versuchsanordnung sowie die Transparenz sämtlicher Funktionsvorgänge im Vordergrund steht, liegt der Schwerpunkt beim „Fernsehen mit Oszilloskopen“ auf der Darstellung der Grundprinzipien der elektronischen Bildübertragung.

Durch die Verwendung vorgefertigter Geräte wird dem Experimentator zeitraubende „Bastelarbeit“ weitgehend erspart. Allerdings sei bereits an dieser Stelle darauf hingewiesen, daß sich das Funktionsmodell nur bei einer gut ausgestatteten Physiksammlung realisieren läßt.

2. Didaktische Hinweise

Die Gründe für den Einsatz von Funktionsmodellen zur elektrischen Bildübertragung im Physikunterricht sowie die dabei notwendigen Ergänzugen hinsichtlich des realen Fersehens wurden bereits bei den didaktischen Anmerkungen zum „Fernsehen mit Nipkow-Scheiben“ (Kap. 6, Abschn. 2) eingehend erläutert, so daß hier nicht mehr näher darauf eingegangen werden muß.
Es sollen aber an dieser Stelle noch einige didaktische Hinweise gegeben werden, die speziell das „Fernsehen mit Oszilloskopen“ betreffen:
Die für die Erstellung des Funktionsmodells benötigen Geräte (z. B. Funktionsgenerator, Wechselspannungsverstärker) können als „black-box“ eingesetzt werden.

D. h., sie erfüllen eine bestimmte Aufgabe innerhalb des Modells (z. B. Erzeugung einer Sägezahnspannung mit Hilfe eines Funktionsgenerators; Input-Output-Funktion des Wechselspannungsverstärkers bei der Bildsignalaufbereitung), ohne daß die genaue Kenntnis des „Innenlebens“ eine notwendige Voraussetzung für das Erkennen und Verstehen der prinzipiellen Funktionsabläufe bei einer elektrischen Bildübertragung darstellt.

---

*) Autoren dieses Kapitels: *Wolfgang Weber* und *G. Müller*

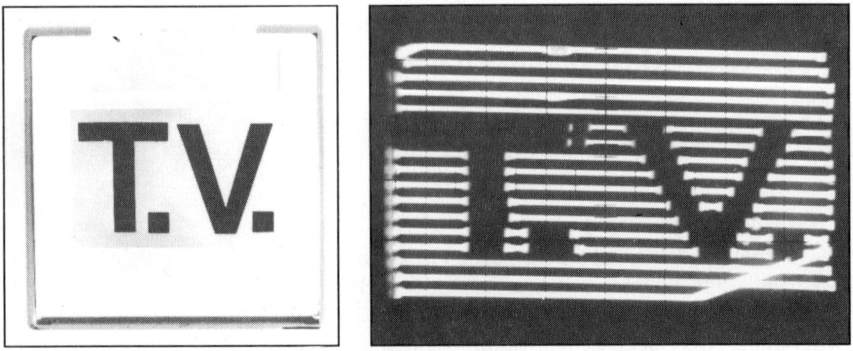

Abb. 7.1: Bildvorlage (beschriftetes Diaglas) (a) und übertragenes Bild (b)

Diese Grundprinzipien seien noch einmal kurz genannt:
- zeilenweise Abtastung des Bildes und Erzeugung des elektrischen Bild-(Video-)Signals
- Videosignalverstärkung
- zeilenweise Bildzusammensetzung und Rückumwandlung der Videosignale in entsprechende optische Informationen
- Synchronisation von Bildabtastung und Bildwiedergabe

Im Rahmen eines Zusatzexperiments läßt sich mit Hilfe eines Audio-Kassettenrecorders außerdem noch das Funktionsprinzip der magnetischen Bildaufzeichnung (MAZ, Videorecorder) nachvollziehen.

3. Erzielbare Übertragungsergebnisse

Vor der ausführlichen Beschreibung des Funktionsmodells sollen zunächst einige Beispiele eine Vorstellung davon vermitteln, welche Übertragungsergebnisse mit dem Modell zu erzielen sind.
Die in den Abbildungen 7.1 und 7.2 dargestellten Bildübertragungen sollen dem Leser bereits an dieser Stelle die Möglichkeit geben, zu entscheiden, ob die Erstellung des Modells in der Schule angesichts der zu erwartenden Resultate überhaupt für ihn in Frage kommt. Dabei ist an Hand der Abb. 7.1 auch ein direkter Vergleich mit dem Übertragungsergebnis beim „Fernsehen mit Nipkow-Scheiben" möglich, da hier diesselbe Bildvorlage benutzt wurde wie bei der Abb. 6.1 in Kap. 6 / Abschn. 3.

Abb. 7.2: Übertragung bewegter Bilder

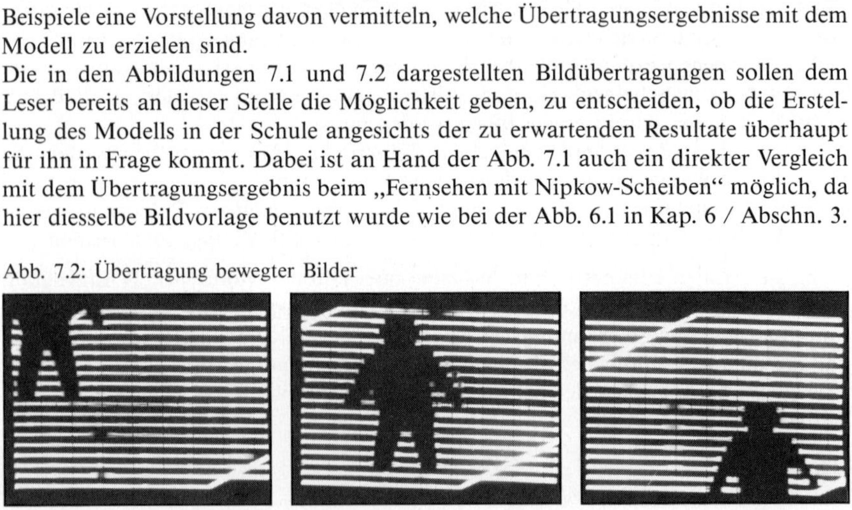

Bei der Abb. 7.2 handelt es sich um Momentaufnahmen bei der Übertragung eines bewegten Objekts (Pappfigur, die an einem Draht befestigt und vor der „Kamera" bewegt wird).

4. Das Funktionsprinzip des „Fernsehens mit Oszilloskopen"

Das „Fernsehen mit Oszilloskopen" basiert auf dem Prinzip des „Flying-Spot-Verfahrens" [1]), das beim realen Fernsehen zur elektronischen Abtastung von Filmen (z. B. Spielfilme, Dokumentarfilme usw.) verwendet wird:
Auf dem Leuchtschirm einer Kathodenstrahlröhre (beim Funktionsmodell die Bildröhre eines Oszilloskops) wird mit Hilfe geeigneter Ablenkspannungen (Sägezahnspannungen für Vertikal- und Horizontalablenkung) ein quasi rechteckiges Zeilenraster von gleichmäßiger Helligkeit erzeugt. In der Regel wird dabei der Elektronenstrahl zeilenweise von links nach rechts und — mit einer wesentlich kleineren Geschwindigkeit — von oben nach unten abgelenkt, wobei das Verhältnis der Zeilenfrequenz f_Z (= Frequenz der Sägezahnspannung für die Horizontalablenkung) zur Bildfrequenz f_B (= Frequenz der Sägezahnspannung für die Vertikalablenkung) die Zeilenzahl n_Z angibt: $n_Z = f_Z : f_B$
Die Amplituden der Ablenkspannungen bestimmen Bildhöhe und Bildbreite.
Ist die Bildfrequenz (und entsprechend die Zeilenfrequenz) schließlich ausreichend hoch (mind. 10 Bilder/Sek.) so kann das menschliche Auge die Erzeugung der einzelnen Zeilen auf Grund seiner Trägheit nicht mehr verfolgen. Der Betrachter sieht dann ein Zeilenmuster, wie es in Abb. 7.3 schematisch dargestellt ist.

---

[1]) flying-spot (engl.) = fliegender (Licht-) Fleck
[2]) Beim realen Fernsehen wird das Zeilenraster mit Hilfe einer optischen Anordnung auf den laufenden Film projiziert.

Abb. 7.3: Zeilenraster beim Flying-Spot-Verfahren

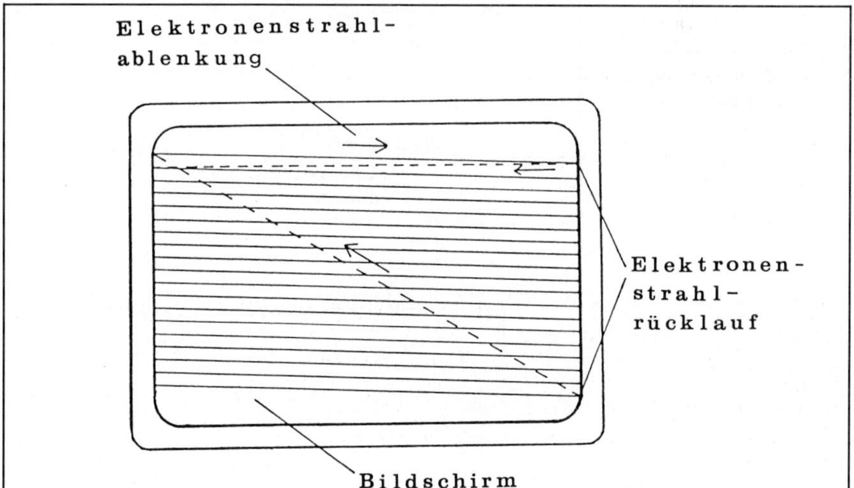

Unmittelbar vor dem Röhrenbildschirm wird die transparente Bildvorlage (z. B. ein beschriftetes Diaglas oder OHP-Folie) plaziert.[2]) Hinter dieser Bildvorlage befindet sich ein fotoelektrischer Sensor (beim Funktionsmodell ist dies ein Fototransistor), der die Helligkeitswerte des zeilenförmig abgetasteten Bildes in entsprechende elektrische Signale umwandelt.
Dieses (Video-) Signal wird elektronisch verstärkt und dient beim Empfangsgerät, dessen Hauptbestandteil wiederum eine Kathodenstrahröhre (beim Funktionsmodell die Bildröhre eines zweiten Oszilloskops) ist, zur Steuerung der Elektronenstrahlstärke (Helligkeitssteuerung).
Auf dem Bildschirm dieser zweiten Kathodenstrahlröhre wird ebenfalls ein Zeilenraster erzeugt, welches mit dem Raster bei der Bildabtastung identisch sein muß. Sorgt man dafür, das Horizontal- und Vertikalablenkung bei Bildabtastung und -zusammensetzung synchron verlaufen (Phasengleichheit der Ablenkungsspannungen), so wird auf der Empfangsbildröhre das übertragene Bild sichtbar.[3]) Auf das Erreichen des Synchronismus beim Funktionsmodell wird in Abschn. 5.1 noch näher eingegangen.
Abb. 7.4 zeigt den schematischen Aufbau des Funktionsmodells.

---

[3]) Beim realen Fernsehen werden senderseitig Bild- und Zeilensynchonimpulse generiert und dem Videosignal (BAS-Signal) überlagert. Beim Empfänger werden diese wieder herausgefiltert und zur Synchronisation der Ablenkspannungen herangezogen.

Abb. 7.4: Schematischer Aufbau des Funktionsmodells
K: Kathodenstrahlröhre
EK: Elektronenkanone
E: Elektronenstrahl
S: Leuchtschirm
B: Bildvorlage
F: Fototransistor
V: Bildsignalverstärker
H: Helligkeitssteuerung

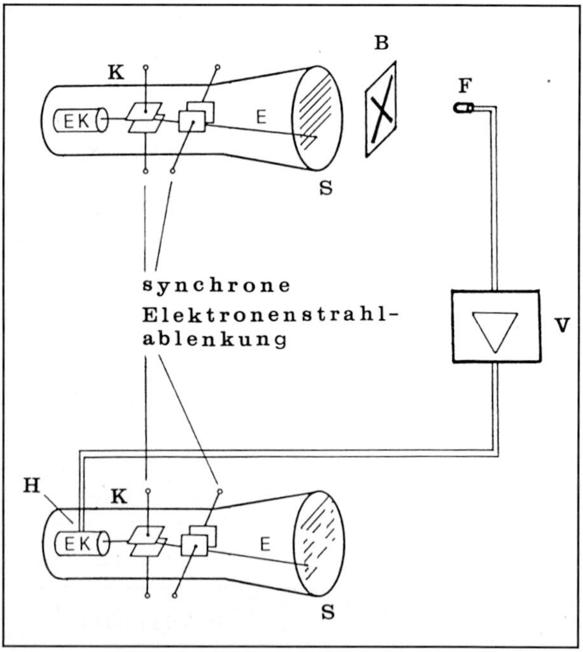

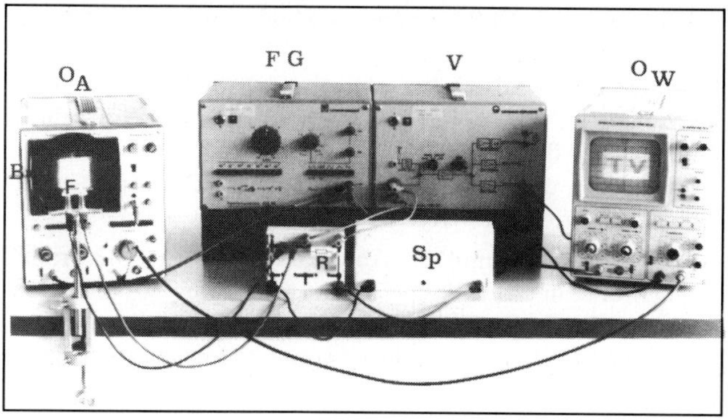

Abb. 7.5: Gesamtansicht des Funktionsmodells

5. Experimentelle Realisierung des Funktionsmodells

Es wurde bereits auf die Verwendung vorgefertigter Geräte für die Erstellung des Funktionsmodells hingewiesen. Der Vorteil dieser Vorgehensweise liegt u. a. in der Verringerung des experimentellen und damit zeitlichen Aufwands.

Allerdings werden die benötigten Geräte nicht in jeder Physiksammlung vorhanden sein, so daß der Versuchsaufbau unter Umständen abgeändert werden muß. An einigen Stellen wird daher auf mögliche Alternativen zur vorgestellten Versuchsanordnung hingewiesen.

Abb. 7.5 zeigt den vollständigen Aufbau des Funktionsmodells in einer Übersichtsabbildung.

Hierbei bedeuten:

O_A: Oszilloskop für die Bildabtastung

O_W: Oszilloskop für die Bildwiedergabe

F_G: Funktionsgenerator mit Sägezahnausgang

F: Fototransistor

V: Wechselspannungsverstärker (VideoVerstärker)

R: ohmscher Widerstand

Sp: Gleichspannungsquelle

B: Bildvorlage

Die einzelnen Komponenten des Funktionsmodells werden im folgenden ausführlich erläutert.

5.1 Erzeugung des Zeilenrasters bei den beiden Oszilloskopen für Bildabtastung und Bildwiedergabe

Zur Erzeugung des Zeilenrasters ist an die Horizontal- und Vertikalablenkplatten der Oszilloskope O_A (z. B. Hameg HM 512-6) und O_W (z. B. Hameg HM 512-4) jeweils eine Sägezahnspannung anzulegen.

Für die Horizontalablenkung beim Oszilloskop O_A wird die interne Sägezahnspannung (Zeitablenkung) verwendet. Die Vertikalablenkung besorgt eine mit Hilfe eines externen Funktionsgenerators (z. B. Leybold Kat.-Nr. 522255) erzeugte Sägezahnspannung, die an den Y-Eingang des Oszilloskops O_A gelegt wird.

Zur Erreichung einer Bildfrequenz von 10 Bildern pro Sekunde wird der Funktionsgenerator auf eine Frequenz von 10 Hz eingestellt.
Erfahrungsgemäß sollten pro Bild etwa 20 Zeilen entstehen, so daß eine Zeilenfrequenz von 20 · 10 Hz = 200 Hz zu wählen ist. Bei einem 10cm breiten Bildschirm entspricht das einem Zeitmaß von 0,5ms/cm.
Das so erzeugte Zeilenraster erlaubt die deutliche Wiedergabe einfacher Bildstrukturen, z. B. Buchstaben mit einer Strichbreite von 2—3 mm (s. Abb. 7.1).

Wie bereits in Abschn. 4 bemerkt wurde, muß die Ablenkung des Elektronenstrahls beim Oszilloskop O_W synchron zur Ablenkung beim Oszilloskop O_A erfolgen. Hierzu wird zunächst die vom Funktionsgenerator (FG) gelieferte Sägezahnspannung an den Y-Eingang des Oszilloskops O_W gelegt, womit sich zwangsläufig die Vertikal-(Bild-)Synchronisation ergibt.
Dies allein kann aber noch kein konstant stehendes Bild garantieren. Vielmehr muß zusätzlich eine Zeilensynchronisation erfolgen. Dazu bietet sich folgende Methode an:
Voraussetzung ist die Möglichkeit eines Abgriffs der internen Sägezahnspannung beim Oszilloskop O_A (Spannung zur Zeitablenkung). Mit Hilfe dieser Spannung wird das Oszilloskop O_W getriggert (externe Triggerung). Dessen Zeitablenkung muß dabei auf den gleichen Maßstab wie beim Oszilloskop O_A (0,5ms/cm) eingestellt sein.
Damit wird ein stabiler Gleichlauf von Abtast- und Wiedergabegerät und somit ein ruhig stehendes Bild gewährleistet.
Abb. 7.6 zeigt die Schaltung für die Erzeugung der beiden (synchronen) Zeilenraster bei den Oszilloskopen O_A und O_W.

Sollte ein Oszilloskop mit der o. g. Abgriffsmöglichkeit für die interne Sägezahnspannung nicht vorhanden sein, so gibt es folgende Alternative:
Man benötigt hierzu einen zweiten Funktionsgenerator mit einem Ausgang für Sägezahnspannung. Diese wird nach dem Ausschalten der internen Zeitablenkung an die Eingänge für externe Horizontalablenkung der beiden Oszilloskope gelegt, so daß

Abb. 7.6: Schaltung der beiden Oszilloskope O_A und O_W sowie des Funktionsgenerators zur Erzeugung der (synchronen) Zeilenraster

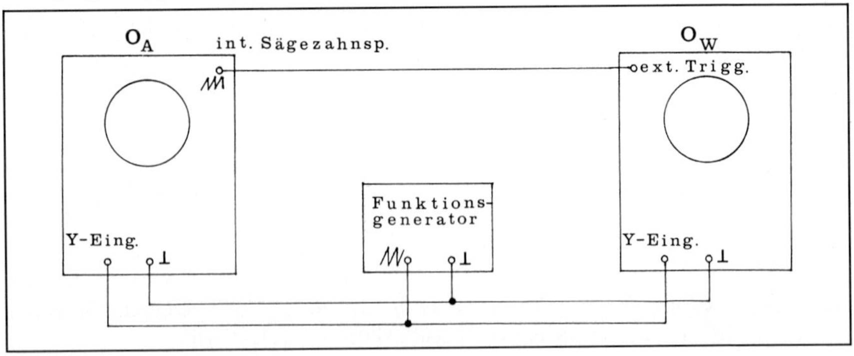

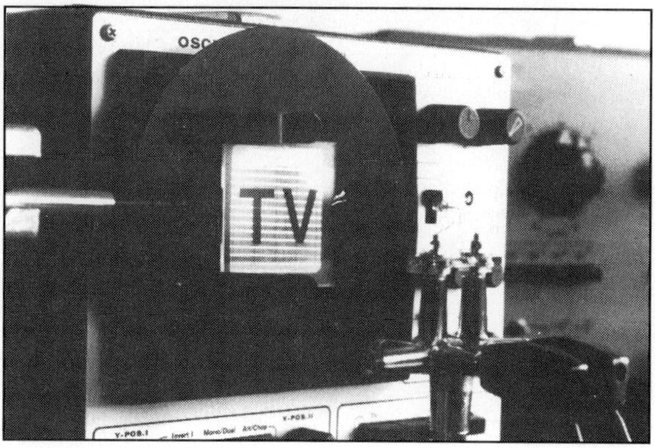

Abb. 7.7: Die Bildabtastung beim Funktionsmodell

zwangsläufig eine synchrone Horizontalablenkung mit der beim Funktionsgenerator eingestellten Frequenz (= Zeilenfrequenz) erfolgt.

5.2 Bildsignalerzeugung und Bildwiedergabe

Zur Abtastung der Bildvorlage — z. B. eines mit Transferbuchstaben beschrifteten Diaglases — wird diese mit Hilfe einer geeigneten Halterung (Diahalter o. ä.) unmittelbar vor dem Bildschirm des Oszilloskops O_A plaziert (s. Abb. 7.7). In einiger Entfernung hinter der Bildvorlage befindet sich der bereits in Abschn. 4 erwähnte Fototransistor, der für die Umwandlung der Helligkeitswerte in entsprechende elektrische Werte sorgt. Auf Grund seines großen Bildwinkels von 80° sowie seiner hohen Empfindlichkeit von 5 mA / 1000 Lx (bei U_{CE} = 5 V) ist der Fototransistor SFH 309 für die Bildabtastung mit einem Oszilloskop besonders gut geeignet.
Damit ein brauchbares elektrisches Bildsignal entsteht, wird dieser Fototransistor mit einem ohmschen Widerstand (R_1 = 100 kOhm) in Serie geschaltet und an eine 9 V-Gleichspannungsquelle angeschlossen (s. Abb. 8).
Je größer nun die pro Zeiteinheit auftreffende Lichtenergie ist, um so höher ist die in dem beschriebenen Stromkreis fließende Stromstärke, denn der Durchgangswiderstand des Fototransistors ist etwa umgekehrt proportional zur einfallenden Lichtleistung.
Die über dem Widerstand R_1 abfallende Spannung U_B stellt, da sie ja proportional zur Stromstärke ist, ein Maß für die Helligkeit des gerade abgetasteten Bildpunkts dar. Mit Hilfe dieser Spannung kann die Stärke des Elektronenstrahls des Oszilloskops O_W gesteuert werden, wenn dieses Oszilloskop einen Eingang für die Helligkeitsmodulation (Z-Modulation) besitzt (z. B. Hameg HM 512-4 mit analoger Helligkeitsmodulation). Die Spannung für eine vollständige Dunkelsteuerung beträgt dabei in der Regel ca. −30 V (diese Spannung wird über einen internen Kondensator an den Wehneltzylinder der Oszilloskopbildröhre gelegt).[4]) Da die Änderung der

[4]) Es gibt auch Oszilloskope mit digitaler Helligkeitsmodulation (z. B. Hameg HM 512-6), bei denen nur das Ein- oder Ausschalten des Elektronenstrahls möglich ist. Der Wert der hierfür benötigten Spannung ist der jeweiligen Betriebsanleitung zu entnehmen.

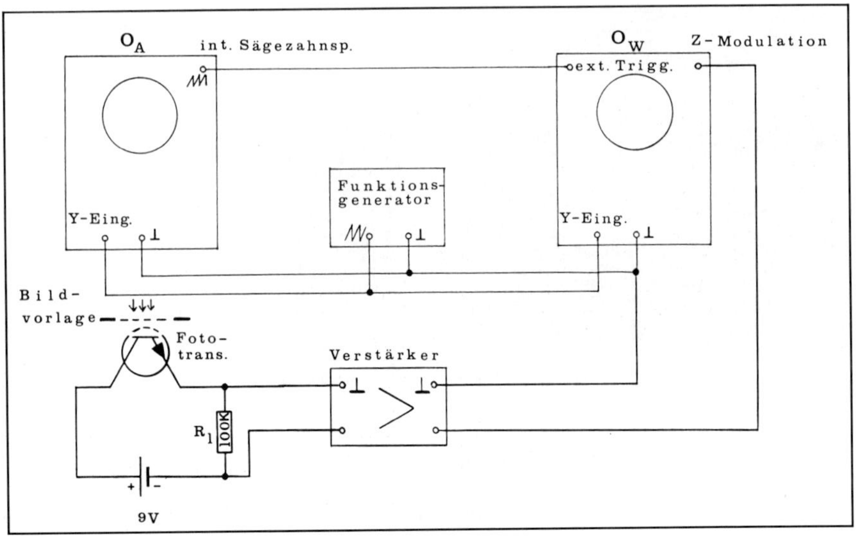

Abb. 7.8: Vollständiger Schaltplan für das „Fernsehen mit Oszilloskopen“

Spannung U_B auf Grund der geringen Lichtstärke des Zeilenrasters nur sehr klein ist — sie liegt bei einer Betriebsspannung von 9 V etwa im Bereich bis zu 100 mVss — muß der Wechselspannungsanteil von U_B (das eigentliche Video-Signal) zunächst soweit verstärkt werden, daß die verstärkte Spannung für die Z-Modulation ausreicht.

Hierfür eigenet sich z. B. der Wechselspannungsverstärker der Fa. Leybold (Kat.-Nr.: 58001) mit einer eingestellten Eingangsempfindlichkeit von 30 mV bzw. 300 mV und einer maximalen Amplitude der Ausgangsspannung von 30 V.

Mit dem Regler für den Verstärkungsfaktor wird dabei der Kontrast und mit dem Intensitätsregeler des Oszilloskops O_W die Helligkeit des Bildes eingestellt.

Will man den zeitlichen Verlauf des Bildsignals sichtbar machen, so kann das Ausgangssignal des Video-Verstärkers dem Y-Eingang des Oszilloskops O_w zugeführt werden. Der Bildschirm zeigt dann die grafische Darstellung des Helligkeitsverlaufs innerhalb der Bildzeilen. Sollte ein Oszilloskop mit der Möglichkeit einer externen Helligkeitssteuerung nicht vorhanden sein, so kann ein geübter Elektronik-Bastler auch nachträglich einen Anschluß für die Z-Modulation schaffen. Die Modulationsspannung (Bildsignal) muß über einen Kondensator (C = 22 nF / mind. 100 V Belastbarkeit) an den Wehneltzylinder der Oszilloskopbildröhre gelegt werden (s. auch Betriebsanleitung — **Vorsicht: Hochspannung!**).

Abb. 7.8 zeigt den vollständigen Schaltplan für das Funktionsmodell.

6. Zusatzexperiment: Bildaufzeichnungen mit einem Audio-Kasettenrecorder

Ausgehend von dem beschriebenen Verfahren zur elektrischen Bildübertragung stellt sich die Frage, ob sich die Bildinformation ähnlich wie beim realen Fernsehen

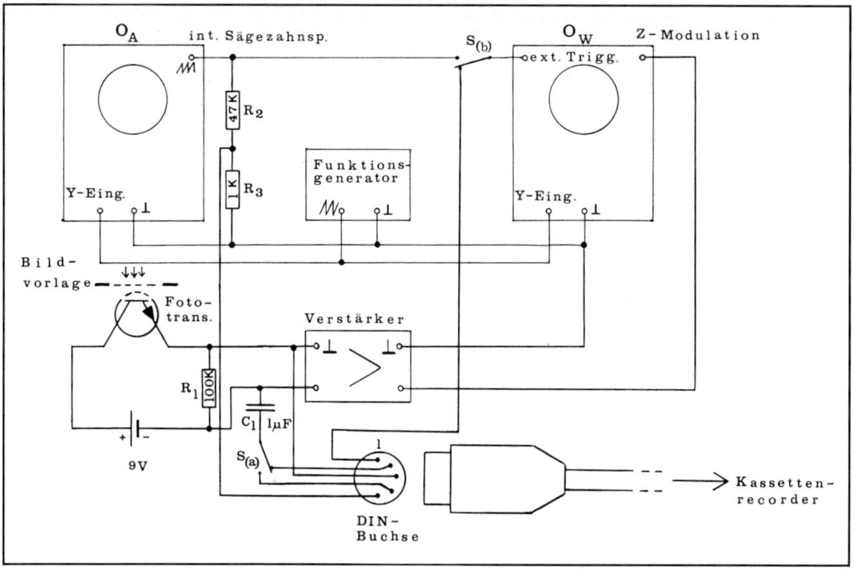

Abb. 7.9: Schaltplan für die Bildaufzeichnung mit einem Stereo-Kassettenrecorder

(MAZ, Videorecorder) auch speichern und zu einem späteren Zeitpunkt wieder abrufen läßt.

Da bei einfachen Bildstrukturen (2 mm Strichbreite) die Frequenz des Bildsignals maximal 5 kHz beträgt (beim realen Fernsehen ist hier eine Bandbreite von 5 MHz gegegen) und damit im Audio-Bereich liegt, ist dies mit gewissen Einschränkungen mit Hilfe eines gewöhnlichen Stereo-Kasettenrecorders möglich. Dieser sollte allerdings gute Gleichlaufeigenschaften aufweisen.

Zur Aufzeichnung des Bildes wird das Video-Signal (Spannung U_B) über den Kondensator $C_1 = 1\ \mu F$ an den Eingang eines Stereo-Kanals des Kasettenrecorders gelegt (s. Abb. 7.9). Dem Eingang des anderen Stereo-Kanals wird die mit einem Spannungsteiler R_2/R_3 von 5 V auf ca. 100 mV reduzierte Sägezahnspannung (interne Spannung zur Horizonalablenkung beim Oszilloskop O_A) zugeführt.

Diese beiden Signale (Videosignal und Zeilensynchronimpuls) können jetzt auf eine handelsübliche Kassette aufgenommen werden.

Für die Bildwiedergabe, auf die mit Hilfe eines Doppelumschalters S (S_a/S_b) umgeschaltet werden kann, wird das (magnetisch) aufgezeichnete Videosignal an den Eingang des Videoverstärkers und der Zeilensynchronimpuls zur Zeilensynchronisation an den Eingang für die externe Triggerung beim Wiedergabeoszilloskop gelegt.

Der Bildschirm zeigt dann das aufgezeichnete Bild (eine geringe Qualitätsminderung muß hier allerdings in Kauf genommen werden). Auf Grund der fehlenden Bild-

(Vertikal-) Synchronisation ist ein Nachregeln des Funktionsgenerators während der Bildwiedergabe erforderlich.[5])

Abb.7.9 zeigt die für die Bildaufzeichnung mit einem Kassettenrecorder nötige Schaltung.

7. Liste der benötigten Geräte

Für die Bildübertragung mit zwei Oszilloskopen:

1 Oszilloskop mit Abgriff für die interne Sägezahnspannung (z. B. Hameg HM 512-6)
1 Oszilloskop mit Eingang für externe Helligkeitsmodulation (z. B. Hameg HM 512-4)
1 Funktionsgenerator mit Sägezahnspannung (z. B. Leybold Kat.-Nr. 52255)
1 Wechselspannungsverstärker mit einer Eingangsempfindlichkeit von 30 mV / 300 mV und einer Amplitude des Ausgangssignals von 30V (z. B. Leybold Kat.-Nr. 58001
1 Fototransistor SFH 309 (Siemens)
1 ohmscher Widerstand 100 kOhm (z. B. aus dem Elektronik-Stecksystem der Fa. Leybold, Kat.-Nr. 57768)
1 Rastersteckplatte (z. B. Phywe Kat.-Nr. 06030.20)
1 9 V-Gleichspannungsquelle (z. B. Batteriekasten aus dem Elektronik-Stecksystem der Fa. Leybold, Kat.-Nr. 57689)
sowie einige Bildvorlagen (z. B. mit Transferbuchstaben beschriftete Diagläser oder OHP-Folie), ein Diahalter, Stativ- und Befestigungsmaterial, Kabel

Für die Bildaufzeichnung mit einem Kasettenrecorder:

1 Stereo-Kassettenrecorder mit guten Gleichlaufeigenschaften
1 Kondensator 1 μF (z. B. aus dem Elektronik-Stecksystem der Fa. Leybold, Kat.-Nr. 57815)
2 ohmsche Widerstände 47 kOhm u. 1 kOhm (z. B. aus dem Elektronik-Stecksystem der Fa. Leybold, Kat.-Nr. 57764/57744)
1 Doppelumschalter (z. B. Phywe, Kat.-Nr. 06032.00)

---

[5]) Eine automatische Bildsynchronisation würde im Rahmen dieses Funktionsmodells einen nicht vertretbaren Aufwand erfordern.

Kap. 8: Der Strichcode-Leser*)

1. Was sind Strichcodes?

Strichcodes, genauer: strichcodierte Etiketten, begegnen uns an vielen Orten. Wir finden sie in Supermärkten auf fast allen verpackten Waren, in Bibliotheken als Benutzerausweis und zur Kennzeichnung der Bücher, in Lagerhallen auf Kisten und Paketen, kurz, überall dort, wo kleine Datenmengen durch minimal eingewiesenes Personal schnell und fehlerfrei von Hand eingegeben werden sollen. All diese Etiketten enthalten Informationen in Gestalt einer Reihe unterschiedlich breiter schwarzer Streifen und weißer Zwischenräume. Auf den Etiketten stehen sozusagen eindimensionale Zeichen, die in der Vertikalen gestreckt wurden.
Nun gibt es unendlich viele Möglichkeiten, Strichcodes zu entwerfen. Viele der z.Z. benutzten Codes sind „Zwei-Niveau-Codes“: es kommen nur „breite“ und „schmale“ Striche und Zwischenräume vor. Wir werden bei unseren Versuchen eben-

*) Autor dieses Kapitels: *U. Oldenburg*

Abb. 8.1: Entwicklung eines strichcodierten Etiketts

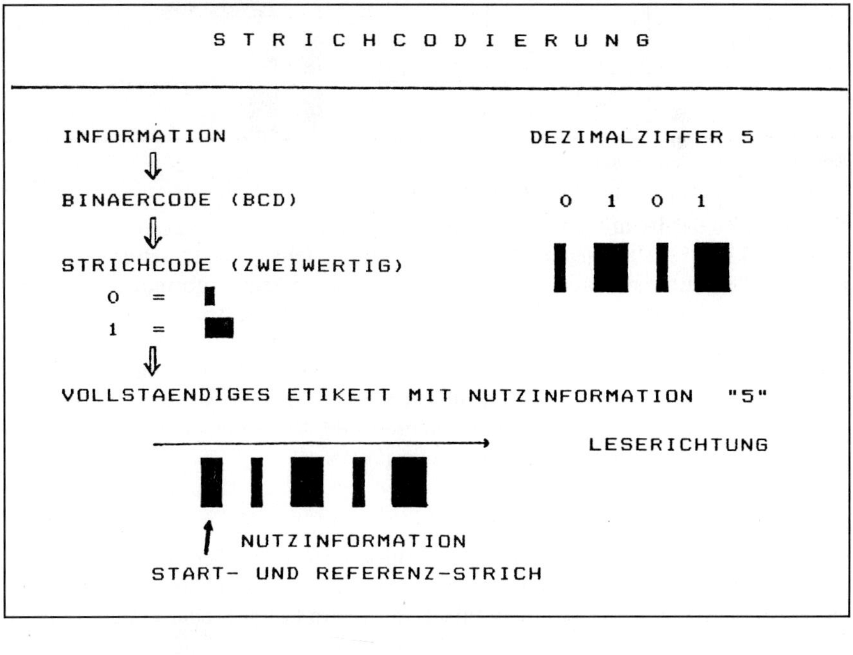

NR.	INHALT	BIN. COD.	ETIKETT
1	"0"	0 0 0 0	
2	"1"	0 0 0 1	
3	"2"	0 0 1 0	
4	"3"	0 0 1 1	
5	"4"	0 1 0 0	
6	"5"	0 1 0 1	
7	"6"	0 1 1 0	
8	"7"	0 1 1 1	
9	"8"	1 0 0 0	
10	"9"	1 0 0 1	
11			
12		0	
13		1	

Abb. 8.2: Verwendete Etiketten

falls einen Zwei-Niveau-Code verwenden. Die binäre Darstellung einer Ziffer durch 4 Bits wird in 4 Striche umgewandelt. Breite Striche stehen für „1", schmale für „0". Die Zwischenräume sind alle gleich breit und enthalten keine Information. Abb. 8.1 zeigt die Entwicklung eines solchen strichcodierten Etiketts, Abb. 8.2 stellt alle hier verwendeten Etiketten vor.
Der Waren-Code im Supermarkt (EAN-Code, Europäische Artikelnummer) ist übrigens ein Vier-Niveau-Code. Er verschlüsselt jede Ziffer in je zwei Striche und zwei Zwischenräume, die insgesamt 7 Einheiten breit sind. Ein Strich oder Zwischenraum kann zwischen 1 und 4 Einheiten breit sein (1).

2. Wie arbeitet der Etiketten-Leser?

Ein Etikett „lesen" heißt, die in der unterschiedlichen Breite der Striche enthaltene Information zu identifizieren und so die Strich-Reihe wieder in eine Reihe von Bits zu verwandeln. Beim Lesen wird ein Etikett mit einem Lesestift oder auf einem Lesetisch „abgetastet“, d. h. die Striche und Zwischenräume werden nacheinander beleuchtet. Das diffus reflektierte Licht fällt auf einen Fotohalbleiter, dessen elektrischer Widerstand sich im Takt der hellen und dunklen Streifen ändert. Solange der „Lesekopf“ (= Lichtquelle + Fotodetektor) über einen Strich gleitet, ist die Intensität des reflektierten Lichtes gering und der Widerstand groß. Gleitet der Lesekopf über einen hellen Zwischenraum, dann verringert sich der Widerstand, weil nun relativ viel Licht reflektiert wird. Schaltet man den Fotohalbleiter mit einem Festwiderstand als Spannungsteiler, dann läßt sich die Widerstandsänderung in eine Spannungsschwankung umwandeln.

Die Dauer des Zeitintervalls, während dessen der Lesekopf über den Strich hinwegfährt, die Spannung am Detektor also „hoch“ ist, nennen wir Dunkelzeit. Sie ist ein Maß für die Breite des Striches.

Jedes Etikett enthält mindestens einen Startstrich als Referenzgröße. Das Lesegerät vergleicht nun die Dunkelzeiten für die Striche mit der Dunkelzeit für den Startstrich und identifiziert so schmale und breite Striche bzw. die in ihnen enthaltene Information. Die (digitale) Messung der Dunkel- und Hellzeiten erfolgt durch das Zählen von „Uhr-Impulsen“, die in der Regel von dem Computer geliefert werden, an den das Lesegerät angeschlossen ist.

3. Didaktische Anmerkungen

1. Gegenüber kommerziell verwendeten Lesegeräten vereinfacht das Funktionsmodell in mehrfacher Hinsicht:
a) Um das Vergleichen der Strichbreiten auch nach außen hin deutlich zu machen, ist der Startstrich 2 Einheiten breit, ein „breiter“ Strich (binär „1“) ist 3 Einheiten breit, ein „schmaler“ Strich (binär „0“) 1 Einheit. Die Zwischengröße unseres Startstrichs findet sich am Anfang kommerzieller Etiketten nicht.
b) Das Funktionsmodell setzt die Strichbreiten in Zahlen zwischen 0 und 15 um (wir verwenden einen einfachen 4-Bit-Zähler), die dann miteinander verglichen werden. Kommerzielle Geräte messen die Striche auf mindestens 8 Bit (0 bis 255) genau aus.
c) Weil unser selbstgefertigter Lesekopf (Abb. 8.3) eine relativ große Öffnung besitzt, die auch von den schmalen Strichen vollständig abgedeckt werden sollte, darf die Breiteneinheit nicht zu klein gewählt werden (mindestens 8 mm). Kommerzielle Lesestifte identifizieren noch Strichbreiten von weniger als 1 mm.
d) Zum Verständnis der Funktionsweise ist es unerheblich, ob 10 Ziffern richtig decodiert werden oder nur eine. Das Lesen einer Ziffernfolge ist lediglich mit höherem experimentellen Aufwand verbunden. Wir beschränken uns hier auf ein Lesegerät, das Etiketten mit einer Ziffer Nutzinformation decodieren kann (s. Abb. 8.2). Die Etiketten können selbst hergestellt werden (schwarzer Filzstift liefert guten Kontrast). Die binäre Zahlendarstellung sollte vorher besprochen worden sein.

2. Alle Versuche werden mit Logik-Bausteinen der Fa. GRS (2) — LOGITRON-Serie — aufgebaut.
Dieser relativ teure Versuchsaufbau wurde gegenüber dem preiswerteren Aufbau mit „nackten“ ICs aus mehreren Gründen gewählt:

Abb. 8.3: Lesekopf.
Abmessungen:
Länge: 55 mm;
Breite: 15 mm;
Höhe: 25 mm

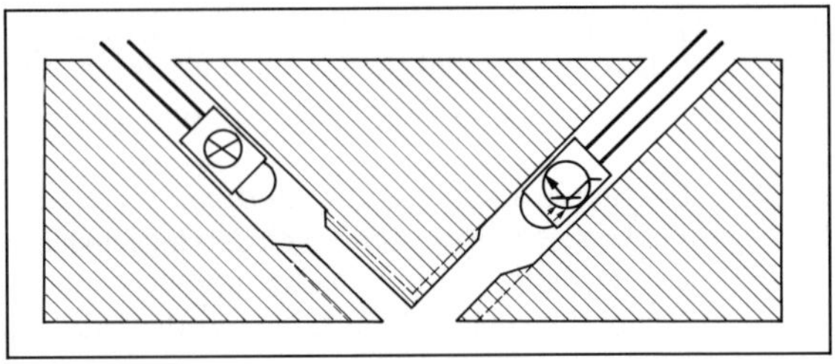

a) Die Bausteine sind groß. Das aufgedruckte Funktionszeichen ist auch aus größerer Entfernung noch zu sehen.
b) Steckbare Verbindungskabel ermöglichen einen raschen Auf- und Umbau des Versuchs.
c) Die Schaltungen bleiben relativ übersichtlich und sind funktionssicher.
d) Die Spannungsversorgung erfolgt automatisch bei Ineinanderstecken der Bausteine.
e) Die Betriebszustände der einzelnen Bausteine („H" und „L") werden in der Regel durch LEDs angezeigt. Der Ablauf der Informationsverarbeitung wird dadurch nachvollziehbar.

3. Die Versuche in Abschnitt 4 sind so ausgewählt, daß sie die wesentlichen Funktionsprinzipien eines Lesegeräts verdeutlichen:
a) Hell-Dunkel-Unterscheidung mit Reflexlichtschranke,
b) Messung der Dunkelzeit (Strichbreite) durch Zählen von Uhrimpulsen,
c) Identifizierung eines Bits (Zwei-Strich-Etikett) durch Vergleich der Dunkelzeiten von Startstrich und Nutzstrich,
d) Überlaufkontrolle, um Zuverlässigkeit des Lesevorgangs sicherzustellen,
e) Decodierung einer Ziffer (Fünf-Strich-Etikett) durch Speicherung der identifizierten Bits.

Im Verlauf der Versuche entsteht durch Hinzunahme immer nur weniger neuer Bauteile Stück für Stück das endgültige Funktionsmodell. Die Aufmerksamkeit der Schüler muß sich lediglich auf die Funktion der neuen Teile konzentrieren. Das Zusammenwirken der einzelnen Baugruppen bleibt einsichtig und überschaubar.

4. Versuche zum Strichcodelesen

4.1 Hell und dunkel wird unterschieden

Der erste Schritt auf dem Weg zum Entziffern eines strichcodierten Etiketts besteht darin, hell und dunkel zu erkennen. Jedes Lesegerät besitzt zu diesem Zweck ein „Auge", einen Fotodetektor (Diode oder Transistor). Der Detektor befindet sich, neben einer Lichtquelle, im „Lesekopf" des Gerätes. Die Lichtquelle ist bei uns ein Linsenlämpchen (3.7 V, 0.3 A). Als Detektor dient der Fototransistor, der zu dem „Opto-elektronischen Geber" gehört. Beide zusammen sind in einem Stück schwarzen Kunststoff so eingebaut, wie es Abb. 8.3 zeigt. Der Optogeber reagiert auf unterschiedliche Helligkeit am Fototransistor mit zwei verschiedenen Spannungszustän-

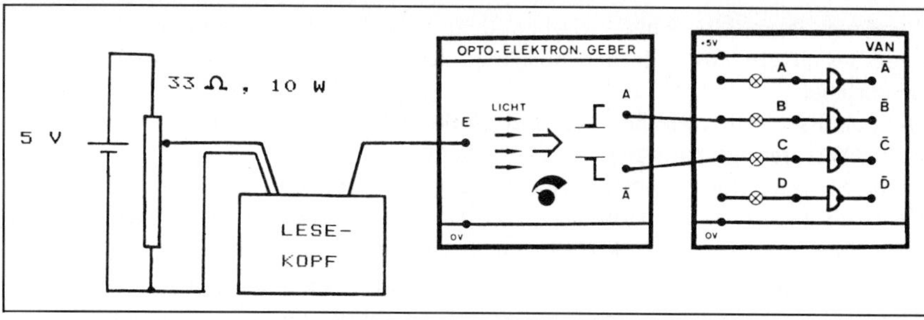

Abb. 8.4: Hell-Dunkel-Erkennung: Blockschaltbild

den: „L“ (für low) = bei 0 V (genau: < 0,4 V) und „H“ (für high) = bei 5 V (genau: > 2,4 V). Der genaue Wert der Spannung spielt keine Rolle, es reicht aus, die Zustände zu betrachten. Bei geringer Intensität des diffus reflektierten Lichts liegt der Ausgang A des Gebers auf „L“, der Ausgang $\overline{A}$ auf „H“. Wird viel Licht reflektiert, dann liegt der Ausgang A auf „H“, Ausgang $\overline{A}$ auf „L“. Auch alle anderen Bausteine liefern an ihren Ausgängen nur diese beiden Zustände und erwarten sie auch an ihren Eingängen. Abb. 8.4 zeigt das Schaltbild des Grundversuchs zum Hell-Dunkel-Erkennen, Abb. 8.5 den Versuchsaufbau. Die Funktionssymbole in Abb. 8.4 wie auch in allen folgenden Blockschaltbildern entsprechen den LOGITRON-Bausteinen. Sie sind dem Lehr- und Arbeitsbuch entnommen, das zu dieser Baustein-Reihe gehört (3).

Versuch 1: Aufbau nach Abb. 8.4: Etikett 11.

Beachten Sie bitte, daß die Spannungsversorgung (5 V ± 5 %; mind. 2 A) der Bausteine in den Abbildungen nicht eingezeichnet ist.

Mit dem Lesekopf über den weißen und den schwarzen Bereich von Etikett 11 fahren.

Der „4-VAN-Baustein“ macht die Zustände der Ausgänge A und $\overline{A}$ sichtbar. Bei „H“ leuchtet die LED, bei „L“ nicht.

Abb. 8.5: Hell-Dunkel-Erkennung: Versuchsaufbau

Ergebnis: Beim Übergang zwischen dem hellen und dem dunklen Untergrund ändern sich die Zustände der Ausgänge A und $\overline{A}$ des Optogebers so, wie oben beschrieben.
Die Schaltschwelle zwischen hell und dunkel läßt sich regeln durch:
a) die Versorgungsspannung des Lämpchens,
b) die Stellung eines Empfindlichkeitsreglers auf dem Optogeber.
Es wurde meistens mit etwa 1.8 V Lampenspannung gearbeitet; der Empfindlichkeitsregler stand an der linken Begrenzung des Regelsymbols.

Versuch 2: Mit dem Lesekopf langsam über andere Etiketten fahren.
Ergebnis: Der Ausgang $\overline{A}$ des Optogebers liegt jeweils genau so lange auf „H", wie der Lesekopf über einen Strich hinweggleitet.

4.2 Die Strichbreite wird gemessen

Wird der Lesekopf mit gleichbleibender Geschwindigkeit v über das Etikett geführt, dann ist die Dunkelzeit T, während der er über einen Strich der Breite B gleitet, B proportional: $T = (1/v) \cdot B$. Wir können die Strichbreite also über die Dunkelzeit messen. Dazu benötigen wir eine Art Stoppuhr. Abb. 8.6 zeigt ihren Aufbau. Wie arbeitet diese Uhr? Der Oszillator gibt z. B. auf dem Ausgang „1Hz" jede Sekunde einen „Uhr-Impuls" ab. Die UND-Verknüpfung arbeitet als Tor. Sie läßt nur dann Uhrimpulse durch, d. h. auf den Ausgang gelangen, wenn alle weiteren Eingänge auf „H" liegen. Sowie auch nur ein Eingang auf „L" liegt, ist das Tor gesperrt (sein Ausgang liegt fest auf „L"). Bei jedem Uhrimpuls zählt der Zähler eins weiter und zeigt seinen Inhalt (binär) an. Gleichzeitig stellt er den Inhalt an den Ausgängen A (1. Bit, Stellenwert 1) bis D (4. Bit, Stellenwert 8) zur Verfügung.
Versuch 3: Aufbau nach Abb. 8.6; zunächst mit 1 Hz, später auch mit anderen Frequenzen arbeiten.
a) Tor-Funktion des UND-Bausteins demonstrieren. Offene Eingänge liegen automatisch auf „H". Daher läßt das Tor bei offenen Eingängen die Uhrimpulse durch: die LED am Torausgang blinkt im Takt der Uhrfrequenz. Erst wenn mindestens ein Eingang auf „L" gelegt wird, erlischt die LED: das Tor sperrt. Hier und im Folgenden bedeutet einen Eingang auf „L" legen: ihn mit „O V" verbinden; einen Eingang auf „H" legen: ihn mit „5 V" verbinden.
b) Arbeitsweise des Zählerbausteins zeigen. Der Zähler zählt bis 15 (1111) und „läuft" dann „über": der nächste Impuls setzt ihn auf 0 (0000) zurück. Legt man

Abb. 8.6: Digitale Stoppuhr: Blockschaltbild

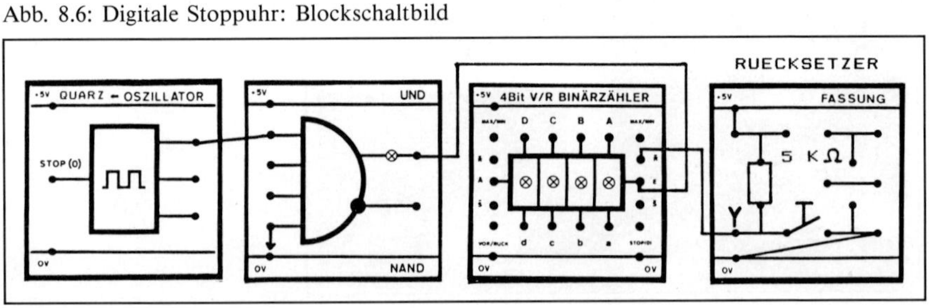

den Rücksetzeingang $\overline{R}$ kurzfristig auf „L“, dann wird der Zähler ebenfalls auf 0 gesetzt (z. B. vor jeder Zeitmessung notwendig).
c) Nun wird auch die Aufgabe des „Rücksetzers“ rechts in Abb. 8.6 verständlich. Sein Ausgang Y liegt normalerweise auf „H“ (über 5 kΩ an 5 V), nur bei Tastendruck liegt er auf „L“ und gestattet so ein einfaches und schnelles Zurücksetzen der angeschlossenen Bausteine.

Ergebnis: Der Zähler zeigt durch die Anzahl der Uhrimpulse die Zeit an, während er kein Eingang des Tors auf „L“ liegt.
Nun hat uns Versuch 2 gezeigt, daß der Ausgang $\overline{A}$ des Optogebers nur dann auf „H“ liegt, wenn der Lesekopf einen Strich „sieht“, sonst liegt der Ausgang auf „L“. Wenn wir diesen Ausgang mit einem Eingang des Tors verbinden, dann werden die Uhrimpulse genau solange auf den Zähler gelangen, wie der Lesekopf über einen Strich fährt. Abb. 8.7 zeigt das entsprechende Schaltbild.

Versuch 4: Aufbau nach Abb. 8.7: Etikett 11; zunächst 1 Hz.
a) Mit dem Lesekopf langsam vom weißen in den schwarzen Bereich fahren und wieder zurück.
Vor jeder Messung definierten Ausgangszustand herstellen:
Lesekopf auf weißem Untergrund, Zähler zurückgesetzt.
b) Strich mit größerer Geschwindigkeit abtasten; entsprechend höhere Frequenzen wählen.

Ergebnis: Der Zähler zeigt durch die Anzahl der Uhrimpulse die Zeit T an, während der der Lesekopf einen Strich „sieht“.

4.3 Breite und schmale Striche werden identifiziert

Unsere Etiketten enthalten die Information „0“ in Gestalt eines schmalen Strichs, die Information „1“ in Gestalt eines breiten Strichs (s. Abb. 8.1, 8.2). Wenn das Lese-

Abb. 8.7: Messung der Dunkelzeit (Strichbreite): Blockschaltbild

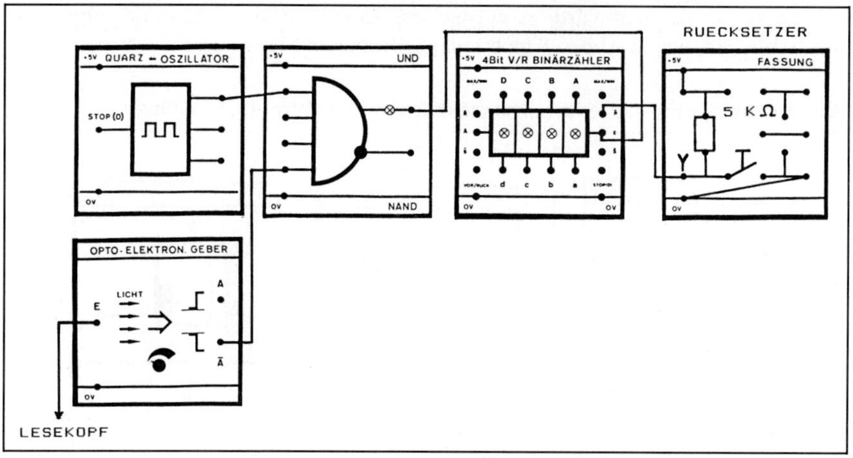

gerät „erkennen“ soll, ob ein Strich schmal oder breit ist, bzw. die entsprechende Dunkelzeit kurz oder lang, dann muß ihm eine Vergleichsgröße — ein Metermaß sozusagen — zur Verfügung gestellt werden. Das geschieht durch den Startstrich, mit dem jedes Etikett beginnt. Seine Dunkelzeit Ts ist die „Standardgröße“, mit der die Dunkelzeiten aller nachfolgenden Striche verglichen werden. Ist die Dunkelzeit eines Strichs größer als Ts, dann wird er als „1“ identifiziert, ist sie geringer, dann als „0“. Dieses Verfahren setzt nur eine annähernd gleichbleibende Lesegeschwindigkeit v voraus, ist aber unabhänig von der Größe von v.

Wir wollen mit dem Verfahren zunächst ein möglichst einfaches Etikett entziffern, das neben dem Startstrich nur einen weiteren Strich als Nutzinformation enthält (Etiketten 12, 13 in Abb. 8.2).

Wie muß der Versuchsaufbau verändert werden? Wir werden die Dunkelzeiten von Start- und „Nutz“-Strich getrennt messen, benötigen also einen weiteren Zähler mit Tor. Außerdem brauchen wir einen „Nutzstrich-Detektor“, der „aufpaßt“, wann der Startstrich vorbei ist, und dann Tor 1 (für den Startstrichzähler) schließt und Tor 2 (für den Nutzstrichzähler) öffnet.

Für derartige Aufgaben verwendet man Flipflop-Bausteine (FF, Abb. 8.8 links). Ein FF besitzt zwei stabile Schaltzustände, zwischen denen man ihn hin und her schalten kann. Im Grundzustand liegen die Ausgänge Q auf „L“, $\overline{Q}$ auf „H“, nach dem Umschalten liegt Q auf „H“, $\overline{Q}$ auf „L“. Unter welchen Umständen der FF umschaltet, wird durch die Zustände an den beiden Eingängen J und K bestimmt. Legt man z. B. den Eingang J auf „H“ und den Eingang K auf „L“ (Abb. 8.8 rechts), dann schaltet eine „fallende Flanke“, das ist ein Übergang von „H“ nach „L“, auf dem Eingang T den Flipflop um. Der FF kann in den Grundzustand zurückgesetzt werden, indem man den Eingang $\overline{R}$ kurzfristig auf „L“ legt.

Nun liefert der Ausgang $\overline{A}$ des Optogebers n a c h jedem Strich eine solche „fallende Flanke“, zum ersten Mal also nach dem Startstrich. Verbinden wir diesen Ausgang mit dem T-Eingang des FF, dann wird sein Ausgang Q während des Startstrichs (noch) auf „L“ liegen, danach aber dauernd auf „H“, sein Ausgang $\overline{Q}$ entsprechend umgekehrt. Im Prinzip würde es ausreichen, den FF unmittelbar an den Optogeber anzuschließen, wie es Abb. 8.8 rechts zeigt. Probieren Sie es aus: Sie werden feststel-

Abb. 8.8: links: Flipflop; rechts: „Nutzstrichdetektor“, prinzipielle Schaltung

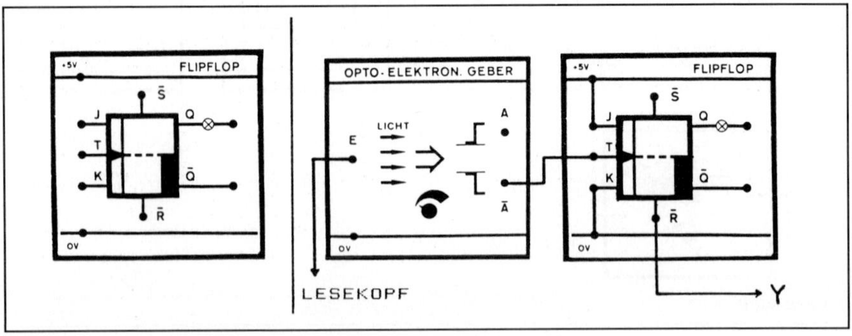

len, daß der FF praktisch immer schon bei Beginn des Startstrichs umschaltet. Offenbar oszilliert der Ausgang $\bar{A}$ des Optogebers zwischen „H“ und „L“, wenn sich der Lesekopf gerade im Übergangsbereich zwischen weiß und schwarz befindet. Daher setzen wir einen zweiten FF dazwischen, den wir von einem Uhrimpuls umschalten lassen (Abb. 8.9). Nun ändert der „Nutzstrich-Detektor“ (FF2) einwandfrei erst am Ende des Startstrichs seinen Zustand.

Versuch 5: Aufbau nach Abb. 8.9; Etikett 11.

a) Definierten Ausgangszustand herstellen: Lesekopf auf weißer Fläche, alle FF zurückgesetzt.

b) Mit dem Lesekopf von der weißen auf die schwarze Fläche fahren (1. Strich): Q1 (= Ausgang Q von FF1) geht auf „H“.

c) Mit dem Lesekopft wieder auf die weiße Fläche zurückfahren (Ende des 1. Strichs): Q1 geht auf „L“, Q2 auf „H“.

d) Schritte b und c wiederholen: Q1 ändert seinen Zustand wie vorher, Q2 bleibt auf „H“.

Ergebnis: 1. Der Ausgang Q von FF1 verhält sich praktisch wie der Ausgang $\bar{A}$ des Optogebers (abgesehen von den kurzfristigen Oszillationen): er liegt genau solange auf „H“, wie der Lesekopf einen Strich sieht.

2. FF2 schaltet exakt am Ende des ersten Strichs um und bleibt in diesem Zustand. Mit den Ausgängen Q und $\bar{Q}$ des FF2 können wir nun die beiden Zählertore sachgerecht öffnen und schließen. Abb. 8.10 zeigt das entsprechende Blockschaltbild, Abb. 8.11 den Versuchsaufbau. Tor 1 und Zähler 1 sind für den Startstrich zuständig, Tor 2 und Zähler 2 für den Nutzstrich. Die Rücksetzleitungen (zum Ausgang Y des

Abb. 8.9: „Nutzstrichdetektor“: Blockschaltbild

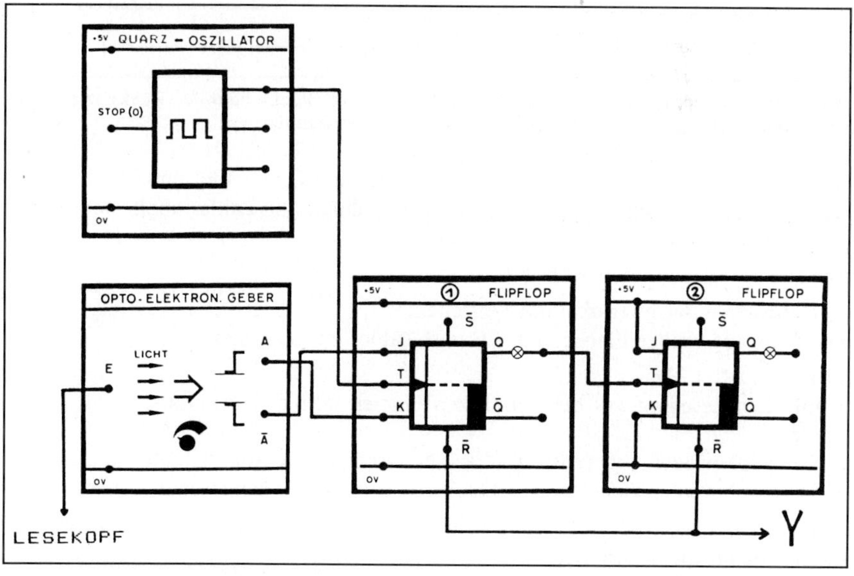

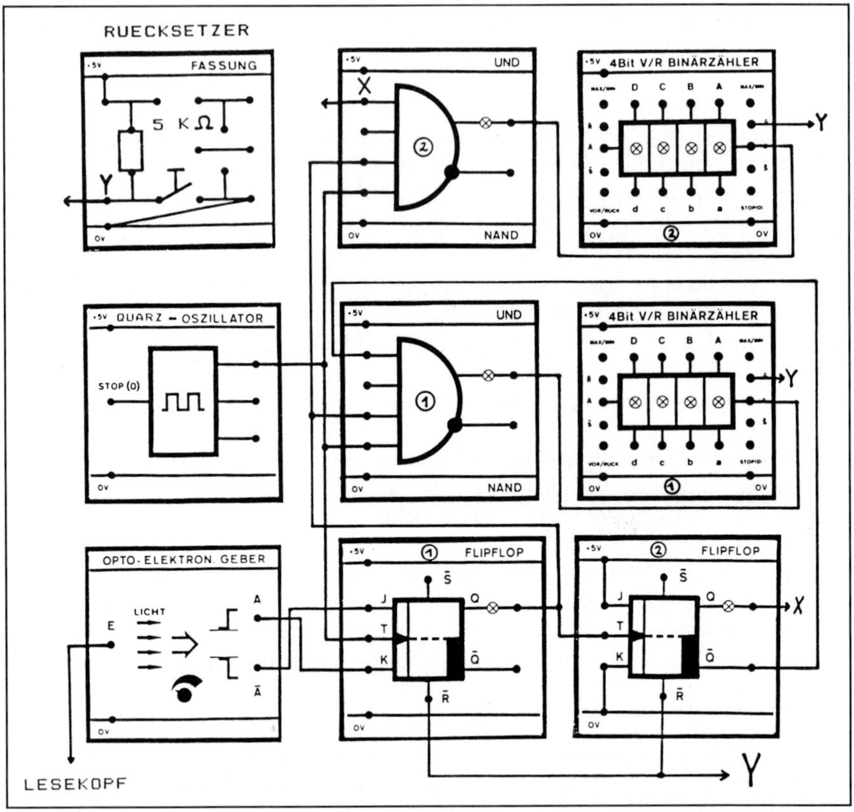

Abb. 8.10: Identifizierung schmaler und breiter Striche: Blockschaltbild. Rücksetzleitungen (→ Y) und Verbindung Q2 – UND 2 (→ X) nicht eingezeichnet

Rücksetzers) und die Verbindung zwischen Ausgang Q von FF2 und Tor 2 sind — der besseren Übersicht halber — nicht eingezeichnet. Die Zählerinhalte vergleichen wir vorerst noch selbst.

Versuch 6: Aufbau nach Abb. 8.11

a) Definierten Ausgangszustand herstellen:
Lesekopf auf weißer Fläche, alle FF und Zähler zurückgesetzt.

b) Etikett 11; 1 Hz.
1. mit dem Lesekopf auf den schwarzen Bereich fahren: Uhrimpulse gelangen auf Zähler 1.
2. Lesekopf wieder auf weiße Fläche: „Nutzstrich-Detektor" schaltet um.
3. Lesekopf wieder auf schwarze Fläche: Uhrimpulse gelangen auf Zähler 2.

c) Etiketten 12 und 13 mit unterschiedlichen Geschwindigkeiten abtasten: Uhrfrequenz entsprechend erhöhen.

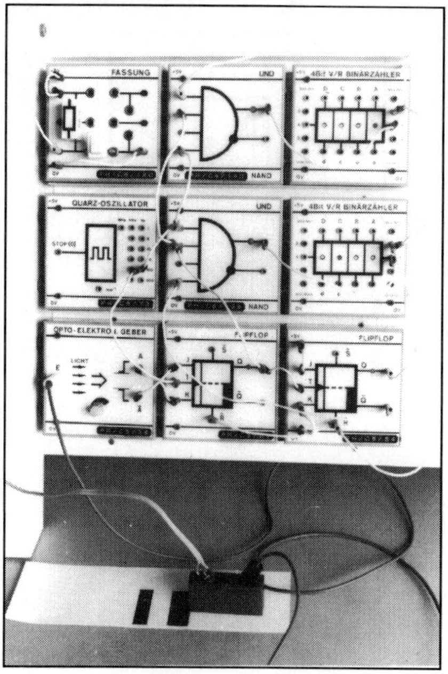

Abb. 8.11: Identifizierung schmaler und breiter Striche: Versuchsaufbau

Ergebnis: Durch Vergleich der Zählerinhalte lassen sich schmale und breite Striche identifizieren.

Vor allem bei höheren Uhrfrequenzen kommt es vor, daß der Zähler, der eigentlich die größere Zahl enthalten müßte, eine kleinere Zahl enthält als der andere Zähler. Was ist geschehen? Der Zähler mit der „falschen “ Zahl ist übergelaufen! Weil ein solcher Überlauf in der Regel zu falschen Ergebnissen führt, muß er unbedingt registriert werden (bei einem kommerziellen Leser ertönt dann z. B. ein Piepton). Wenn unsere Zähler überlaufen, dann geben sie an dem linken Ausgang A (nicht mit dem Ausgang für das 1. Bit, oben rechts, verwechseln!) einen Impuls ab. Außerdem wird nur dann das 4. Zählerbit (Ausgang D) wieder auf „0“ gesetzt (fallende Flanke!). Verbinden wir einen dieser Ausgänge mit dem T-Eingang eines FF, dann wird das FF bei einem Überlauf umschalten. Die LED am Ausgang leuchtet auf und zeigt den Überlauf optisch an. Da Zähler 1 o d e r Zähler 2 überlaufen können, legen wir die Ausgänge über einen ODER-Baustein an den T-Eingang des FF (Abb. 8.12). Der Ausgang einer ODER-Verknüpfung liegt auf „H“, solange mindestens ein Eingang auf „H“ liegt. Aus diesem Grund müssen wir alle unbenutzten Eingänge auf „L“ legen.

Versuch 7: Aufbau von Versuch 6 gemäß Abb. 8.12 vervollständigen; Überlaufkontrolle erproben.

Ergebnis: FF3 zeigt an, ob während des Lesevorgangs ein Zählerüberlauf geschehen ist.

Bisher mußten wir selbst die Zählerinhalte vergleichen, um die Information

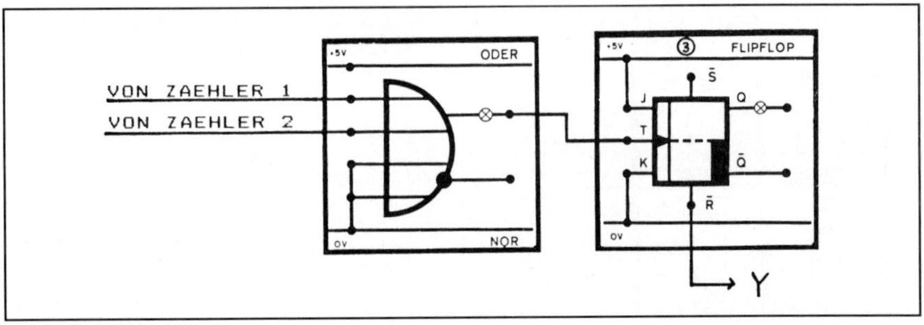

Abb. 8.12: Überlaufkontrolle: Blockschaltbild

des Nutzstrichs zu entziffern. Diese Aufgabe übernimmt nun der Vergleicher (Komparator, IC SN 7485). Er vergleicht zwei 4-Bit-Zahlen Z1 und Z2 (z. B. die Inhalte der Zähler 1 und 2) und geht an dem entsprechenden Ausgang (Z1 > Z2, Z1 = Z1, Z1 < Z2, s. Abb. 8.13) auf „H“. Wir setzen diesen IC in den Fassungsbaustein ein, und zwar so, daß die Einkerbung links liegt. Abb. 8.13 zeigt, wie die Anschlüsse des IC beschaltet werden müssen.

Die Ausgänge A bis D von Zähler 1 (entspricht Z1) sind mit A1 bis D1 bezeichnet, die Ausgänge von Zähler 2 (entspricht Z2) mit A2 bis D2. Die Vergleicherausgänge verbinden wir mit den Eingängen des 4-VAN-Bausteins, um ihre Zustände sichtbar zu machen. Aus dem Versuchsaufbau nach Abb. 8.10 entsteht durch Hinzufügen der Überlaufkontrolle und des Komparators ein vollständiger Zwei-Strich-Etiketten-Leser. Abb. 8.14 zeigt das Blockschaltbild.

Versuch 8: Aufbau nach Abb. 8.14; Etiketten 12, 13.

Arbeitsweise des Vergleichers anhand der Zählerinhalte kontrollieren.

Abb. 8.13: Komparator: Anschlußbelegung (s. Text)

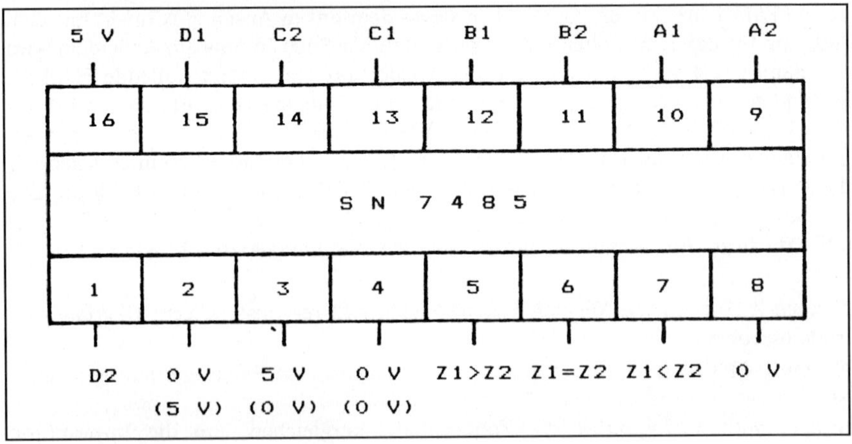

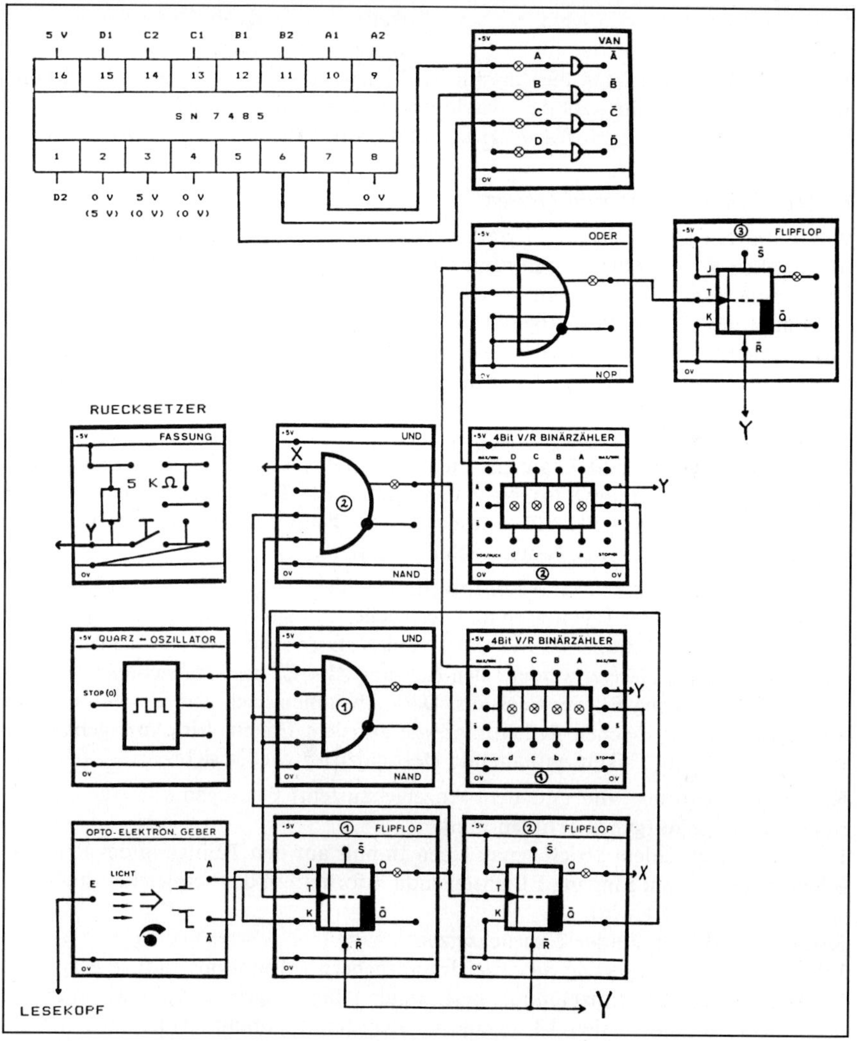

Abb. 8.14: Zwei-Strich-Etiketten-Leser: Blockschaltbild. Rücksetzleitungen (→ Y), Verbindung Q2 – UND 2 (→ X) sowie alle Verbindungen zwischen den Ausgängen A, B, C, D der Zähler 1 und 2 zum Komparator nicht eingezeichnet.

Ergebnis: Der Ausgang Z1 < Z2 (Anschluß 7) des Vergleichers liefert die Information, die in dem Nutzstrich enthalten ist: „H" („1") bei breitem Strich, „L" („0") bei schmalem Strich.

Bei der Beschaltung der Abb. 8.13 und 8.14 liefert der Komparator am Ausgang Z1 < Z2 nur dann „H", wenn Z2 streng größer ist als Z1. Nach der Erfahrung nimmt die Geschwindigkeit beim Abfahren eines Etiketts eher zu als ab. Unter ungünstigen Umständen kann dann der breite Strich zur gleichen Dunkelzeit führen wie der Startstrich. Beschaltet man die Anschlüsse 2 bis 4 so, wie es in Abb. 8.13 in Klammern vermerkt ist, dann geht der Anschluß 7 auch auf „H“, wenn Z1 und Z2 gleich sind. Das ermöglicht auch für die o.a. Situation noch eine korrekte Decodierung.

4.4 Das Ziffern-Etikett wird gelesen

Wie e i n Nutzstrich decodiert wird, wissen wir jetzt. Die Ziffern-Etiketten 1 bis 10 enthalten 4 Nutzstriche. Erst wenn alle 4 Striche in „0“ oder „1“ umgewandelt sind, kann man erkennen, um welche Ziffer es sich handelt. Daher müssen die Ergebnisse des Vergleichers aufgehoben werden, bis das ganze Etikett verarbeitet ist. Das geschieht mit einem Speicher- oder Register-Baustein (s. Abb. 8.16 oben rechts). Das Register speichert die an den Eingängen ER bzw. EL anstehenden Zustände erst dann, wenn ein Impuls auf den Eingang gelangt. Welcher der beiden Eingänge benutzt wird, hängt von den Zuständen an den beiden Schalter-Eingängen S1 und S2 ab. Mit S1 auf „L“ und S2 auf „H“ übernimmt das Register die Information von Eingang EL (s. Abbildung 8.16). Nach dem Impuls auf T wird die Information ganz rechts „eingeschrieben“, alle früher gespeicherten Bits werden um einen Schritt nach links geschoben, daher der Name „Schieberegister“.

Die Decodierung des vollständigen Etiketts geschieht folgendermaßen. T_S wird — wie bisher — in Zähler 1 gemessen und gespeichert. Bei allen Nutzstrichen gelangen die Uhrimpulse auf Zähler 2. Zwischen zwei Nutzstrichen muß der Zähler 2 also automatisch zurückgesetzt werden. Den Ausgang $Z1 < Z2$ des Vergleichers verbinden wir mit dem Eingang EL des Registers. Dadurch stehen nach dem Lesen die 4 Bits im Register in der gleichen Reihenfolge wie auf dem Etikett. Ein Anzeigebaustein macht auch die im Etikett enthaltende Dezimalziffer wieder sichtbar.

Neben dem Register (und ggf. dem Anzeigebaustein) benötigen wir eine „Steuerung“, die zwei Aufgaben erfüllen muß:

1. Sie muß nach jedem Strich genau einen Impuls auf den T-Eingang des Registers geben, damit die am Eingang EL anstehende Information des Vergleichers auch tatsächlich gespeichert wird.
2. Danach muß sie Zähler 2 zurücksetzen.

Wir bauen diese Steuerung aus zwei Impulsgebern (Monoflops) auf, die auf den Startsignal hin einen Einzelimpuls bestimmter Länge abgeben. Als Startsignal für den 1. Impuls (der für den T-Eingang des Registers bestimmt ist) nehmen wir das „Strichende“, die fallende Flanke am Ausgang Q von FF1. Als Startsignal für den 2. Impuls wählen wir das Ende des 1. Impulses. Mit dem Ende des 2. Impulses schalten wir ein FF (FF4) um, dessen Ausgang $\overline{Q}$ dann auf „L“ geht. Damit setzen wir Zähler 2 und FF4 selbst zurück.
Beide Impulsgeber sind in dem IC SN 74221 enthalten, das wir ebenfalls in einen Fassungsbaustein einsetzen. Abb. 8.15 zeigt die Beschaltung der IC-Anschlüsse. Die 33 kΩ-Widerstände zwischen 5 V und den Anschlüssen 7 und 15 bestimmen die Impulsdauer (ca. 0,5 μs). Es empfiehlt sich, die Widerstände in zwei aufgetrennte Verbindungskabel einzulöten. Zähler 2 soll unter zwei Bedingungen zurückgesetzt

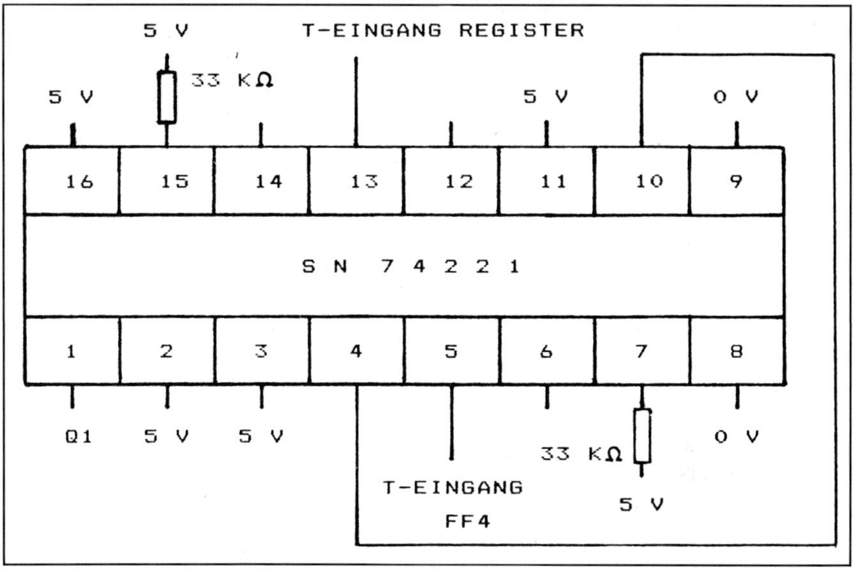

Abb. 8.15: Einzelimpulsgeber: Anschlußbelegung (s. Text)

werden: einmal bei Drücken der Rücksetztaste, dann geht Ausgang Y des Rücksetzers auf „L", zum anderen jeweils nach einem Strich, dann geht $\overline{Q4}$ auf „L". Nun

Abb. 8.16: Steuerung mit Schieberegister und Zähler 2: Blockschaltbild

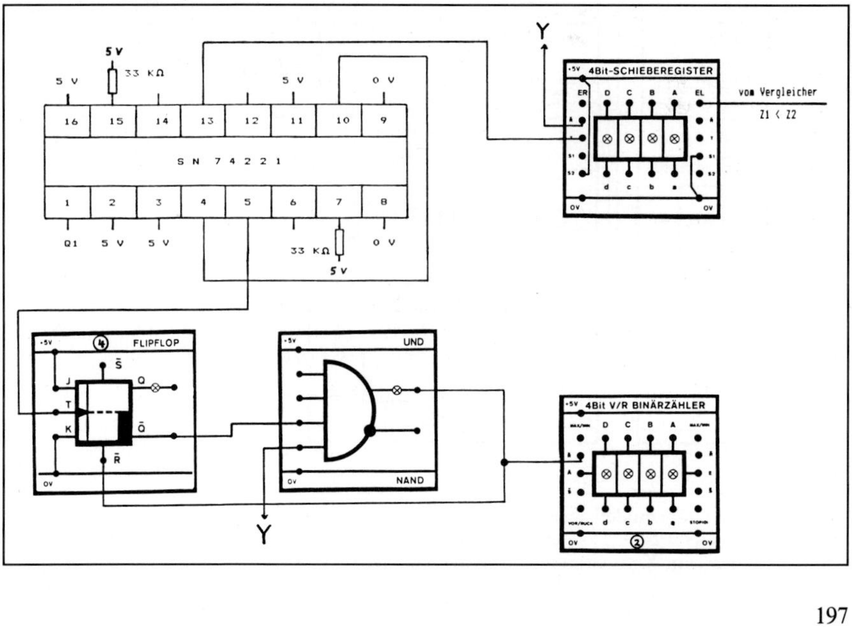

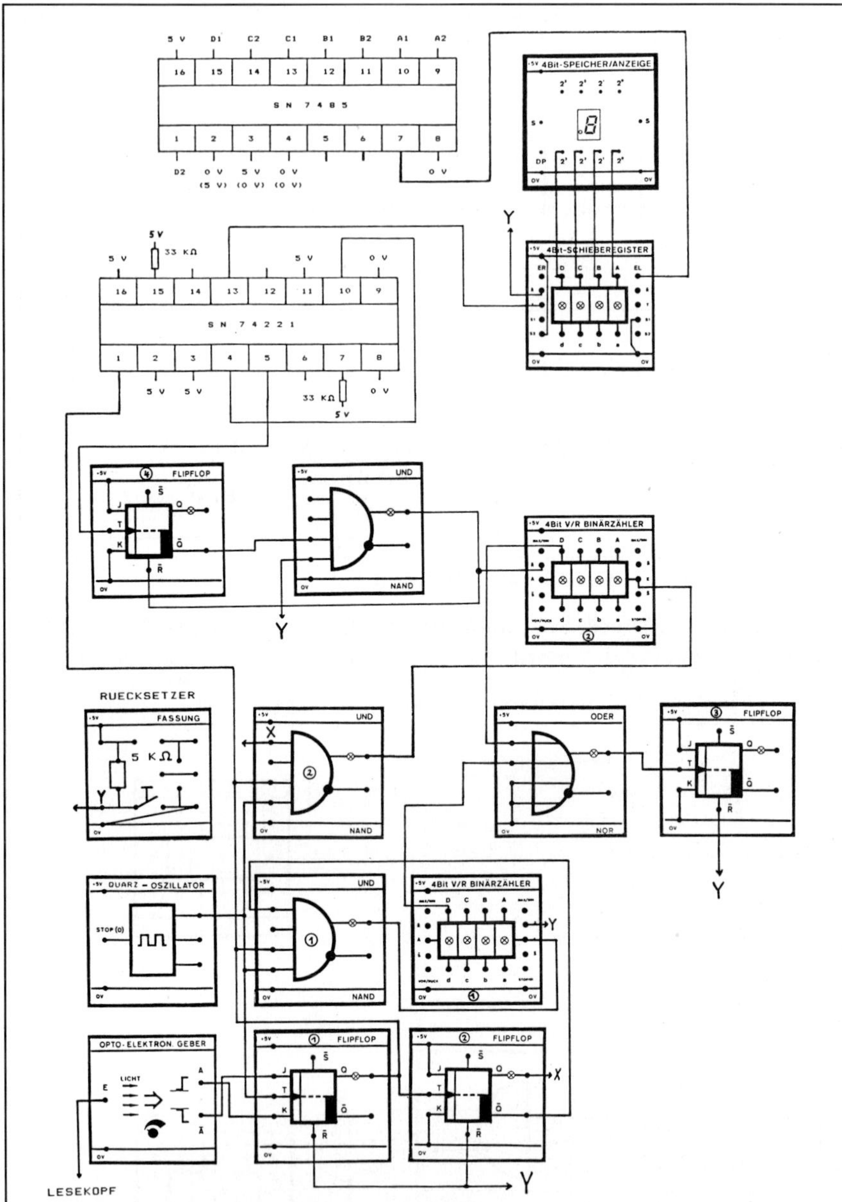

Abb. 8.17: Funktionsmodell Strichcodeleser: Blockschaltbild. Rücksetzleitungen (→ Y), Verbindung Q2 – UND 2 (→ X) sowie alle Verbindungen zwischen den Ausgängen A, B, C, D der Zähler 1 und 2 zum Komparator nicht eingezeichnet

wissen wir aus Versuch 3, daß der Ausgang der UND-Verknüpfung auf „L“ liegt, sowie auch nur ein Eingang auf „L“ liegt. Wir müssen also die Ausgänge Y und $\overline{Q4}$ auf ein UND legen, dessen Ausgang wir mit den Rücksetzeingängen von Zähler 2 und FF4 verbinden. Abb. 8.16 zeigt die Steuerung zusammen mit Schieberegister und Zähler 2.
Es soll nicht verschwiegen werden, daß diese Steuerung eine etwas primitive Lösung des Problems darstellt. Die Nachteile können hier nicht diskutiert werden. Eine mehr professionelle — aber aufwendigere — Lösung besteht darin, jeweils die ersten beiden Uhrimpulse nach dem Strichende auszukoppeln, mit dem ersten das Register zu takten und mit dem zweiten Zähler 2 zurückzusetzen.
Mit der Erweiterung des Zwei-Strich-Etiketten-Leser nach Abb. 8.14 durch Steuerung und Register nach Abb. 8.16 ist das vollständige Funktionsmodell entstanden. Abb. 8.17 zeigt das Blockschaltbild des Gerätes (inklusive Anzeigebaustein), Abb. 8.18 den Versuchsaufbau.

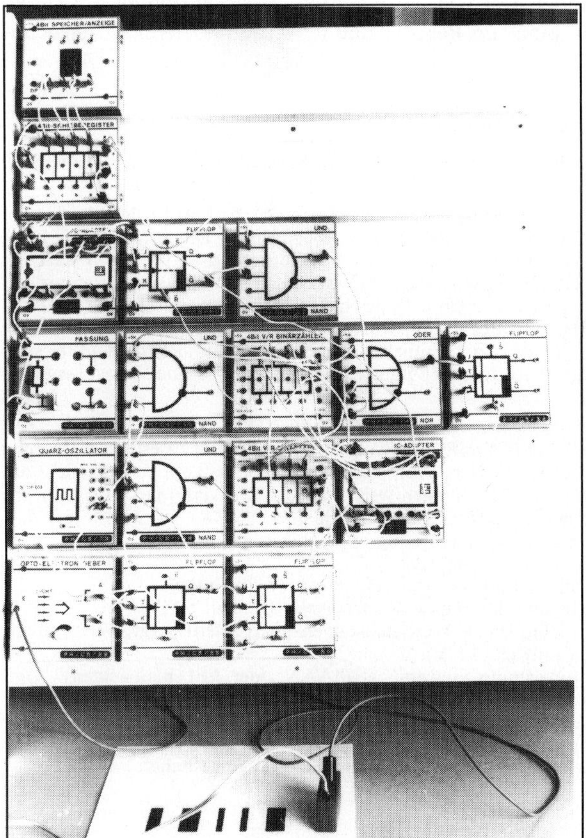

Abb. 8.18: Funktionsmodell Strichcodeleser: Versuchsaufbau

Versuch 9: Aufbau nach Abb. 8.17

a) Vor jedem Lesen definierten Ausgangszustand herstellen

b) Etikett 11; 1Hz.

1. mit dem Lesekopf auf den schwarzen Bereich fahren: Uhrimpulse gelangen auf Zähler 1.
2. Lesekopf wieder auf weiße Fläche: FF2 schaltet um.
3. Lesekopf wieder auf schwarze Fläche: Uhrimpulse gelangen auf Zähler 2.
4. Lesekopf wieder auf weiße Fläche: Vergleichsergebnis wird in Register geschrieben, Zähler 2 zurückgesetzt.
5. Schritte 3, 4 wiederholen: neues Vergleichsergebnis wird in Register geschrieben, altes rutscht eine Stelle nach links, Zähler 2 wird wieder zurückgesetzt.
6. Schritte 3, 4 wiederholen: gleiche Beobachtungen wie bei 5.

c) Etiketten 1—10; 100 Hz; mittlere Lesegeschwindigkeit (Anzeige von Zähler 1 etwa zwischen 5 und 10). Überlaufkontrolle beachten!

Ergebnis: Das Funktionsmodell liest 5-Strich-Etiketten. Es erfaßt und decodiert den Etikett-Inhalt und stellt ihn binär im Register und als Ziffer auf dem Anzeigebaustein dar.

5. Anmerkungen und praktische Hinweise

(1) Auskunft über den EAN-Code erteilt: Centrale für Coorganisation, Postfach 190209, 5000 Köln oder (auch über andere Strichcodes) der Verfasser.

(2) Hersteller der LOGITRON-Bausteine ist die Firma GRS — Gesellschaft für Regelungstechnik und Simulationstechnik GmbH — in 6100 Darmstadt-Arheilgen, Darmstädter Str. 1.
Der Gesamtpreis für alle in den Versuchen eingesetzten Bausteine (insgesamt 18) liegt bei 2000,— DM. Das mag für die Durchführung einer speziellen Versuchsreihe als zu teuer erscheinen. Man muß aber berücksichtigen, daß diese Bausteine nicht nur für die hier vorgestellten Versuche eingesetzt werden können. Informationsverarbeitung als Unterrichtsbereich, in dem Sachverhalte aus Mathematik,Physik und Technik zusammen gesehen und angewandt werden müssen, gewinnt zunehmend an Bedeutung. Die Bausteine lassen sich für eine Vielzahl entsprechender Versuche verwenden.

(3) K. Kress: Lehr- und Arbeitsbuch zum LOGITRON-Gerät (GRS, Darmstadt, o.J.)
Wenn Sie das Funktionsmodell aus ICs aufbauen wollen: Unterlagen dazu erhalten Sie beim Verfasser. Zum Schluß noch einige praktische Hinweise für den Fall, daß ein Versuch nicht das gewünschte Ergebnis zeigt. Die folgenden Fragen weisen auf (z. T. triviale) Ursachen hin, die nach meiner Erfahrung recht häufig dafür verantwortlich sind.
a) Sind alle Bausteine an die Spannungsversorgung angeschlossen?
b) Sind alle Verbindungsleitungen richtig gesteckt?
c) Sind die beiden IC richtig im Fassungsbaustein eingesetzt (Kerbe links)?
d) Entspricht die Anschlußbelegung der beiden IC den Abb. 8.13 und 8.15?
e) Läuft der Oszillator gleichmäßig (mit 4-VAN-Bausteinen überprüfen)? Ggf. Versorgungsspannung geringfügig erhöhen (auf ca. 5.1 V).
f) Arbeitet die Hell-Dunkel-Erkennung einwandfrei (4-VAN oder FF1 beobachten)? Ggf. Lämpchenspannung verändern (ausprobieren).
g) War die Lesegeschwindigkeit zu hoch (Anzeige von Zähler 1 beachten)? Ggf. langsamer abtasten (Zähler 1: zw. „5“ und „10“).
h) War die Lesegeschwindigkeit zu gering? Überlaufkontrolle im Auge behalten!

Kap. 9: Quarz-Stabilisierung von Uhren *)

1. Didaktische Hinweise und methodische Vorschläge

Neben dem Taschenrechner gibt es wohl kaum einen elektronischen Gebrauchsgegenstand, der aufgrund preiswerter Massenfertigung eine derartige Verbreitung gefunden hat wie die quarz-stabilisierte Uhr — zumeist als Digital-Uhr, erst in den letzten Jahren auch zunehmend als Analog-Uhr. Mit dem Wort „quarz- stabilisiert" hat im kommerziell-orientierten Sprachgebrauch ein Begriff Eingang gefunden, den seine Benutzer in den seltensten Fällen in einen Zusammenhang zu den zugrunde liegenden physikalischen Gesetzmäßigkeiten bringen können.
Derartige Diskrepanzen überall dort, wo sie auftreten, abzubauen, ist eigentlich eine der zentralen Aufgaben des Physikunterrichtes: Wenn dem Schüler im Alltag — in diesem Falle im wörtlichen Sinne fast „stündlich" — physikalische Probleme begegnen, dann sollte er sie an das in der Schule erlernte physikalische Wissen „anbinden" können; schließlich liegt darin einer der Legitimationsaspekte des Physikunterrichtes an allgemeinbildenden Schulen. Doch während dieses Ziel bei vielen anderen physikalisch erklärbaren Gebrauchsgegenständen wie etwa dem Telefon in Lehrplänen und Lehrbüchern in halbwegs befriedigender Weise angestrebt wird, ist das Thema „Quarzstabilisierung" kaum Unterrichtsinhalt, insbesondere nicht in der Sekundarstufe I.
Zwar gibt es für den interessierten Lehrer durchaus eine Reihe von Anregungen für die Behandlung von Quarz-Uhren und Quarz-Oszillatoren (z. B. [1—4]), jedoch wird dort üblicherweise eine derart weitgehende Annäherung an die in der Praxis tatsächlich verwendeten elektronischen Schaltungen angestrebt (einschließlich der digitalen Zähltechnik), daß die notwendigen fachlichen und unterrichtlichen Voraussetzungen bestenfalls bei Schülern eines Elektronik-Kurses der Sekundarstufe II vorhanden sein können. Da derartige Vertiefungen die Ausnahme sind, wird auch die Behandlung der Quarz-Stabilisierung zur Ausnahme. Überdies ist in der Sekundarstufe I die Behandlung unter dem Gesichtspunkt original-getreuer elektronischer Schaltungen völlig indiskutabel und auch kaum wünschenswert.
Die Schlußfolgerung in dieser Situation sollte jedoch nicht lauten: Ausklammerung des Gegenstandes! Unter dem leitenden Gesichtspunkt der Elementarisierung gilt es, erkennbare und nachvollziehbare Phänomene herauszuarbeiten und von den verzichtbaren quantitativen Vertiefungen und originalgetreuen Realisierungen zu trennen.
In diesem Sinne ist der nachfolgende Vorschlag eines methodischen Weges für die Behandlung der Quarz-Stabilisierung zu sehen. Auf praxisübliche Schaltungen wird bewußt verzichtet, stattdessen wird das Phänomen der Frequenz-Stabilisierung eines

*) Autoren dieses Kapitels: *H. Schmidt* und *W. Zeiske*

elektrischen Schwingkreises mittels eine Quarzes in den Vordergund gestellt. Erleichtert wird die Durchführung der angegebenen Experimente durch Vorkenntnisse oder begeleitende Erarbeitung von qualitativen Effekten aus folgenden Bereichen: Grundaufbau des elektrischen Schwingkreises (aus didaktischer Sicht empfehlenswerte Einführung über die Elektronenröhre mit anschließender Analogie-Betrachtung beim Transistor), das Prinzip der Rückkopplung und Grundkenntnis des piezoelektrischen Effekts (im übrigen auch wegen seiner Bedeutung bei den Phono-Geräten unverzichtbar!). Der Leser mag sich darüber in den üblichen Lehrbüchern informieren, (z. B. [5—6]).

Ein möglicher methodischer Weg in Stichworten:

- Wiederholung und Hervorhebung der Grundlage jeder Zeitmessung: Der zeitlich periodische Vorgang; (Zeitmessung auf astronomischer Basis: geschlossene Bahnen; mechanische Uhren: Schwingungen von Pendeln, Unruhen u. a.; Konventionelle elektrische Uhren: Netzfrequenz usw.).
- Auch elektronische Quarz-Uhren kommen nicht ohne diesen zeitlich periodischen Vorgang aus: Dieser periodische Vorgang kann wie die Wechselspannung auf dem Oszilloskop sichtbar gemacht werden (vergl. Abb. 9.1 und Versuch 1).
- Eine derart hochfrequente elektrische Schwingung wie diejenige einer Quarzuhr kann auf einfache Weise mit Bauteilen eines Schüler- oder Demonstrations-Stecksystems erzeugt, auf dem Oszilloskop sichtbar gemacht und mit seiner Frequenz auf einem Frequenzzähler verfolgt werden (vergl. Abb. 9.2 und Versuch 2).

Abb. 9.1: Schwingung als Grundlage der Zeitmessung
a: Typische Quarzuhr aus Massenproduktion
b: Spannungsabgriff am Pluspol der Batterie und an einem der Quarzanschlüsse
c: Darstellung der elektrischen Schwingung durch Abgriff gem. b, (vgl. Versuch 1)

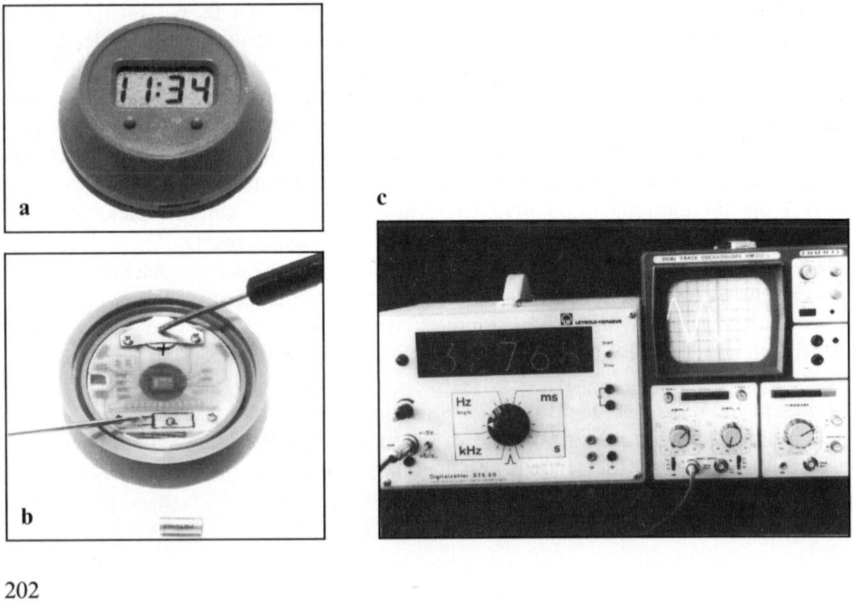

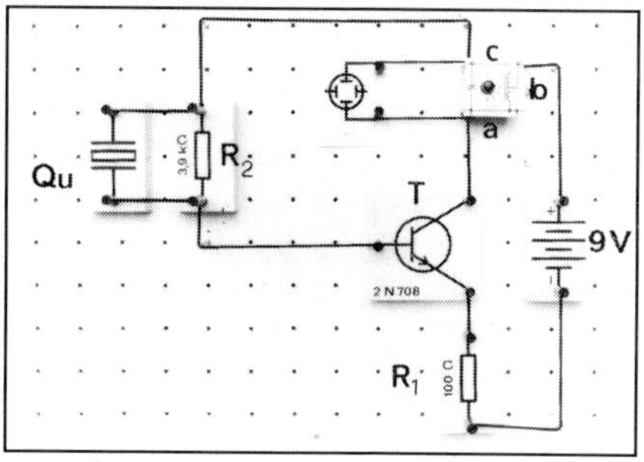

Abb. 9.2: Schaltung zur Untersuchung der Quarzstabilisierung (Erläuterungen im Text, vgl. Versuch 2);

- Wird der rückgekoppelte und somit erzwungen schwingende Kreis ohne Quarz betrieben, so ist die Frequenz (und somit — würde eine Uhr damit betrieben — die Genauigkeit) sehr deutlich von der Kapazität C abhängig (Versuch 2), insbesondere erkennbar bei Körper-Annäherung (Körperkapazität, Versuch 3), während bei Zuschaltung des Quarzes zur Rückkopplungssteuerung weitestgehende Unabhängigkeit erreicht wird. Ebenso eindeutig ist die Temperatur-Abhängigkeit (bzw. Unabhängigkeit mit Quarz) zu demonstrieren, (Versuch 4).
- Steht eine geeignete Quarzuhr zur Verfügung, so kann die am elektrischen Schwingkreis demonstrierte Abhängigkeit an einer realen Quarzuhr nach Entfernung des Quarzes nachvollzogen werden.

2. Experimente zur Quarz-Stabilisierung

Benötigte Geräte:
1 Billig-Quarzuhr (in möglichst großer Ausführung zur Erleichterung des Spannungsabgriffes und der Demonstration des eingebauten Quarzes; der Durchmesser der in Abb. 9.1a gezeigten Uhr beträgt ca. 4 cm, der mit Q gekennzeichnete Quarz ist sowohl in der Schaltung als auch darunter sichtbar, Bild b);
1 Oszilloskop mit einer Ablenkfrequenz bis ca. 1 MHz (zwar haben die meisten Quarzuhren einen eingebauten Quarz mit einer Eigenfrequenz von 32 768 Hz = 2^{15} Hz, jedoch ist ein gemäß Abb. 9.2 realisierter Schwingkreis (Versuch 2) mit üblicherweise vorhandenen Bauelementen zusammen mit handelsüblichen 1-MHz-Quarzen besonders problemlos in seinem Schwingungsverhalten);
1 Frequenzzähler (vergl. Abb. 9.1); alle Experimente sind jedoch ebenso ohne Zähler durchführbar, die Beobachtung erfolgt dann nur auf dem Oszilloskop;
1 Schwingquarz, f = 1 MHz, z. B. TD-7A, erhältlich in Elektronikfachgeschäften (oder andere Typen dieses Frequenzbereiches, Preise bis ca. 15,— DM); im Sortiment der Lehrmittelfirmen mit der o. a. Frequenz nicht enthalten;
1 HF-Schwingkreis (Spule auf Ferritkern mit ca. 93 Windungen und Mittelabgriff, Drehkondensator mit C = 500 pF; enthalten in Lehrmittel-Elektronik-Bausätzen, z. B. Leybold Nr. 594 53 oder Nr. 578 94, s. Abb. 9.2);
1 Transistor, z. B. BCY 58 (enthalten in Leybold-Stecksystem) oder (Abb. 9.2) 2 N 708.

Versuch 1:
Sichtbarmachung der HF-Schwingung als Zeitbasis einer handelsüblichen Quarzuhr:
Gem. Abb. 1b wird an der Batterie (Knopfzelle, oben liegend in der Regel Plus-Pol) sowie an einem der beiden Quarzanschlüsse die HF-Spannung abgegriffen und an den Y-Eingang des Oszilloskops gelegt. Welcher der beiden Quarz-Anschlüsse des entsprechende negative Potential gegenüber dem Batterie-Pol beseitzt, muß duch Probieren ermittelt werden, da die Schaltung der kleinen Platine kaum im Detail verfolgt werden kann. Sollte der Quarz nicht wie in Abb. 9.1b leicht in seiner Lage erkennbar sein, so kann durch systematisches Probieren der geeignete Kontakt ermittelt werden (keinerlei Gefährdung der elektronischen Schaltung durch die Oszilloskop-Anschlüsse!).
Die Frequenz der so sichtbar gemachten Schwingung kann entweder über die Zeitablenkung des Oszilloskops oder aber durch einen zum Oszilloskop parallel geschalteten Frequenz-Zähler ermittelt werden ($f = 32\,768$ Hz $= 2^{15}$ Hz in Abb. 9.c).

Versuch 2:
Frequenz-Stabilisierung durch Quarz bei C-Variation:
Die in der Quarz-Uhr für den Schüler nicht nachvollziehbare Erzeugung der erzwungenen elektrischen Schwingung wird mit einem Experimentier-System transparent gemacht: Abb. 9.2 zeigt den Versuchsaufbau eines nach der Dreipunkt-Meissner-Schaltung rückgekoppelten Schwingkreises [5] mit $R_1 = 100$ Ohm und $R_2 = 3{,}9$ kOhm (T,Qu und Schwingkreis-Bauelement siehe unter „Benötigte Geräte“). Zum Verständnis der Schaltung sehe man zunächst von dem zu R_2 parallel geschalteten Quarz ab. Dann entspricht diese Schaltung fast exakt derjenigen in Abb. 9.3 mit einer Triode. (Zum Verständnis der Rückkopplung in der Triodenschaltung mache man sich klar, daß z. B. bei maximaler negativer Aufladung der oberen Kondensator-Platte und unmittelbar danach beginnender Entladung auf dem Wege a→c zwischen c und b eine Induktionsspannung $U_{c,b} = U_{ind}$ erzeugt wird, die das Gitter auf positives Potential gegenüber der Kathode anhebt und somit in „richtiger“ Phasenlage zur Vergrößerung des Anodenstromes längs des Weges a→c führt. Die analoge Überlegung stellt man nun bei der Transistor-Schaltung an: $U_{b,c} = U_{ind}$ hebt das Basis-Potential in bezug auf den Emitter an und schaltet den Transistor T durch.
Die mit dieser Schaltung *(ohne Quarz!)* erzeugte Schwingung macht man auf dem Oszilloskop sichtbar, die Frequenz sollte um etwa 1 MHz liegen; (zudem ebenfalls durch parallel geschalteten Frequenz-Zähler, falls vorhanden, anzuzeigen). Variiert

Abb. 9.3: Rückkopplungsschaltung mit Triode (aus *Pohl* [5])

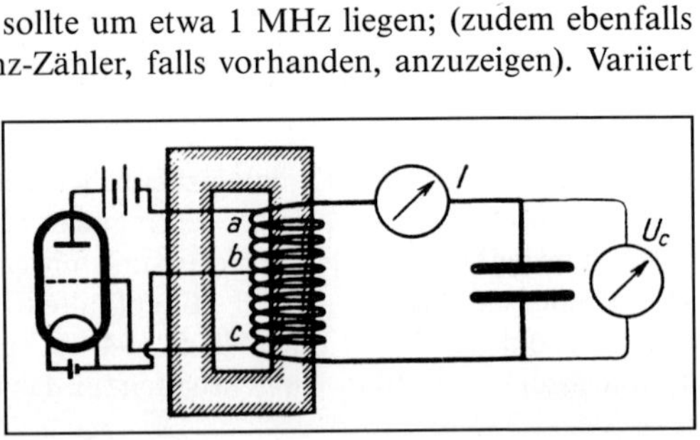

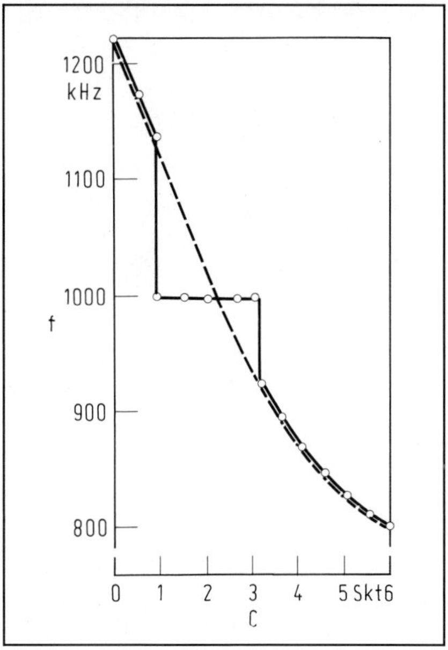

Abb. 9.4: Schwingungsfrequenz bei Änderung der Schwingkreis-Kapazität (Versuch 2);
a) ohne Quarz: gestrichelte Kurve
b) mit Quarz: ausgezogene Kurve

man die Schwingkreis-Kapazität (Drehkondensator des HF-Bauteiles) zwischen 0 Skt. (≙ zusammen mit der Eingangskapazität des Oszilloskopes etwa 50 pF) bis 6 Skt. (≙ ca. 530 pF), so ändert sich die gemessene Frequenz von 1 MHz auf ca. 0,8 MHz (Abb. 9.4). Wird nun gem. Abb. 9.2 zunächst ohne Quarz der Drehkondensator auf 2 Skt. und damit eine Frequenz in der Nähe von f = 1 MHz eingestellt und wird sodann der Quarz in den Rückkopplungszweig geschaltet, so springt die Anzeige des Frequenzzählers auf die der Eigenfrequenz des Quarzes (hier 1,000 MHz) entsprechende Frequenz. Vor allem kann jetzt der Kondensator in beiden Richtungen um je etwa 1,1 Skalenteile verstellt werden, ohne daß sich die Frequenz ändert. Dieses Versuchsergebnis bedeutet, daß trotz enormer Schwingkreis-Verstimmung der Quarz die als „Rückkopplung"bezeichnete phasengerechte Energie-Zufuhr an den Schwingkreis nur im Rhythmus seiner mechanischen Eigenschwingung erlaubt und somit nur mit dieser Eigenschwingungsfrequenz des Quarzes die elektrische erzwungene Schwingung möglich ist.

Wird die Differenz zwischen theoretischer Eigenfrequenz des Kreises, $f_0 = 1/\sqrt{LC}$, und der Resonanzfrequenz des Quarzes zu groß, so bricht die Stabilisierung zusammen (Enden des horizontalen Abschnittes der ausgezogenen Kurve b) in Abb. 9.4, die die Schwingkreis-Frequenz f als Funktion der Kapazität C bei eingeschalteten Quarz darstellt).

Versuch 3:
Beeinflussung durch die Körper-Kapazität
Besonders eindrucksvoll läßt sich zeigen, welchen Schwankungen elektronische, auf

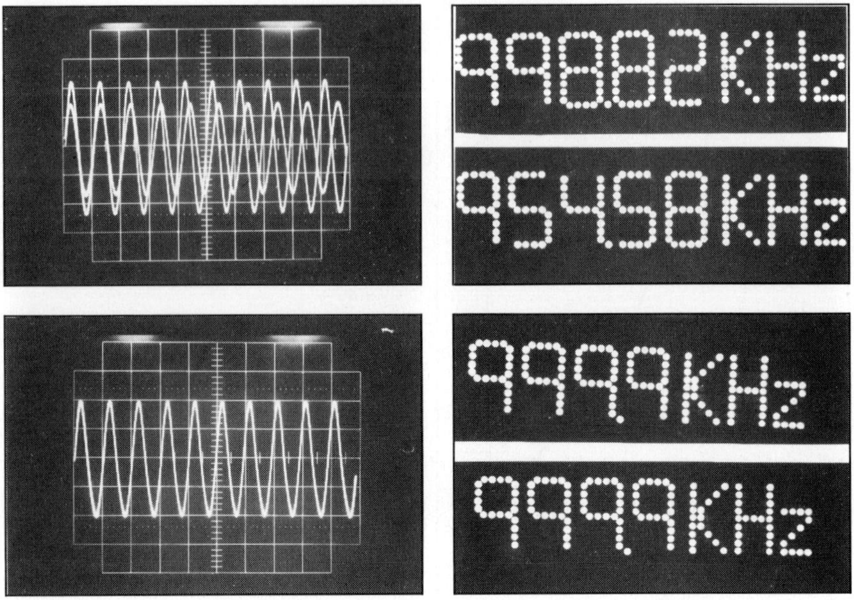

Abb. 9.5: Beeinflussung der Frequenz durch die Körperkapazität bei Annäherung (vgl. Versuch 3);
a) Schwingkreis ohne Quarz (das Oszilloskop-Bild ist durch Doppelbelichtung entstanden);
b) Schwingkreis mit stabilisierendem Quarz

Frequenzzählung beruhende Uhren *ohne* Quarz-Stabilisierung ausgesetzt wären, wenn ihr LC-Kreis durch die in der Praxis ständig schwankende Körper-Kapazität beeinflußt wird.
Abb. 9.5 zeigt im oberen Teilbild a) zunächst die „Verstimmung" des Schwingkreises gem. Abb. 9.2 *ohne* Quarz. Bei Annäherung einer Hand ändert sich die Frequenz von 998,82 kHz auf 954,58 kHz (doppeltbelichtete Oszilloskop-Aufnahme). Im unteren Teilbild b) ist die Stabilisierung durch den jetzt *zugeschalteten* Quarz bei gleicher Körperannäherung sichtbar: Die Frequenz bleibt extakt erhalten und die ebenfalls durchgeführte Doppelbelichtung des Oszilloskops ergibt exakt dieselbe Schwingungsabbildung.

Versuch 4:
Beeinflußung durch Temperatur-Schwankungen
Quarz-stabilisierte Oszillatoren (und damit Uhren) behalten ihre Genauigkeit auch bei starken Temperaturschwankungen, die — leicht in getrennten Experimenten nachweisbar — bei rein mechanischen Uhren zu erheblichen Fehlern führen können. Gemäß Abb. 9.6 ändert sich die Frequenz f des Schwingkreises gem. Abb. 9.2 *ohne* Quarz (also unstabilisiert) um 2‰ bei Änderung der Umgebungstemperatur um 20 Grad. Das ergäbe bei einer Uhr immerhin eine Gangungenauigkeit vom 3 min/Tag. Mit Quarz-Stabilisierung ergibt sich bei der gleichen Schaltung und dersel-

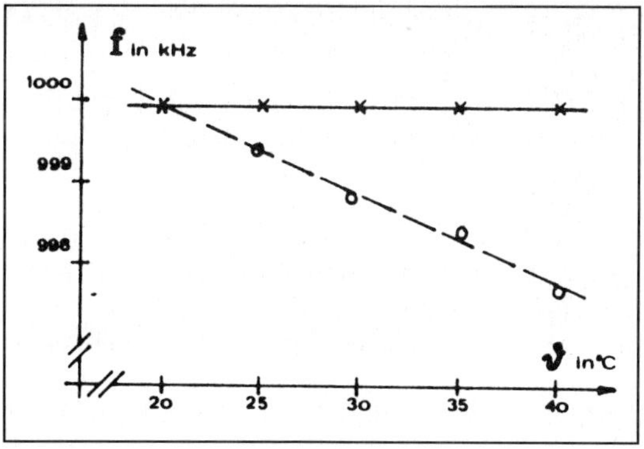

Abb. 9.6: Beeinflussung der Schwingkreisfrequenz durch die Umgebungstemperatur;
a) ohne Quarz: gestrichelte Gerade
b) mit Quarz: ausgezogene Gerade

ben Temperatur-Änderung ein etwa 100fach geringerer Einfluß (horinzontale Kurve b) in Abb. 9.6).
Die Erwärmung der Schaltung und damit die Änderung der Umgebungstemperatur erfolgt am besten durch einen in hinreichender Entfernung (auf langsame Erwärmung bei gleichzeitiger Temperatur-Messung achten !) aufgestellten Föhn oder Heizlüfter. Die Temperatur-Messung selbst erfolgt zweckmäßigerweise über ein Thermoelement, dessen eine Lötstelle am Transistor-Gehäuse befestigt ist. Alternativ kann über eine Bohrung im Transistor-Stecksystem-Gehäuse ein Quecksilber-Thermometer eingeführt werden.

3. Literatur zu Kap. 9

[1] *H. Pelka:* „Vom Flip-Flop zur Quarz-Uhr“, Franzis-Verlag, München, 1979;
[2] *G. Glaser:* „Quarz-Armbanduhren“, Phys. Blätter, Physik-Verlag, Mosbach, 28, 1972, S. 547 ff.;
[3] *A. Friedrich* (Hrsg.): „Jahrbuch der Schulphysik“, Bd. 1, S. 181 ff., Aulis, Köln, 1972;
[4] *Tietze-Schenk:* „Halbleiter-Schaltungstechnik“, S. 416 ff., Springer, Berlin, 1976;
[5] *R.W. Pohl:* „Einführung in die Physik“, Bd. 2, S.120 ff., Springer, Berlin, 1964 (19. Auflage);
[6] *Gerthsen, Kneser, Vogel:* „Physik“, S.318, Springer, Berlin, 1974 (12. Auflage).

Abb. 9.7: handelsübliches Exemplar eines scheibenförmigen Quarzes (aufgeschnittenes Gehäuse)

Die Autoren und ihre Anschriften:

Arnolds, Konrad, Dipl.-Phys., Akad. Oberrat am Seminar für Physik und ihre Didaktik der Univ. Bonn, Römerstr. 164, 53 Bonn;
Müller, Gert, Dr. päd., Wiss. Mitarbeiter am Seminar für Physik und ihre Didaktik der Universität Bonn, (Anschrift s. o.);
Oldenburg, Uwe, Dr. rer.nat., Akad. Oberrat, Physik und ihre Didaktik, Fakultät für Physik der Universität Bielefeld, Postfach 8640, 4800 Bielefeld;
Schmidt, Helmut, Dr. rer.nat., Prof. für Physik und ihre Didaktik an der Universität Bonn (Anschrift s. o.)
Weber, Wolfgang, Lehramtsanw. u. wiss. Mitarbeiter am Seminar für Physik und ihre Didaktik der Univ. Bonn (Anschr. s. o.)
Weißweiler, Erich, Dipl.-Phys., Akad. Oberrat am Seminar für Physik und ihre Didaktik der Univ. Bonn (Anschr. s. o.);
Zeiske, Wilfried: Dr. rer.nat., Physiklehrer am Gymnasium Köln-Pesch, 5000 Köln 71